Jochen Michels (Hrsg.)

Die Zurückgezogenheit - La Retraite - Deutsch/Französisch

AF666266

Jochen Michels (Hrsg.)

Die Zurückgezogenheit - La Retraite - Deutsch/Französisch

Armand Jean Le Bouthillier de Rancé – Über die Heiligkeit und die Pflichten des Ordenslebens - Kap.XVI – 1683/1701

Fromm Verlag

Impressum / Imprint
Bibliografische Information der Deutschen Nationalbibliothek: Die Deutsche Nationalbibliothek verzeichnet diese Publikation in der Deutschen Nationalbibliografie; detaillierte bibliografische Daten sind im Internet über http://dnb.d-nb.de abrufbar.
Alle in diesem Buch genannten Marken und Produktnamen unterliegen warenzeichen-, marken- oder patentrechtlichem Schutz bzw. sind Warenzeichen oder eingetragene Warenzeichen der jeweiligen Inhaber. Die Wiedergabe von Marken, Produktnamen, Gebrauchsnamen, Handelsnamen, Warenbezeichnungen u.s.w. in diesem Werk berechtigt auch ohne besondere Kennzeichnung nicht zu der Annahme, dass solche Namen im Sinne der Warenzeichen- und Markenschutzgesetzgebung als frei zu betrachten wären und daher von jedermann benutzt werden dürften.

Bibliographic information published by the Deutsche Nationalbibliothek: The Deutsche Nationalbibliothek lists this publication in the Deutsche Nationalbibliografie; detailed bibliographic data are available in the Internet at http://dnb.d-nb.de.
Any brand names and product names mentioned in this book are subject to trademark, brand or patent protection and are trademarks or registered trademarks of their respective holders. The use of brand names, product names, common names, trade names, product descriptions etc. even without a particular marking in this work is in no way to be construed to mean that such names may be regarded as unrestricted in respect of trademark and brand protection legislation and could thus be used by anyone.

Verlag / Publisher:
Fromm Verlag
ist ein Imprint der / is a trademark of
OmniScriptum GmbH & Co. KG
Bahnhofstraße 28, 66111 Saarbrücken, Deutschland / Germany
Email: info@omniscriptum.com

Herstellung: siehe letzte Seite /
Printed at: see last page
ISBN: 978-3-8416-0030-1

Copyright © Jochen Michels (Hrsg.)
Copyright © 2010 OmniScriptum GmbH & Co. KG
Alle Rechte vorbehalten. / All rights reserved. Saarbrücken 2010

Armand Jean Le Bouthillier de Rancé, OCSO

Über die Heiligkeit
und
die Pflichten
des Ordenslebens
- Kapitel XVI – Zurückgezogenheit -

die Übersetzung von:

« De la Sainteté

et

des Devoirs

de la Vie Monastique »

- Chap. XVI – De la Retraite -

Dieser Band enthält am Anfang die Übersetzung und dahinter das französische Original in aktuellem Französisch.

Seitenzahlen und Fussnoten gelten für jeden Teil gesondert, um die Synchronisierung zu erleichtern. Die beiden Inhaltsverzeichnisse sind ebenfalls gesondert am Ende des betreffenden Teils eingefügt.

DE LA SAINTETÉ ET DES DEVOIRS DE LA VIE MONASTIQUE.

TOME SECOND.

A PARIS,
Chez FRANÇOIS MUGUET, Imprimeur ordinaire du Roy & de Monſeigneur l'Archeveſque, ruë de la Harpe.

MDCLXXXIII.
Avec Approbation & Privilege.

Vorbemerkung

Abt Armand Jean Le Bouthillier de Rancé war der große Reformator der Zisterzienser von der strengeren Observanz, OCSO – der Trappisten, wie sie auch genannt werden.

Heute sagen manche sogar, dass das gesamte abendländische Ordensleben ohne seine Einflüsse schon seit 300 Jahren nicht mehr existieren würde.

Besonders bedeutend neben seinem mutigen Wandel in der eigenen Lebensführung sind seine vielen mündlichen und schriftlichen Äußerungen zum Glauben, zum Leben der Ordensleute und zu theologischen Fragen. Seine Anweisungen, mit denen er seine Mitbrüder in ihrem Ordenleben bestärkt und ihnen ihre Pflichten verdeutlicht, können wir unter den Namen Predigten, Ermahnungen und Instruktionen finden.

Als strenger Lehrer ist er selbst nicht nur unverdächtig, sondern in höchstem Masse glaubwürdig, hat er doch in seinem persönlichen Leben den radikalen Schritt vom reichen Lebemann zum asketischen Mönch vor aller Augen vollzogen. Angeregt wurden wir durch einen deutschen Trappisten-Mönch, seine Arbeiten ins Deutsche zu übertragen, da die einzige frühere Übersetzung, die 1750 in Augsburg[1] erschien, sehr frei und lückenhaft war und heute kaum noch zu lesen ist.

Das ganze über 1.000-seitige Werk «De la Sainteté et des Devoirs da la Vie Monastique» ist in 23 Kapitel gegliedert. Darin gibt de Rancé sei-

---

[1] Des Hochwürdigen und Gottseeligen Im Leben und nach dem Todt wunderthätigen Herrn Armandi Joannis De Rancé, Abbtens und Reformators des Closters U. L. Frauen zu La Trapp Cistercienser Ordens, Welcher den 27. Octobris 1700. heilig verschiden ist, Vortreffliches Werck von der Heiligkeit und denen Pflichten des Clösterlichen Lebens (Augsburg|Augspurg, 1750)

nen Mitbrüdern ausführliche Antworten auf ihm gestellte – oder erdachte – Fragen.

Dazu wurden die beiden Ausgaben von 1683 und 1701 mit Hilfe von Trappistinnen des belgischen Klosters Notre-Dame de Clairefontaine digitalisiert, in modernes Französisch übertragen und uns zur Verfügung

gestellt. Rechte beanspruchen weder die deutschen Trappisten noch eine andere Institution, bisher gibt es keine offizielle kirchliche Bewertung der Texte.

Daran haben als ehrenamtliche Helfer Herr Willi Reetz, P. Leo OCarm, und Jochen Michels zusammen gearbeitet.

Zum Satzbau und zur Interpunktion:

Der Autor de Rancé verwendet in seinen Schriften eine sehr impulsiv-dynamische Sprache, die ahnen lassen, welcher Geist ihn umtrieb und mit welcher Energie er sich damals seinen Mitbrüdern mitteilte.

So scheut er sich niemals vor einem ungewöhnlich langen und vielfach verschachtelten Satzbau, wenn er Argumente um Argumente aneinander reiht, um seinem Anliegen mit Nachdruck und Verve Gewicht zu verleihen.

Auch ohne Kenntnis der damaligen Situation ist zu vermuten, dass er sich souverän über jede offizielle französische Sprachregel, Grammatik, Syntax hinwegsetzte, wenn der Gedankenfluss seine Feder beflügelte. Man versteht nun, dass sein populärstes Bild ihn am Schreibepult in „vollem Schwung“ darstellt.

Auch Punkte, Kommata, Semikola verwendet er oder sein Typograf mit kühner Freiheit so, dass man auf weite Strecken den Eindruck hat, hier wurden rednerische oder mündliche Äußerungen protokolliert und dann ohne akribische Redaktion in voller Originalität zu Papier gebracht. Das macht eine wortgetreue Übersetzung natürlich unmöglich. Und selbst beim Satzbau kommt man nicht ohne den einen oder andern Kompromiss aus.

So mag die Übersetzung manchmal holperig klingen, denn wenn wir vor der Wahl standen:

- wort- , satz- und sinngetreu oder
- flüssig in aktuellem Deutsch,

so haben wir uns meist für die erste Variante entschieden, sind überdies für nützliche Hinweise stets dankbar.

Fragezeichen bei manchen Fussnoten deuten an, dass weder im Original noch in der modernisierten französischen Fassung Genaueres ersichtlich war.

Die lateinischen Zitate wurden manchmal geringfügig korrigiert, selten weil die Orginale fehlerhaftes Latein enthalten, öfter weil ihre Lesbarkeit manche Buchstaben nicht ganz eindeutig erkennen läßt.

Doch sind wir überzeugt, Sinn und Anliegen von Armand Jean de Rancé im Wesentlichen sinngetreu und wortnah wiederzugeben.

Aus technischen Gründen beginnen wir mit Band II, der mit dem Kapitel XVI anfängt. Die gemeinsame Ausgabe des deutschen Übersetzung und des fraänzösichen Originals soll dem Leser erleichtern, bei Zweifelsfragen auf die Quelle zurückzugreifen. Die Fussnoten-Nummerierung ist nicht genau identisch, weil im Deutschen einige zusätzliche erforderlich wurden.

Für Korrekturen und nützliche Hinweise sind die Übersetzer jederzeit dankbar. Bitte richten Sie diese an den Herausgeber unter der mail-Adresse: jochen.michels@jomi1.com

Parate viam Domini, rectas facite semitas ejus. Matt. c.3. v.3.

Kapitel XVI – Von der Zurückgezogenheit

Dieses Kapitel enthält 28 Fragen in der Fassung von 1701 (1683: nur 25 Fragen.) Unsere Nummerierung folgt der Ausgabe von 1701.

Erste Frage

Nachdem ihr uns ausführlich von der Buße des Geistes gesprochen habt, sagt uns bitte nun etwas von der des Leibes.

ANTWORT

Die alten Einsiedler behielten die äußere Buße in gewissen Tugenden und einigen grundlegenden Übungen bei, mit deren Hilfe sie ihre Sinne meisterten und den Leib ihrem Geist unterwarfen.

Durch dieses Motiv entwickelten sie eine ständige Kampfbereitschaft, stellten sich unaufhörlich gegen Angriffe auf und ließen keine einzige Gelegenheit aus, jenen barmherzigen und heiligen Hass gegen diese auszuüben, den Jesus Christus seinen Jüngern so ausdrücklich empfohlen hat.

Ihr wisst, was die heilige Geschichte davon erzählt, und was sie uns von den Abtötungen lehrt, zu denen ihr großer Eifer sie gebracht hat.

Ich möchte aber nicht von diesen erstaunlichen Arbeiten und außerordentlichen Bußübungen sprechen, die einige dieser von Gott inspirierten Männer unternommen haben, sondern vielmehr reden um der Welt Zeichen seiner Allmacht und Beispiele der Bewunderung zu geben, und auch der Regeln und der Verhaltensweisen. Meine Brüder, wir können diese Tugenden und Übungen zurückführen auf sechs oder sieben wichtige Prinzipien, die man kennen muss:

- die Zurückgezogenheit,
- das Schweigen,
- das Fasten,
- die Strenge der Ernährung,
- Nachtwachen,
- Armut und die
- Geduld in Krankheiten und Schmerzen.

Wir finden sie in ihren Lebensbeschreibungen; wir finden sie im Leben Jesu Christi als ihrer Quelle. Die Heiligen, unsere Lehrer, haben sie uns durch die uns hinterlassenen Regeln auferlegt; umso mehr sind wir verpflichtet, sie zu üben und zu befolgen, als sie in einem Rahmen bleiben, der unsere Kräfte nicht übersteigt.

Die noch am Leben hängen und weltliche Empfindungen in der Zurückgezogenheit beibehalten, werden dort Schwierigkeiten und genügend Gründe haben, zu sagen, dass man ihnen ein unerträgliches Joch auflädt, weil sie immer geneigt sind, den Klagen der Natur gegen die Regungen der Gnade zu lauschen und Geltung zu verschaffen; auch dass sie von den Eingebungen des Fleisches und Blutes mehr bewegt sind als von denen des Heiligen Geistes. Sie sind unfähig, das Bewusstsein des Apostels zu teilen, der uns lehrt[1], dass dieses geringe und kurze Leid durch unvergleichliche und höchste Herrlichkeit aufgewogen wird: *Id enim quod in præsenti est, momentaneum et leve tribulationis nostræ, supra modum in sublimitate æternum gloriæ pondus operatur in nobis*[2]*;* und um sich eine nichtige Genugtuung zu verschaffen, wollen sie sich sehr wohl in jenen Zustand fallen lassen, den der heilige Bernhard bedauert, wenn er sagt[3]: Wir sind die Armseligsten unter den Menschen, wenn wir uns wegen so kleiner Dinge so große Schäden zufügen.

Diejenigen, die das zurückgezogene Leben durch einen aufrichtigen Verzicht gewählt haben, durch eine echte Flucht von den Gütern, Süßigkeiten, Wohlbehagen, Freuden und den Tröstungen, die man im weltlichen Leben antrifft, sie sind zwar weit davon entfernt, dass sie in diesen heiligen Übungen nichts sehen würden, was über die Vollkommenheit und Strenge hinausgehen würde, die sie sich vorgenommen hat-

---

[1] 2 Kor 4,17.

[2] 2 Kor 4,17 *Denn das, was gegenwärtig ist: unsre Trübsal, die zeitlich und leicht ist, schafft ein über alle Maßen erhabenes und ewiges Gewicht an Herrlichkeit in uns*

[3] Ep. 385, 4 S. Bern.: Ad monachos s.Bertini. S. Bernardi Opera;. Vol VIII p.353. = kritische Ausgabe des lateinischen Textes , par J. Leclercq et H.Rochais; Romae, Editiones Cistercienses 1974; dans la suite: SBO

ten, sie streben aber nach größeren Dingen und die Regeln können zwar ihr Tun und Lassen gut lenken, aber diese würden ihre Sehnsucht nicht stillen können.

Gemäß unserem Plan werden wir Ihnen nun zunächst von der Zurückgezogenheit sprechen, der ersten dieser Übungen.

Erinnert Euch also, meine Brüder, dass die Wüste immer der Himmel der wahrhaften Eremiten war. Dort sammeln sich alle Gnaden, die ihnen Gott zugedacht hat, und wo Jesus Christus sich ihnen mit großer Freude gibt. Dort in der Zurückgezogenheit erhalten sie die Frucht und Belohnung ihrer Treue, sie, die die Unschuld der Taufe bewahrt haben. Da die Welt nie Platz in ihrem Herzen hatte, da sie keine Erinnerung an das pflegen, was sie nie liebten, und da sie davon ganz losgelöst sind, so kommt ihnen auch nicht der geringste Gedanke daran. Für alle Verlockungen sind sie völlig unzugänglich; Ohren und Augen haben sie nur, um sie gegen all diese tödlichen Dinge zu verschließen, Hände nur, um sie beständig zum Himmel zu erheben; Münder nur, um Gottes Lob zu singen; Geist und Verstand nur, um seine unendliche Vollkommenheit zu betrachten. Und das Herz haben sie nur, um es durch das Feuer Seiner Liebe wie ein Opfer verzehren zu lassen. Diese treuen Seelen leben, als wären sie mit Gott alleine im All; sie besitzen ihn ohne Unterlass, sie ruhen an seiner Brust in einer tiefen Ruhe; sie werden unaufhörlich gereinigt durch Eingebungen des heiligen Geistes, die ihnen immer wieder neu zuteil werden. Durch diesen inneren Austausch und diese andauernde Freude werden sie würdig, das nie zu verlieren, was sie lieben.

Für jene, die unglücklich genug waren, sich durch ihre Beleidigungen seinen Zorn zuzuziehen, ist ihre Verfassung aber nicht weniger glücklich, da seine barmherzige Hand sie nur deswegen in die Zurückgezogenheit führt, damit sie durch die Entfernung von den Orten und Personen, die sie zu Fall brachten, die verlorene Rechtschaffenheit wiedererlangen und dann auch bewahren, und damit sie dann von den Verletzungen ganz geheilt werden, die ihnen die Sünde zugefügt hatte, und eine ebensolche Stärke gewinnen wie solche, die nie derartige Angriffe haben erleiden müssen. Wie sie vom Wunsch nach Gottesnähe getragen werden, und ebenso vom Schmerz der Trennung von ihm, machen sie sich alles zunutze, was eine solch heilige Leidenschaft befriedigen kann; sie bewahren keine Erinnerung an die weltlichen Dinge außer der an ihre Sünden; Tag und Nacht klagen sie sich dieser an - in seiner Gegenwart, und strafen sie durch strenge Bußübungen. Und im einzigen Gedanken an ihr Unglück, ihn zu beleidigen und ihn zu verlieren, seufzen sie unablässig, so wie die wilden Turteltauben, wenn sie den Partner verlieren, ihre Liebes-Klage im tiefen Wald zu Gehör bringen.

Gott, der in ihnen diese Regungen und diese ganz besonderen Einwirkungen herbeiführt, der sich freut über ihr Durchdrungensein von Liebe und Schmerz, unterlässt es nie, ihre Traurigkeit mit geheimen Freuden und unaussprechlichem Trost zu verbinden. Er gewährt, dass diese auferweckten Seelen genauso viel Frieden und Wonne in ihrer Zurückgezogenheit finden, wie die unschuldigen Seelen, die er vor dem Tod bewahrte. So werden die einen und die anderen durch die Teilnahme in gemeinsamer Glückseligkeit vereint und genießen das volle Heil, soweit es im sterblichen Fleisch möglich ist.

Es gibt nichts, meine Brüder, das ihr in allem bisher Gesagten mehr beachten solltet, als die feste Verpflichtung, wonach ein Ordensmann die Zurückgezogenheit zu beachten und in der Stille seines Klosters zu leben hat. Doch da diese Pflicht, obgleich sehr wichtig, so wenig bekannt ist und so nachlässig geübt wird, solltet ihr euch aus diesen Gründen umso mehr wappnen gegen das Beispiel zahlreicher Ordensleute, die sich in den Intrigen und Geschäften der Welt verzetteln, anstatt sich in Zurückgezogenheit zu heiligen, so als wären sie nicht durch ihr Gelübde verpflichtet, dort keine Rolle mehr zu spielen.

Ist es nicht überraschend, meine Brüder, dass ein Mönch so feststehende Wahrheiten leugnen kann, und lebt, als ob er nicht wüsste, dass er für sich durch seine Gelübde alle Türen zur Welt für immer geschlossen hat; dass er auf ihre Sorgen und ihre Angelegenheiten verzichtet hat, ebenso wie auf ihre Reichtümer und ihre Vergnügungen; und dass der Einsatz, den er im Dienst für Jesus Christus auf sich genommen hat, ihm nicht mehr erlaubt, noch Gründe für den Dienst an den Menschen zu haben; dass er für alle sinnlichen Dinge gestorben ist; dass das Kloster sein Grab ist und dass er dort in Ruhe warten muss, bis ihn der Retter der Welt ruft, wie er damals den Lazarus rief, als er ihn aus seinem Grab zurück holen wollte.

Er ist wie ein Kelch, der zur Verehrung Gottes für den heiligen Dienst an seinen Altären bestimmt ist, und der durch anderen Gebrauch entweiht werden würde. Seine Regel enthält eine Fülle von Satzungen und Instruktionen, die er nur in strenger Zurückgezogenheit erfüllen kann; und nach diesen Regeln befehlen die Heiligen ihm vor allem anderen, dort zu leben und in beständiger Treue zu sterben; dass niemand von denen, die ihn außerhalb seiner Einsamkeit treffen, wenn er unglücklich genug ist, diese zu verlassen, es versäume, ihm diesen Vorwurf zu machen, wenigstens im Grunde seines Herzens: *Quid tibi cum saeculo qui saeculum spreveras.*[4] Und dass schließlich diese gottgewollte Vollendung und Reinheit, an der man bei Strafe des Gerichts nicht zweifeln darf, im Aufruhr weltlicher Geschäfte weder gewonnen noch erhalten werden kann.

Aber kann man sich vorstellen, meine Brüder, wie weit die Blindheit der Menschen geht, und wie fest ihre Augen für ihr eigenes Elend verschlossen bleiben? Wenn dieser Mönch zum Beispiel, der ohne Gewissensbisse in den Geschäften der Welt lebt, einen Beamten beim Theaterspielen sähe, einen Soldaten in den Funktionen einer Anwaltskanzlei, oder einen Arbeiter bei den Aufgaben einer Wissenschaftsakademie, wäre er äußerst befremdet. Doch obgleich seine Situation jedes Mal, wenn er sich außerhalb seines Klosters auf die Gespräche und Angelegenheiten der Menschen einlässt, noch viel abartiger ist, bemerkt er nichts bei sich selbst, was ihn auch nur im geringsten bekümmert. Und selbst das Habit, das ungewöhnliche Aussehen, das ihn von seinen Gesprächspartnern so sehr unterscheidet und das ihn gegen seinen Willen hindert, seinen Stand zu vergessen, lassen ihn nicht erkennen, dass sein unordentliches Verhalten ohne jeden Vergleich ist.

Denn man kann sich nichts Befremdlicheres vorstellen,

als einen Mönch, dessen Leben eigentlich ein ewiges Seufzen sein müsste, im Kreise derer zu sehen, die nur an ihr Vergnügen denken;

---

[4] Bernhard, Epistula 2, 11; SBO, Vol VII p. 21 - *Was hast du noch mit der Welt zu tun, der du die Welt verschmäht hattest?*

als einen Einsieder, dessen Beruf nur in gelebter Armut und grenzenloser Demut besteht, unter Leuten zu sehen, die keine andere Sorge haben, als Reichtümer und Ruhm zu erwerben;

als einen Menschen zu sehen, der durch sein Schweigen diese schreckliche Flut der Worte aufhalten müsste, die in der Welt so große Übel verursacht, wie er sich in Rede und vergeblichen und überflüssigen Gesprächen ausbreitet;

als einen jener zu sehen, die wie ein glänzendes Licht aus der Tiefe ihrer Zurückgezogenheit die Welt erleuchten sollten, wie er in dieser gleichen Welt erscheint als eine erloschene Lampe, die nur noch Rauch verströmt: *Non quidem, lucens sed fumigans*[5].

Zu sehen, dass dieser von Gott als Vermittler eingesetzte Mensch, um sich seinem Zorn entgegen zu stellen, weil er sich über die Sünder erregt, die gleichen Sünden begeht, für die er unablässig seine Vermittlung und sein Gebet einsetzen sollte. Schließlich zu sehen, dass der, der in seinen Gedanken, Worten und Werken ganz im Himmel sein und von dort nicht mehr herabsteigen sollte, sich nach unten begibt und sich in den Werken und Angelegenheiten derer wiederfindet, die für nichts Blick oder Gefühl haben als nur für die Dinge dieser Erde.

Schaut euch einmal an, meine Brüder, was Ordensleute außerhalb ihrer Klöster, im Getriebe der Welt darstellen. Sie sind ein getreues Abbild jener, die vorgeben, solch gegensätzliche und unvereinbare Dinge zu verbinden und zu vereinen; und es gefiele Gott, dass sie es in seiner ganzen Missbildung und mit all diesen Folgen sähen. Und dass sie sich

---

[5] Bernhard, Epistola 42, I, 1, Brief an Heinrich, Erzbischof von Sens (SBO. Vol.VII, p. 101.) *Nicht leuchtend, sondern rauchend.*

davon überzeugen könnten, dass die Ordensleute durch diesen unzulässigen Umgang schließlich dazu kommen, den Geist Jesu Christi aus ihren Klöstern zu vertreiben und diese mit dem Geist des Teufels zu füllen; und dass sie dadurch ihr Gelübde und ihre Personenwürde entehrt haben und dass sie sich so gerechterweise Gottes Hass und die Verachtung der Menschen zugezogen haben.

Die Heiligen taten was sie konnten, um diese Fälle von Unordnung zu vermeiden; sie haben darauf hingewiesen, um davon abzuschrecken, noch bevor sie sich einschleichen; sie versuchten, diese Fälle von Unordnung zu ersticken und diesen Lauf der Dinge von Anfang an aufzuhalten, bald indem sie uns alle Scheußlichkeit und die skandalösen Folgen betonten; bald indem sie uns als Gegenbild die ganze Schönheit und die Vorteile der Tugenden vor Augen hielten. Doch war dies nicht von großem Erfolg gekrönt, denn wenn ein Einsiedler einmal taub geworden ist gegenüber der Stimme Jesu Christi, die mit ihm in herzlicher Vertrautheit spricht, dann hat er auch keine Ohren mehr für den Rat und die Belehrung durch Menschen.

Der heilige Antonius gibt seinen Jüngern als Regel, sich niemals mit den Leuten der Welt zu vermischen: *Saeculari, nullo modo commiscearis*[6]. Er hielt auch immer den Grundsatz aufrecht, dass ein Fisch auf dem Sand nicht lange leben kann, ebenso verlieren Einsiedler die Frömmigkeit und den Geist der Zurückgezogenheit, wenn sie ihre Zellen verlassen, um mit der Welt umzugehen.

---

[6] In sua Reg. art. 6: in seiner Regel Artikel 6 - *Du sollst auf keine Art und Weise mit jemandem aus der Welt verkehren*

Der heilige Basilius[7] sagt, wenn man ein geordnetes Leben frei von unnützen Gedanken führen will, müsse man sich von Personen fernhalten, die ein Leben in Verweichlichung und Laschheit führen; und dass man sich einer offensichtlichen Gefahr aussetzt, wenn man mit denen umgeht, die sich nicht genügend mühen, Gottes Gebote zu achten. Er sagt, es sei nötig, sich in die Absonderung zu begeben, und dass es unmöglich sei, sich in Meditation und Gebet zu versenken, wenn man sich durch Gedanken und verschiedene Beschäftigungen zerstreuen lässt, welche die Seelen entzweien, und sie mit weltlichen Angelegenheiten befassen. Er zeigt die Notwendigkeit, mit allen Geschäften der Weltleute zu brechen, nach diesen Worten Jesu Christi: *Sic vult post me venire abneget semetipsum*[8]; und er schließt mit dem Hinweis, dass man sich weit abseits begeben muss von der Gesellschaft der Menschen, wenn man sich vornimmt, diese Pflicht zu erfüllen.

Der heilige Hieronymus sagt[9], wenn ihr in Tat und Wahrheit Einsiedler sein wollt, wie ihr es dem Namen nach seid, was sucht ihr dann in den Städten? Sie sind Wohnstätten der Gemeinschaft, nicht der Zurückgezogenheit.

Der heilige Johannes Klimakus[10] sagt, wer sich in die Einsamkeit zurückgezogen hat, darf nicht weiter teilhaben an den Dingen der Welt, denn die aus unserem Herzen verjagten Leidenschaften lieben nichts so

---

[7] in Reg. fus. Grandes Règles, q. 6 Regulae fusius tractatae = Grand Asceticon. = Grosse Regeln: 55 + Kleine Regeln: 313) (Es handelt sich um die „Grossen monastischen Regeln“. Zu finden – mit den kleinen Regeln in PG 31, 889-1305,)

[8] Mt 16,12 - *Wer mir nachfolgen will, verleugne sich selbst.*

[9] In Epist XIV, Ad Heliodorum

[10] L'Échelle Sainte (= die heilige Leiter), Troisème Degré, n°8, p. 48 Coll. Spiritualité Orientale, n° 24. Ed. Abbaye de Bellefontaine 1978.

sehr, wie dahin zurückzukehren. Er sagt, es gibt nichts Gefährlicheres als die uns vereinnahmende Zuneigung, sei es zu den Angehörigen oder zu Fremden, denn sie kann uns aus der Einsamkeit hin zur Welt ziehen und in uns die Glut unseres Eifers und unserer Zerknirschung auslöschen. Derjenige ist wahrhaft Einsiedler, sagt er an anderer Stelle[11], der in nichts die Zartheiten missen möchte, mit denen Gott ihn tröstet und die Menschen – obgleich er keinerlei Abneigung gegen sie hegt - nicht weniger flieht, als die anderen sie suchen.

Wir müssen anmerken, meine Brüder, dass die ersten Ordensleute in der Wahrung der Zurückgezogenheit weder sehr rigoros, noch sehr penibel waren; sie besuchten einander zu gegenseitiger Tröstung und Stärkung.

Einige wurden angetrieben von dem Wunsch nach mehr Vollkommenheit und suchten daher jene auf, denen sie zutrauten, sie zu ermutigen und zu lehren. Andere, die schon die Angriffe der Dämonen erlitten hatten und sich von heftigen Versuchungen bedrängt fühlten, suchten jene auf, die ihnen Linderung ihrer Schmerzen bieten konnten. Aber wie nur Gott allein unveränderlich ist: *Ego Deus et non mutor*[12] und wie die heiligsten Dinge irgendwann einmal zur Schwäche und Dekadenz neigen, blieb auch diese so liebenswerte und nützliche Praxis nicht vom Unglück verschont. Man erlebt in kurzer Zeit wie die Ordensleute, die zuvor ihre Zellen nur zu heiligen Zwecken und Überlegungen verließen, in alle Richtungen durch die Wüste in die Klöster und gar in die Städte gehen, ihrer Unruhe nachzugeben, einzig aus der Begier heraus, Neug-

---

[11] Ibid. n° 18...

[12] Mal 3. 6. *Ich bin Gott und ändere mich nicht*

keiten zu hören und zu sehen. Diese Seuche griff schnell um sich; die häufigen Besuche trugen sie in die abgeschiedensten Orte; die Wüste veränderte ihr Aussehen, der Mönchsstand sah sich in einer fast vollständigen Trostlosigkeit: *„Luxit et elanguit terra confusus est libanus et obsordui“*[13]. Das ganze Land ist in Tränen und in Mattigkeit. Der Libanon ist beschämt und in einem widerlichen Zustand.

Der heilige Benedikt, den der Herr im Westen aufrief, dort als Reformator zu wirken und die Ruinen wieder aufzubauen, erkannte, dass diese Freizügigkeit, sich zu besuchen und sich gegenseitig mitzuteilen, die Hauptursache all dieser Übel war. Um die Unruhe und Unstetigkeit der Einsiedler zu beenden, hielt er es für nötig, die Ortsbeständigkeit am Ort ihrer Profess verpflichtend zu machen. Und um sie noch fester zu binden, und um dieser Bindung noch mehr Kraft zu verleihen, wollte er, dass sie dies beim Ablegen ihrer Gelübde deutlich zum Ausdruck bringen. *Promitto stabilitatem meam*[14]. Und um sich noch klarer auszudrücken, fügt er hinzu, dass die Ordensleute wissen müssen, dass sie aufgrund ihrer Gelübde niemals mehr ihr Kloster verlassen dürfen.

Um ihnen jede Gelegenheit zu nehmen, ordnet er schließlich an, Sorge zu tragen, dass alle notwendigen Sachen sich innerhalb der Klostermauern befinden; derart, dass sie keinerlei Anlass finden, die Zurückgezogenheit zu verlassen; denn es gebe nichts, fügt er hinzu, das dem Heil ihrer Seelen abträglicher sei: *Omnino non expedit animabus eorum*[15].

---

[13] Jes 33, 9: *Es trauert und schmachtet das Land dahin, der Libanon ist beschämt und ist schmutzig geworden.*

[14] Ben. in Reg c.58 - *Ich verspreche die Ortsbeständigkeit.*

[15] Ibid c. 66 – *Das ist für ihre Seelen überhaupt nicht gut*

Genau dies wurde erstmals auf dem Konzil von Trosly mit folgenden Worten angeordnet[16]: „Die Mönche und Ordensleute sollen Sorge tragen, gemäß ihrer Gelübde in Einfachheit, Frömmigkeit und Mäßigung zu leben. Ihre Aufgabe sei es, für das Wohlergehen der Könige, den Frieden der Königreiche und die Ruhe der Kirche zu beten; dass sie sich nicht in weltliche Angelegenheiten einmischen. Dass sie nicht Prunk und Pracht der Welt suchen. Dass sie die Geistlichen in ihren Rechten nicht stören, sondern dass sie in Ruhe und Zurückgezogenheit entsprechend ihrer Bezeichnung leben.

Und um jede Gelegenheit zu vermeiden, das Kloster zu verlassen und durch die Welt zu laufen, sollen die Äbte und Oberen der Klöster, soweit es Ort und Zeit erlauben, Sorge tragen, alles Notwendige für ihre Kleidung und Nahrung bereitzustellen, wie es in der Regel vorgesehen ist.

Ne ulla monachis evagandi, vel de talibus præsumendi quippiam detur occasio, provideant abbates, vel præpositi monasteriorum, ut secundum quod temporis vel loci fert possibilitas, omnia illis in victualibus et vestibus necessaria, sicut Regula præcipit, opportune ministrentur.

Die Lehrer des Ordens von Citeaux[17], die vom Geist des heiligen Benedikt erfüllt waren, und die versuchten, seine Regel wortwörtlich einzuhalten, wollten sich für immer jedwede Kommunikation mit der Welt versagen; sie wählten – unter der Eingebung Gottes - unzugängliche Wüsten zu ihrer Wohnstatt. Sie schufen eine Grund-Ordnung, nach der

---

[16] Konzil von Trosly (Diözese Reims) Im Jahr 909; Kanon 3 (cf. Rohrbacher (1844); *Histoire universelle de l'Église catholique*, Tome 12, S. 513..)

[17] In ex Cist c 15 pag 14 (Exordium parvum cap. 15, n°13)

sie darauf bestehen konnten, im ganzen Orden Klöster nur in den Orten zu errichten, die von jeglichem Handelsverkehr und jedem Umgang mit Menschen abgeschieden waren.

Papst Eugen[18] schreibt in eben diesem Sinne an die Äbte desselben Ordens: „Bedenkt," sagt er ihnen, „dass unsere Väter, die unseren heiligen Orden gegründet haben, die Welt verließen und alles verachteten, was in ihr war, dass sie die Toten die Toten begraben ließen und dass sie in die Einsamkeit entflohen, um sich wie Maria fest zu Füßen Jesu Christi zu setzen und das himmlische Manna umso reichlicher zu erhalten, je weiter sie von Ägypten entfernt waren. Jedoch müsst ihr achtsam sein, fährt er fort, dass ihr euch in keiner Weise von der Tugend eurer Väter weg entwickelt, sodass ihr auch in den Zweigen das bleibt, was ihr am Stamm gewesen seid.

Nichts hat der heilige Bernhard[19] den Ordensleuten mehr empfohlen, als die Zurückgezogenheit und die Trennung von der Welt. Er nennt die Zeichen, an denen man wirkliche Ordensleute erkennt: die Zurückgezogenheit, die Handarbeit, freiwillige Armut; und es gebe nichts Schändlicheres als einen Mönch in den Dörfern und Städten zu sehen[20], es sei denn, die Nächstenliebe zwinge ihn dazu. …Er spricht von nichts so eindringlich wie von den Gefahren, denen man im Getriebe der Welt ausgesetzt ist. Er stellt sie dar voller Klippen, Abgründe und Schiffbrüche.

---

[18] Ad cap. Cist. congreg. Inter Epist S. Bernardi 384 dans l'édition que possédait Rancé. Dans les éditions postérieures (Ravelet, Paris 1866; ou Charpentier Paris 1865), elle se situe avant la lettre 273, et n'a pas de numéro. Elle n'est pas reprise dans SBO, (sauf erreur de ma part).

[19] Epistola 42, 37 ad Henr. Archiep. Senon (SBO. Vol.VII, p. 130, linea 21)

[20] Serm. de diver. 93, 2; SBO Vol. VI,1 p. 350

Er lehrt[21], dass das Gelübde des Mönchs vor allem im Gehorsam gegen seinen Oberen und in der Ortsgebundenheit an sein Kloster bestehe[22]... In einer seiner Predigten ruft er aus, dass man nur mit Schmerzen mit ansehen kann, wie Einsiedler, nachdem sie sich dem Dienst Jesu Christi gestellt haben, sich dann in die Geschäfte der Welt, die Leidenschaften und Interessen der Menschen hineinbegeben; wie sie unter trügerischen Gründen den Reichen der Welt schmeicheln und den Damen Komplimente machen. Ist es wirklich das, fügt der große Heilige hinzu, wie sie es sich vorstellen, wenn die Welt für sie gestorben ist und sie der Welt gestorben sind? Bevor sie in das mönchische Leben eintraten, waren sie in Dorf oder Stadt kaum bekannt. Und nun sieht man, wie sie sich in der Provinz hervortun und sich eilfertig um die Gunst der irdischen Könige und Fürsten bemühen.

Es war diese Liebe zur Abgeschiedenheit, welche die ersten Kartäuser dazu brachte, ein Statut aufzustellen, das ihnen verbot, irgendwelche Güter außerhalb der Klostermauern zu besitzen[23], zweifellos, um sich jede Gelegenheit zu versagen, den Ort ihrer Zurückgezogenheit zu verlassen: *Cupiditatis occasiones nobis et nostris posteris quantum Deo juvante possumus praecidentes, praesentis scripti sanctione statuimus;quatenus loci huius habitatores, extra suos terminos Eremi nihil omnino possideant, id est non agros, non vineas, non brotos, non Eccle-*

[21] Ep. 7, 15; SBO. Vol VII p. 42; Serm. de diver. 93, 2; SBO Vol. VI,1 p. 350
[22] Serm. 4, 10: "Super missus"; SBO. Vol IV p. 56
[23] Guig. stat. c. 41 (Ed. Basil. Anno 1510)

sias, non cimeteria, non oblationes, non decimas, et qaecumque hujus modi[24].

Und durch den gleichen Geist haben die ersten Kartäuser, von Gott inspiriert[25], um die zu erwartenden Übel abzuwehren und zu verhindern, dass das zahlenmäßige Anwachsen der Ordensleute und das entsprechende Unvermögen, sie zu ernähren, sie nicht aus der Einsamkeit abzieht und der Zerstreuung anheim gibt, sich auf eine kleine Zahl beschränkt, die sie auf höchstens 13 oder 14 festlegten. Und es gibt dort nichts Heiligeres und Bemerkenswerteres als die Unterweisung, die der selige Guigues[26] allen seinen späteren Ordens-Mitbrüdern gab[27]: „Wir haben uns auf diese kleine Zahl beschränkt, erklärt der große Mann, wir wollten uns nicht belasten mit der Sorge für die Scharen all jener, die uns besuchen kommen, noch um Wohngelegenheiten für die Armen aus Furcht, uns in Ausgaben zu stürzen, die unser Haus nicht würde tragen können, und wodurch wir dann gezwungen würden, aus unserer Wüste heraus zu gehen und das zu suchen, was wir hassen: *Hanc autem numero paucitatem, eadem consîderatione delegimus qua nec hospitum equitaturas procuramus, nec domum Eleemosinariam habemus, videlicet ne ad majores quam locus iste patitur exppensas exacti, quaerere, et vagari, quod horremus, incipiamus*28.

---

[24] *Damit wir uns und unseren Nachkommen, soweit wir dies mit Gottes Hilfe vermögen, die Möglichkeiten zur Habgier abschneiden, beschließen wir unter Bestätigung des vorliegenden Schreibens, dass die Bewohner dieses Ortes außerhalb ihres Gebietes der Einsamkeit gar nichts besitzen, d.h. keine Äcker, keine Weinberge, keine Weintrauben, keine Kirchen, keine Begräbnisplätze, keine Gebühren, keine Zehnten und was immer Derartiges auch.*

[25] Idem, stat. c. 48

[26] *Guigues: wohl Guigo der Kartäuser, der im 12. Jahrhundert lebte, siehe auch Frage XXIV.*

[27] Ibidem: c. 79

[28] *Diese kleine Zahl jedoch betrachten wir in gleicher Weise, wie wir uns weder kümmern um die*

Wenn es sich aber aus uns unbekannten Gründen so ergäbe, fügt er hinzu, dass unsere Nachfolger selbst diese kleine Zahl nicht haben und unterhalten könnten ohne sich in die verhasste und abscheuliche Notwendigkeit zu versetzen, hinauszugehen und (Unterhalt) zu suchen, so sollten sie sich, wenn sie unserer Meinung folgen wollen, auf eine kleinere Zahl beschränken, deren Unterhaltung das Haus leisten könnte, ohne sich so großen Gefahren auszusetzen; denn obgleich wir gegenwärtig hinreichend wenige Personen sind, wären wir dennoch lieber noch weniger an Zahl, als diese Nachteile zu erleiden, nur um die Zahl zu erhalten oder zu vergrößern: *Quod si posteri nostri hunc ipsum tam parvum numerum, aliquibus occasionibus quas ignoramus, hoc in loco, sine quaerendi, et vagandi, odibilibus officiis procurare nequiverint: si nostris voluerint acqiescere consiliis, ad eam redibunt quantitatem, quam sine praedictis possint portare periculis. Nos enim qui in praesentiarum hic degimus quamvis pauci simus; multo pauciores esse mallemus, quam ad illa mala, servato vel multiplicato numero, pervenire* [29].

Wir lesen bei Gratian[30], dass ein Mönch damit zufrieden sein muss, in seinem Kloster zu wohnen, weil, so sagt er, ein Mönch nicht außerhalb seiner Klausur leben kann, ebenso wenig, wie der Fisch außerhalb des

---

Ritterwürde unserer Gäste noch ein Haus von Almosenspendern haben, damit wir nämlich nicht, wenn wir zu größeren Ausgaben getrieben werden, als dieser Ort erleiden kann, damit beginnen müssen, dann zu suchen und herumzugehen, was wir verabscheuen.

[29] *Und wenn unsere Nachkommen gerade diese so kleine Zahl aus bestimmten Gründen, die wir hier nicht kennen, ohne den hässlichen Dienst zu suchen und umher zu schweifen nicht aufrecht erhalten werden können, wenn sie unseren Ratschlägen nicht gehorchen wollen, werden sie zu der Größe zurückkehren, die sie ohne die vorhin genannten Gefahren tragen können. Denn wir, die wir jetzt hier unsere Zeit verbringen, obwohl wir so wenige sind, wir werden noch lieber eine viel geringere Zahl sein, als dass wir unter Beibehaltung oder mit Vergrößerung der Zahl in diese Schlechtigkeiten geraten.*

[30] Gratian. Decreti 2. Part. Causa 16. c. 8; placuit q.t.

Wassers. Der Einsiedler, fügt er hinzu, möge sich in Ruhe und Stille halten, da er der Welt gestorben ist, und für nichts anderes lebt als für Gott. *Sed eat solitarius, et taceat, quia mortuus est mundi, Deo autem vivit*[31].

Papst Alexander II befiehlt den Ordensleuten nach der Regel des heiligen Benedikt und gemäß dem Dekret des Konzils von Chalcedon, in ihrem Kloster zu wohnen, und er verbietet ihnen, in die Städte, die Schlösser oder die Dörfer zu gehen. *Monachis quamvis Religiosis ad normam sancti Benedicti, intra Claustra morari praecipimus: vivos urbes, castella peragrare prohibemus: Et a populorum praedicatione omnino cessare censuimus: nisi forte quia, de sua anima salute sollicitus, ut eorum habitum assumat, eos intra Claustrum consulere voluerit*[32].

Frage II

Ist es denn für einen Ordensmann nicht erlaubt, das Kloster seiner Profess zu verlassen?

Antwort

Obgleich es in der Regel des heiligen Benedikt keine striktere Vorschrift gibt, und auch keine wichtigere, als die der Ortsbeständigkeit, muss man dennoch einräumen, dass es Ausnahmen dazu gibt. Der heilige Bernhard sandte den heiligen Maurus nach Frankreich und den heiligen Placidus nach Sizilien um dort Gründungen seines Ordens zu vor-

---

[31] *Aber er soll als Einsamer daher gehen und schweigen, weil er für die Welt gestorben ist, für Gott aber lebt.*

[32] *Den Einsiedlern, obschon sie Ordensleute nach der Regel des Heiligen Benedikts sind, befehlen wir, in den Klöstern zu bleiben. Wir verbieten ihnen, betriebsame Städte und Dörfer zu durchwandern. Und wir haben beschlossen, dass sie gänzlich von der Völkerpredigt ablassen, es sei denn, jemand möchte aus Sorge um sein Seelenheil, sie im Kloster um Rat fragen, um ihre Haltung anzunehmen.*

zunehmen. Der heilige Bernhard, der seine Gelübde im Kloster von Citeaux ablegte, ging nach Clairvaux, um dort eine Neugründung vorzunehmen und Abt zu sein. Man sieht in der Regel des heiligen Benedikt und in den mönchischen Regeln, dass die Ordensleute sich außerhalb der Klausur damit befassten, die Erde zu kultivieren, im Wald Bäume zu fällen und andere ähnliche Arbeiten zu verrichten. Man stellt auch fest, dass man sie aus dem Kloster sandte, um notwendige Dinge für die Gemeinschaft zu erledigen. Ein Konzil von Mainz[33] verbietet den Ordensleuten das Kloster zu verlassen, wenn keine Notwendigkeit vorliegt und der Obere dazu beauftragt.

Und man kann sagen, dass ein Mönch sein Kloster verlassen kann, ohne dass er sein Versprechen gegenüber Jesus Christus verletzt, wenn der Wille Gottes ihn dazu ruft, der aller Dinge und Regeln Meister ist.

Aber dieser Wille muss ihm durch einen Auftrag, einen gerechten und legitimen Befehl seiner Oberen bekundet werden, die diesen nicht ohne echte Notwendigkeit und nach regelkonformen und seinem Gelübde angemessenen Überlegungen erteilen dürfen. Denn das Gelübde der Stabilitas ist nicht in ihren Händen, es hängt nicht von ihren Einfällen oder ihrer Phantasie ab. Und das wollte uns der heilige Bernhard[34] lehren, als er sagte, dass dieses Gelübde nicht Vorrang vor dem Gehorsam haben muss und der Gehorsam nicht vor der Ortsbeständigkeit. Das bedeutet: das Stabilitas-Gelübde entbindet den Mönch nicht vom Gehorchen, wenn die Anordnung gerecht ist, sich an die Ordnung hält, und wenn nichts dagegen steht, weder hinsichtlich der Regeln, noch der Pflichten

[33] Mogunt. c. 12.sub. Léon. 3 anno 813
[34] Epist. 7; cf. note 21

der Gelübde. Wenn aber nicht alle diese Bedingungen erfüllt sind, darf die Ortsbeständigkeit nicht gegen diese Anordnung zurücktreten.

Der gleiche Heilige erklärt seine Gedanken noch deutlicher[35], wenn er sagt, dass das Gelübde zum Verbleib an einem festen Ort verhindern soll, dass ein Mönch sein Kloster verlässt, um ein süßeres und leichteres Leben zu führen, oder zu seiner Befriedigung, aus Kummer, aus Laune, aus Neugier oder aus irgend einem anderen Grund der Leichtigkeit, Unruhe oder Unstetigkeit; jedoch nicht, wenn eine rechtmäßige Autorität über ihn verfügen und ihn für eine Aufgabe einsetzen will, die seinen Pflichten und seinem Gelübde entspricht: *Praescribat proinde stabilitatis pactum, omni deinceps remisso descensui contentioso discessui, vago et curioso discursui, totius denique inconstantiae levitati: non tâmen his quae in professionis serie sequuntur, morum videlicet conversioni et obedientiae quae secundum regulam sit*[36].

In einem Beschluss eines Generalkapitels des Ordens von Citeaux[37] sieht man eine Anordnung die diesen Gedanken des heiligen Bernhard vollkommen aufnimmt, wenn es dort heißt: „Niemand soll auf sein eigenes Drängen hin in ein anderes Haus gesandt werden; sondern er soll sich in seinem eigenen aufhalten, ob zum Sterben oder zum Le-

---

[35] De praec et; cap.16, n°44; SBO, Vol III p. 284 linea 7

[36] *Der Vertrag der Beständigkeit schütze also vor jedem fortdauernden schlaffen Abwärtsgang, vor einem Weglaufen im Streit, vor dem unsteten und neugierigen Umherlaufen, kurzum vor dem Leichtsinn völliger Unbeständigkeit; nicht jedoch soll er das verhindern, was der Reihe nach in der Gelübdeablegung folgt, nämlich die Bekehrung der Sitten und der Gehorsam nach der Regel.*

[37] Cap. Gen. an. 1224

ben. *Nemo ad propriam instantiam ad aliam domum emittatur sed in domo sua, aut moriatu, aut vivat*[38].

Dies ist ebenso gut das Empfinden seit alter Zeit, wie wir beim heiligen Basilius[39] sehen, dass es nämlich niemandem erlaubt wird, das Kloster zu verlassen, außer auf ausdrücklichen Befehl und aufgrund der Pflicht wegen einer dringlichen Notwendigkeit. An anderer Stelle sagt er, dass, wenn ein Mönch nur durch seinen leichtsinnigen Geist dazu gebracht wird, sich von seinen Brüdern zu trennen, er daran arbeiten muss, die Krankheit seiner Seele zu heilen; und dass wenn er damit gar nicht fertig wird, man ihn für immer von allen klösterlichen Gemeinschaften ausschließen soll.

Man muss hinzufügen, dass ein Mönch das Kloster wechseln kann, wenn die Regellosigkeit und das schlechte Beispiel der Brüder seinem Heil zuwiderläuft; oder auch, wenn Gottes Geist ihn zu einem strengeren und vollkommeneren Leben ruft, als es am Ort seiner ersten Bindung vorherrscht. Denn dies ist die heilige Freiheit der Kinder Gottes, welche die Kirche von je her bewahrt hat, wie wir schon gesagt haben.

Frage III

Kann ein Mönch nicht sein Kloster verlassen, um seinen Geist zu entspannen und in der Welt nach einer harmlosen Entspannung und unschuldigen Erholung zu suchen?

Ein Ordensmann soll wissen, dass er nicht mehr die Vergnügungen der Welt suchen darf; da er durch seinen Beruf allen irdischen Dingen

---

[38] *Niemand soll auf sein eigenes Drängen hin in ein anderes Haus gesandt werden; sondern er soll in seinem eigenen Haus bleiben, ob zum Sterben oder zum Leben.*

[39] s. Basil. Regulae fusius tractatae q. 36 cf. note 6

gestorben ist, hat er auf die Freuden und Vergnügen verzichtet ebenso wie auf Güter und Reichtümer. Auch, dass diese Art Genüsse ihm verboten sind; dass es keine Tröstungen mehr für ihn gibt außer jenen, die er in seinem Stand vorfinden kann; das heißt im Frieden und Zeugnis seines Gewissens; das ist die Wirkung der Reinheit seines Herzens, der Unterwerfung unter den Willen Jesu Christi und der Treue, die er ihm durch Beobachtung seiner Gesetze bewahrt.

Welchen Vergleich könntet ihr euch vorstellen, meine Brüder, zwischen den Zerstreuungen der Welt und dieser Pflicht aller Ordensleute, in Seufzen und Tränen zu leben, wie wir es so oft gezeigt haben?

Frage IV

Muss ein Mönch in Niedergeschlagenheit und Traurigkeit ohne jeden Trost leben?

Antwort

Ihr müsst wissen, meine Brüder, dass es zwei Arten von Traurigkeit gibt; die eine, ganz menschliche, ist boshaft, unnütz und tödlich. Von dieser spricht Jesus Sirach, wenn er sagt[40]: jagt die Traurigkeit weit von Euch, denn sie hat vielen Menschen den Tod gebracht, und war niemals von Nutzen. *Tristitiam longe repelle a te, multos enim occidît tristitia, et non est utilitas in ea*[41].

Sie ist böse, weil sie nichts anderes als eine Unordnung des Herzens ist; eine Leidenschaft, die sich über versagte Wünsche ärgert, oder über gegenwärtige Übel, die man vermeiden möchte. Sie ist unnütz, weil sie

---

[40] Sir 30,24 - 25

[41] *Vertreibe die Traurigkeit weit von dir, denn die Traurigkeit hat viele getötet und es liegt kein Nutzen in ihr.*

uns durch die ganze Heftigkeit ihrer Regungen nicht von den uns bedrückenden Übeln befreien kann, noch uns das Gut verschafft, das uns gefallen würde. Sie wirkt todbringend, weil alle Leidenschaften uns tödliche Verletzungen zufügen, wenn sie nicht durch die Gnade gemäßigt und gesteuert sind.

Es gibt aber auch eine Traurigkeit, die Gottes Willen entspricht. Jene ist heilig, nützlich, und sie stützt die Seelen, statt sie zu bedrücken. Der Prophet wollte sie uns zeigen, als er sagte „Eure Tröstungen haben meine Seele in dem Maße mit Freude erfüllt wie mein Herz mit Schmerzen niedergeschmettert wurde. "*Secundum multitudinem dolorum meorum, in corde meo consolationes tuae laetificaverunt animam meam*[42]. Sie ist heilig, weil Jesus Christus sie in uns durch seinen Blick und das Wirken des heiligen Geistes erzeugt. Sie ist nützlich, weil sie uns Tränen vergießen lässt, die unsere Seelen rein waschen, und die Flecke der Sünden löschen, die diese verursacht haben; man kann nicht daran zweifeln, dass sie tröstet und Freude gibt, weil ein Büßer seine Seufzer nicht anders denn als feinfühlige Wirkungen der Barmherzigkeit ansehen kann, die Gott ihm schon zuteil werden ließ, sowie von der Zusicherung dieser Barmherzigkeit, die er noch für ihn bereit hält.

So ist nach der gängigen Vorstellung ein Einsiedler, der sein ganzes Leben verbringt, ohne Teil an den irdischen Vergnügungen zu haben, unter dem Gewicht des Schmerzes gedrückt und jeglichen Trostes beraubt; Ganz im Gegenteil findet er, dass der Bußschmerz gemäß dem heiligen Johannes Klimakus Jubel und geistliche Freude mit einschließt,

---

[42] Ps 93, *19 Nach der Menge meiner Schmerzen, die in meinem Herzen waren, erfreuten deine Tröstungen meine Seele.*

so wie das Wachs den Honig umschließt. Und dass er in der Seele immer verbunden ist mit einem süßen und angenehmen Vergnügen, und dass Gott nicht versäumt, auf geheime und unsichtbare Weise die zu trösten, denen das Herz durch einen so heiligen Schmerz wie gebrochen ist.

Dies bewog den gleichen Heiligen, der die Gnadenwirkungen genauestens kannte, zu sagen, dass der lebhafte und tiefe Bußschmerz von Gott Tröstungen erlangt, ebenso wie dem reinen Herzen himmlische Erleuchtung zuteil wird…., dass dieser Trost eine Erfrischung der betrübten Seele ist, die wie ein Kind mit Zärtlichkeit und Liebe vor sich hin weint und schluchzt. Und dass diese Belebung die schmerzgebeugte Seele erneuert, und die bitteren und heißen Tränen mit wunderbarer Wirkung in Tränen der Wonne und Süßigkeit verwandelt.

Frage V

Muss man einem Mönch die Freiheit vorenthalten, zur Erholung das Kloster zu verlassen, wenn er durch innere Unruhe oder Traurigkeit bedrängt wird?

Antwort

In diesem Artikel, meine Brüder, sagen wir euch, dass Ordensleute sich gelegentlich in ihrem Stand ohne Trost finden, dass ihnen alle Dinge schwer scheinen, und dass sie aus verschiedenen Gründen und Ursachen dort in Unruhe und Bitterkeit leben. Einige von ihnen erleben, dass Gott sich für sie verbirgt und dass es Ihm manchmal gefällt, ihnen die innere Freude vorzuenthalten, die Er gewöhnlich denen gewährt, die ihm dienen. Er tut dies um ihre Treue zu prüfen, und gibt ihnen die Gelegenheit, sich durch die Kraft ihres Glaubens und durch die Festigkeit ihrer Beständigkeit zu stützen; wenn sie sich aber in Dürre vorfinden und jeglicher wahrnehmbarer Gnade beraubt, ohne der göttlichen Ordnung zu folgen und sich mit dem Stand zu begnügen, den seine Vorsehung ihnen zugewiesen, quälen sie sich und beunruhigen sie sich nur. Ohne etwas anderes durch all diese ungeordneten Aufregungen zu bewirken, machen sie ihr Joch nur noch schwerer und vergrößern noch mehr ihren Kummer.

Es gibt auch welche, die auf Grund ihrer Gemütsart und ihrer schwermütigen Veranlagung für das Leben in der Abgeschiedenheit nur Abscheu empfinden; das Gewicht des Alleinseins drückt sie nieder, sie verbringen ihre Tage in Traurigkeit und anhaltender Verdunkelung.

Es gibt auch solche, und Gott gefiele es, wenn ihre Zahl nicht so groß wäre, die durch ihren ruhelosen Geist und ihr unstetes Herz, und durch ihre ablehnende Haltung gegenüber allen heiligen Dingen, das Kloster wie ein Gefängnis und die Unterwerfung unter die Klosterzucht wie eine grausame Knechtschaft ansehen; oder auch gibt es solche, die wegen der fehlenden Genauigkeit und Treue, die Gott von den ihm geweihten Personen verlangt, sich selbst des ganzen Glücks ihrer Verhältnisse und der Frucht ihrer Werke berauben; auf einem Feld der Ruhe und des Friedens ernten sie nur Verwirrung und Unordnung.

Die ersten muss man darauf hinweisen, dass sie sich nach den Absichten Gottes richten; dass sie alle seine Leitungen lieben; damit sie Nutzen ziehen aus dieser Kühle und dieser Ungnade, die nur oberflächlich und vorübergehend ist. Man muss ihnen sagen, dass diese Wolke nur wenige Augenblicke dauert; dass die Sonne sich danach klarer und strahlender zeigen wird, als vorher; und das diese Dürre, die sie plagte, ihnen heilsam wird, vorausgesetzt, dass sie sie mit Geduld ertragen und dass sie eintreten in diese heilige Verfassung, wo der Prophet war, als er zu Gott sagte: „Herr, ich habe alle menschliche Genugtuung verworfen, habe nur an Dich gedacht und sah mich voller Trost“[43].

Mit der Schwachheit der zweiten muss man Mitleid haben; sie in ihrer Schwäche stützen und sich bemühen, ihr Elend zu mildern. Man muss sie trösten, indem man sie zu Gott erhebt, und ihnen den Rat geben, den der heilige Apostel Jakobus allen Christen gibt, wenn Traurigkeit sie überkommt. *Tristatur aliquis vestrum, oret*[44], und sich erinnern, dass man Ziele niemals mit unerlaubten Mitteln anstreben darf, ganz gleich, wie gut und notwendig sie uns erscheinen.

Für die letzten gilt, dass man ihnen zu verstehen gibt, dass sie nur deshalb elend sind, weil sie untreu sind; dass ihre Unruhe, ihre Sorge und ihr Kummer die Folge der Strafe für ihre Sünde ist; dass ihr Gewissen sie nicht davor bewahrt hat, gestört zu werden, da es nicht rein ist; und wenn sie das Gesetz Gottes treu eingehalten hätten, sie nach dem Worte des Propheten einen so tiefen Frieden genießen würden wie die Abgründe und Schlünde des Meeres: *Utinam attendisses mandata mea, facta fuisset sicut flumen pax tua; et justitia tua sicut gurgites maris.*[45] Man muss sie ermuntern und in einen Zustand bringen, dass sie aus tiefster Seele sagen: *Vae nobis quia peccavimus; propterea maestumfactum est cor nostrum, ideo contenebrati sunt oculi nostri*[46]. So können

---

[43] Ps 76 v. 3

[44] Jak 5, 13: *Ist einer von euch bedrückt, so soll er beten.*

[45] Jes 48,18: *O dass du doch meine Gebote beachtet hättest! Wie ein Strom wäre dein Friede geworden, und deine Gerechtigkeit wie die Wogen des Meeres.*

[46] Klgl 5, 16-17 – *Wehe uns, weil wir gesündigt haben. Darum ist unser Herz trübe geworden,*

sie, in Kenntnis dessen, dass sie selbst Urheber ihrer Pein, dieser Unruhe und Trübsal sind, die wie eine finstere Wolke über sie fällt und den ganzen inneren Menschen zudeckt, und dass dies nur von ihrer eigenen Ungerechtigkeit ausgeht, durch eine aufrichtige Bekehrung den Weg zu Jesus Christus zurückfinden, um ihn zu bitten, dass er diese Unruhe und Trübsal zerstreut und dass er die Wolken und Finsternis fortjagt, die sie umgeben, und dass er ihnen nicht gestattet, in den Schatten des Todes auf ewig dahin zu dämmern: *Illumina oculos meos ne unquam obdormiam in morte.*[47]

Diese Heilmittel muss man nutzen, um einen Einsiedler zu stützen, wenn Traurigkeit sich seines Herzens bemächtigt; dies sind die Mittel, die man für seine Genesung einsetzen muss, anstatt ihm Vergnügungen und Spaß zu bieten, die alle jene täuschen, die darin verweilen; die keine wahre und verlässliche Freude verschaffen können; und vor allem, die wider die Heiligkeit seiner Gelübde gerichtet sind. Jesus Christus ist das einzige Friedens-Prinzip, das zu denen passt, die sich rühmen können, zu ihm zu gehören. Dieser Frieden ist von ihm und für ihn. Er hat ihn uns durch sein Blut verdient, das er für die Versöhnung der Menschen vergossen hat; und es ist eine Täuschung, von der Welt das zu erhoffen, von dem er uns selbst erklärt hat, dass die Welt es nicht kennt, und auch nicht fähig ist, es zu geben: *Pacem meam do vobis, non quomodo mundus dat, ego do vobis*[48]. Wenn Euch ein gewisser Kummer

---

darum sind unsere Augen verdunkelt. Zitat aus der Vulgata müsste lauten: Threni id est lamentationes Jeremiae prophetae 5,16-17

[47] Ps 12 v. 4. - *Erleuchte meine Augen, dass ich nicht etwa im Tod entschlafe.*

[48] Joh 14, 27 – *Meinen Frieden gebe ich euch; nicht wie die Welt ihn gibt, gebe ich ihn euch.*

und Schmerz ankommt, sagt der heilige Chrysostomus[49], suchet Euren Trost nicht bei den Menschen, sondern sucht Zuflucht beim erhabenen Arzt der Seelen. Denn jener allein hat jedes unserer Herzen geformt, er beobachtet all ihre Regungen, er ist fähig, sie zu heilen.

Haltet fest an diesem obersten Grundsatz,, meine Brüder, dass die Vergnügungen und Ablenkungen der Welt einem Ordensmann nie gefährlicher und schädlicher sind als in den Zeiten und Fällen, wo man sich einbildet, dass es übergenug Gründe gibt, sie sich zu wünschen und zu erlauben; ich will sagen: in Zeiten der Versuchungen und Krankheiten.

Denn, so wie unsere Unbußfertigkeit und unser natürlicher Hochmut uns zu dem Wunsch verführt, frei von den uns befallenden Übeln und Kümmernissen zu sein, greifen sie unseren Leib an oder betrüben unsere Seelen, und bewirken auch, dass wir glühend Erleichterung und unseren Vorteil suchen und uns daran hängen. Und wenn wir diese Erleichterung und diesen Vorteil in den Freuden und Ablenkungen der Welt finden, kann man folgerichtig nicht mehr daran zweifeln, dass dies alles unserer Eigenliebe schmeichelt, unsere Geldgier hervorruft, und uns daran bindet; dass es in uns die ganze Tugend unseres Standes zerstört, uns von Gott entfremdet, indem es uns von unseren Hauptverpflichtungen wegführt.

Schließlich gehen wir einen Bund mit dem Tod ein, wenn wir die Erinnerung an unsere Pflichten verlieren oder auch den Wunsch, diese zu erfüllen. Wir erneuern unsere Fesseln wieder, lassen unsere früheren

[49] Homil. 54 ad pop. Antioc.

Bindungen an die Welt neu aufleben und durch eine gotteslästerliche Untreue geben wir ihr den Platz zurück, den wir ihr weggenommen hatten, und den Jesus Christus in unseren Herzen hatte, seit wir uns seinem Dienst verschrieben hatten.

Meine Brüder, so wenig man den Ordensleuten unter den beschriebenen Umständen guten Gewissens Erleichterungen und weltliche Zerstreuungen gewähren kann, so sehr müssen sich die Oberen ein genaueres Bild machen und mit mehr Sorgfalt darauf hin arbeiten, sie von diesen fernzuhalten und zu verhindern, dass sie solches wünschen und sich darauf einlassen.

Gib einem Menschen, der weder Appetit hat, noch Abwechslung sucht, Getränke oder köstliches Fleisch, so wird seine Versuchung nicht sehr groß sein. Man braucht nur eine sehr einfache Tugend, um nicht maßlos zu sein. Wird er aber überrascht, wenn der Hunger ihn drückt und wenn sein Durst glühend ist, kann er nur mit viel Mühe verhindern, dass seine Tugend unterliegt. Ebenso wenn die weltlichen Zerstreuungen sich ganz alleine einstellen und wir weder Grund noch Neigung haben, sie zu wünschen, dann ist die Gefahr nicht groß. Falls sie aber im Gegenteil auf unsere Schwächen, Bedürfnisse, unsere Nöte treffen und sich dann noch unsere Leidenschaften mit ihnen zusammentun, spricht in uns alles zu ihren Gunsten; ihr Gift wird lebhafter, ihre Bösartigkeit viel schädlicher und es ist fast unmöglich, dass sie nicht tödlichen Eindruck auf unsere Seelen ausüben.

Frage VI

Ist Krankheit kein berechtigter Grund, das Kloster zu verlassen?

Antwort

Das Motiv Krankheiten und Erhaltung der Gesundheit kann nur von solchen bedacht werden, die in irgendeiner Weise Kenntnis vom Stand und Leben im Kloster haben.

Zunächst gilt Folgendes: Wenn nach der göttlichen Ordnung alle Christen nur leben, um zu sterben, da ihr ganzes Leben nur eine Vorbereitung auf den Tod ist, und wenn, nach dem heiligen Augustinus jener eines glücklichen Todes nicht würdig ist, der keinen aufrichtigen Willen hat zu sterben: muss da nicht um so mehr ein Einsiedler diese Bereitschaft mit sich bringen? Muss er nicht um so mehr mit innerer Glut diesen Übergang erwarten, er, der die Pflichten auf vollkommenste Art erfüllen muss, die er mit den anderen Christen teilt? Und soll es nicht so sein, dass er, der nicht mehr von dieser Welt ist, weder Geschäfte noch Vergnügungen noch Gefühle haben kann, die ihn daran binden?

Sein Leben ist ein einziges Verlangen nach dem Tod und eine ständige Meditation dahin; seine Hauptbeschäftigung ist, beständig auf ihn zu warten, wie auch daran zu denken. Kann man dennoch glauben, dass er in dieser Verfassung ist, oder vielmehr im Gegenteil: kann man überhaupt zweifeln, dass er gar nicht darin ist, wenn man ihn sein Kloster verlassen sieht, um Heil in der Welt zu suchen? Ist es nicht eine beklagenswerte Verstiegenheit, dass ein Mensch, der sich in einem Kloster eingeschlossen hat, um sich auf einen heiligen Tod vorzubereiten, und um sich vor den vielen Unfällen zu schützen, die ihm Schaden zufügen könnten, seine Abgeschiedenheit verlässt, da er Gefahr läuft, das Leben zu verlieren, und er sich von Neuem ähnlichen und sogar schlimmeren Gelegenheiten aussetzt als denen, die er meiden wollte, als er die Welt verließ?

Er flieht die Menschen, wie er sagt, um gut zu sterben, und er sucht die Menschen wieder auf, wenn er glaubt, dass er zu sterben bereit ist, und gleicht damit dem, der sein ganzes Leben fern von den Feinden seiner Überzeugung und seines Glaubens[50] blieb aus Furcht, unglücklich unter ihnen zu sterben, nun aber, nachdem er sich am Ende seines Laufes sieht und nur noch wenige Momente zu leben hat, sich vornimmt, diese doch wieder aufzusuchen und damit seine ganzen Vorsichtsmaßnahmen zunichte macht.

Zweitens: ein Einsiedler verlässt die Welt und schließt sich in einem Kloster wie in einem Gefängnis ein, um vor der Gerechtigkeit Gottes Sühne für seine Sünden zu leisten. Er liefert seinen Körper einem freiwilligen Tod aus, um das Leben seiner Seele zurückzukaufen: alle Übungen des Lebens im Orden, die Nachtwachen, das Fasten, die Arbeiten, die Zurückgezogenheit und alle körperlichen Züchtigungen sind wie Instrumente seiner Strafe, die seine Gesundheit durch unmerkliche Einwirkungen schwächen. Er verzichtet auf ein Leben kurzer Augenblicke, um aus Gottes Güte ein Leben zu erhalten, das ewig währt, gemäß der folgenden Rede Jesu Christi: *Qui odit animam suam in hoc mundo, in vitam aeternam custodit eam*[51].

Er wünscht nichts mehr, als dass Gott in ihm alles Sterbliche und Verderbliche zerstöre; dass er seine Vergeltung in der Zeit bis zur Er-

---

[50] créance (vieux français) = foi ou croyance

[51] Joh 12,26 : *Wer seine Seele in dieser Welt hasst, bewahrt sie ins ewige Leben.*

schöpfung ausübe, damit in der Ewigkeit für ihn nur Barmherzigkeit und Gnade bleibt: *Hic ure, Hic seca, modo in eternum parcas*[52].

Wie kann man sich nach all dem vorstellen, dass ein Mönch bei Krankheiten (die tatsächlich Wirkungen und notwendige Folgen seines Einsatzes sind) sein Kloster verlässt, um unter den Menschen nach Mitteln gegen das Sterben zu suchen, außer dass er den Entschluss widerruft, den er gefasst hatte, oder zumindest, dass er ihn vergessen hat ? Wie ist zu verstehen, wenn er sich aus Todesfurcht und mit dem Wunsch, seine Tage zu verlängern, gehen lässt und so bezeugt, dass ihm seine Gesundheit kostbarer ist als sein Heil, dass ihm mehr an der Bewahrung seines Leibes als an der seiner Seele liegt, und dass es ihm keine Schwierigkeit macht, sein unsterbliches Leben für ein Leben aufzugeben, das man in seiner Anfälligkeit, in seiner Unsicherheit, ebenso wie in seiner Dauer, nur als einen Dampfhauch ansehen kann.

Drittens: wenn ihr einen Märtyrer sähet, der im Angesicht des Todes, welcher sein ganzes Verlangen ausmachen sollte, wie er auch seinen ganzen Ruhm darstellt, anstatt standhaft auf den Tod zu warten, seine Eisen und Ketten zerbrechen und so vor der ihm bereiteten Strafe fliehen würde; ihr würdet zweifellos sagen, dass er die Majestät Jesu Christi durch diese skandalöse Flucht kaum weniger entehrt, als wenn er den Glauben aufgegeben hätte.

Es ist die Idee, die man von einem Mönch haben muss, dessen Gelübde nach Meinung der Heiligen ein wahrhaftes Martyrium ist, wenn er nicht schon in dieser Welt all das einübt, was er in Bezug auf das zu-

[52] Augustinus - *Hier brenne, hier schneide ab, mögest du nur für die Ewigkeit verschonen.*

künftige Leben zu tun hat durch die Verachtung, die er gegenüber dem gegenwärtigen Leben hat, und wenn er kein Zeugnis ablegt von den Wahrheiten, die Jesus Christus uns lehrt. Dies würde er tun, indem er in Buße ausharrt und in den Arbeiten, die mit seinem Stand verbunden sind, und indem er das Opfer vollendet, das er begonnen hat Ihm darzubringen, durch eine freiwillige und gefasste Annahme des Todes. Statt dessen zeigt er offenkundige Zeichen dafür, dass er bestrebt ist, den Tod zu vermeiden, indem er sein Kloster verlässt, um nach Heilmitteln und zu suchen und indem er all seine Entscheidungen und Einsätze vor dieser ungeordneten Leidenschaft weichen lässt, die er zu leben hat.

Viertens: Krankheiten sind die Vorboten unseres Todes, da sie wie Wege oder natürliche Pfade sind, durch die wir an das Ende unseres Lebens gelangen. Durch die Krankheiten, sagt der heilige Gregorius, klopft Gott an unsere Türen, *Pulsat, cum iam per agritudinis molestias, mortem vicinam designat*[53].

Und dies tut er, uns zu raten, dass wir uns bereithalten und uns in den rechten Zustand versetzen, um vor seinen Augen zu erscheinen, auf dass er komme, ohne uns zu überraschen, und dass er nichts in uns findet, was ihn nötige, im Zorn über uns zu urteilen. Da dies so ist, meine Brüder, ist es nicht ein unerträgliches Verhalten eines Mönchs, der in einer Krankheit, weit entfernt diese gottgegebene Warnung zu nutzen, und anstatt sich all der Mittel zu bedienen, die er von seiner Hand empfangen hat, sein Kloster verlässt, diesen geweihten Zufluchtsort, wo ihn die

---

[53] GREG HOM 13 n°3 in Evang. p. 302 Coll. Sources Chrétiennes n° 485; Éd. du Cerf, Paris, 2005 : *Er klopft an, wenn er schon durch die Beschwernisse der Krankheit auf den nahe bevorstehenden Tod hindeutet.*

Vorsehung wie in einer Festung eingesperrt hat? Er verlässt die Gemeinschaft seiner Brüder, er entzieht sich der Hilfe, die er ihrem Beispiel entnehmen könnte, dem geregelten Leben in einem Kloster, seiner Unterwerfung unter die Führung seines Oberen, der Stille, der Zurückgezogenheit, und so vielen anderen Vorteilen, die in der genauen Beobachtung seiner Regel zu finden sind? Hält man sich so an seine Mahnungen? Bereitet man sich so auf das Urteil Jesu Christi vor, indem man sich aus dem Stand zurückzieht, in den zu versetzen es Ihm gefallen hat? Glaubt er, dass dieser Richter, der niemals irrt, dieses Entfernen als eine Frucht seiner Achtsamkeit und seiner Sorge wertet?

Oder zweifelt er nicht vielmehr, dass er eine Erlaubnis schwerwiegend verletzt, die so gegensätzlich zu den Verfügungen ist, die er von ihm fordert? Dass er ihn als Überläufer behandelt, der leichtsinnig seinen Posten wegen der Besorgnis, sterben zu müssen, aufgegeben hat, und dass er ihn von all seinen Leidenschaften und allen Übeln befreit, die ein Mönch verdient, wenn er die Schonung seines Körpers seiner Pflicht, der Stimme Gottes und der Heiligung seiner Seele vorzieht?

Wollt ihr, meine Brüder, wissen, was aus dieser Art Ordensleute beim Verlassen ihrer Klöster wird? Die einen durchstreifen Länder und entlegene Provinzen, auf der Suche nach Wässern und Bädern für die Heilung ihrer Beschwerden. Man sieht sie an den Orten und den öffentlichen Versammlungen unter Personen aller Verhältnisse, jeden Alters, aller Sitten und beider Geschlechter.

Sie verbringen ihre Tage mit Konversationen über weltliche Nachrichten und Angelegenheiten, oder mit Unterhaltungen über ihre besonderen Unpässlichkeiten, die Krankheiten von diesem und jenem; über

Operationen und Heilmittel; dies allein kann schon die Gedanken an Dinge, die für immer vergessen sein müssten zurückrufen. Sie leben in einer Weichlichkeit, ganz öffentlich in Unbußfertigkeit, ebenso leer und unbeschäftigt mit den Dingen Gottes, wie sie von sich selbst erfüllt sind. Und ihre Blindheit ist so groß, dass sie, auch wenn sie die gröbsten Unfälle vermeiden, denen sie sich aussetzen, nicht bemerken, wie ihr Verhalten die Heiligkeit ihres Ordensgewandes entehrt; ebenso wie die Heiligkeit ihres Gewandes auch ihr Verhalten verdammt.

Man sieht andere, die von Kloster zu Kloster wandern unter dem Vorwand, dass die Luftveränderung ihre Gesundheit wiederherstellen wird. Man empfängt und behandelt sie dort wie Fremde und Kranke. Und da sie ohne Untertänigkeit und Regelbindung leben, versäumen sie nicht, das Gift ihrer Zügellosigkeit und Unruhe zu verbreiten; so hinterlassen sie an allen Orten, wo sie hinkommen, schädliche Zeichen und Beispiele für ihr ungeregeltes Leben als Gegengabe für die Liebe, die man ihnen entgegengebracht hat.

Wieder andere gehen zu ihren Eltern und ins Haus ihrer Väter, um wie sie sagen, die heimatliche Luft zu atmen; aber in Wirklichkeit wollen sie dort die Haut des alten Menschen wieder anziehen, die sie dort zurück gelassen hatten. Denn dort finden sie ihre alten Gewohnheiten und ihre früheren Zuneigungen wieder. Die Zärtlichkeit des Vaters, die Liebkosungen der Mutter, die Zartheit und der Geschmack, die sie im Umgang mit ihren Verwandten erleben, löschen vollends aus, was ihnen an Frömmigkeit geblieben war.

Ihre wie Wachs bildsamen Herzen nehmen unterschiedslos die Eindrücke von allem auf, was an sie herantritt; schließlich werden sie wieder das, was sie vor ihrem Rückzug aus der Welt waren, und kommen in ihr Kloster zurück wie zu einem unerträglichem Exil. Sie bringen dorthin die Welt mit sich. Und anstatt dort zu leben und sich dort nach dem Geiste Jesu Christi zu verhalten, wissen sie von Regeln und Grundsätzen nicht mehr, als ihnen Fleisch und Blut offenbart haben.

Das sind die unvermeidlichen Nachteile für Ordensleute, die ihr Kloster aus Gesundheitsgründen verlassen. Sie müssen wissen, dass sie sich jedes Mal in Abgründe stürzen, wenn sie solches verlangen; und die Oberen stürzen sie dort hinab, wenn sie einwilligen.

Frage VII

Wenn ein Mönch sein Kloster nicht zur Wiederherstellung seiner Gesundheit verlassen darf, kann er es wegen Geschäften oder Gerichtsverhandlungen verlassen?

Antwort

Wenn auch aus wichtigen Gründen und Notwendigkeiten Ordensleuten in einigen Fällen erlaubt werden kann, Prozesse zu führen und durchzustehen, so wird ihnen fast nie erlaubt, ihr Kloster zu verlassen, um Anträge und Verfolgungen von sich aus anzustrengen. Solches Tun läuft allen Pflichten ihres Gelübdes derart zuwider, dass es ohne jeden Zweifel zu den Dingen gezählt werden muss, die ihnen untersagt sind.

Man hätte bestimmt die gleiche Meinung zu dieser Wahrheit, wenn man sich die Mühe machen würde, zu bedenken, was das Leben eines Einsiedlers ausmacht und was die Beschäftigung eines Menschen ist, der Gerichtsverfahren anstrengt.

Wer weiß, dass ein Mönch von Gott zu einer ganz innerlichen Frömmigkeit bestimmt wird, dass er zu einem Leben ganz in Unschuld verpflichtet ist, in Einfachheit, in Ruhe, in fortwährender Einkehr, in Absonderung von den Menschen zu leben und in der andauernden Gegenwart Gottes, soweit menschliche Schwachheit dies erlaubt, wird niemals glauben, dass man ihn mit gutem Gewissen dieser entsetzlichen Zerstreutheit aussetzen dürfte, die beim Verfolgen von Geschäften auftritt; dass sie ihn zu Verstellungen und Spitzfindigkeiten nötigt, denn ohne diese können oftmals die berechtigtsten Ansprüche nur ein schlechtes Ergebnis bringen; auch wird man nicht wollen, dass er in der Menge erscheint, vor den Gerichten und in der weltlichen Gerichtsbarkeit, wo nur Geschrei, Aufruhr und Verwirrung herrschen; dass er sich um Sachen kümmert, die - weit entfernt davon, mit der Gegenwart Gottes vereinbar zu sein, die er allzeit bewahren muss - ihm den Blick dafür rauben, und all seine Stunden derart füllen, dass ihm kein Augenblick für DEN bleibt, der lebenslang der einzige Gegenstand seiner Gedanken sein muss.

Dies ist das Schlimmste, mit dem sich ein Mönch konfrontiert sieht, wenn man ihn mit derlei Aufgaben betraut. Ihm fehlen dann die Zurückgezogenheit, Regelmäßigkeit und Stille. Die Angelegenheiten, um die er sich sorgt, verlangen und fordern ihn ganz, er widmet ihnen seine ganze Zeit, seinen Fleiß, seine Aufmerksamkeit. Es ist ein Wildbach, der ihn mitreißt, mit umso mehr Schnelligkeit, als er nicht die Muße hat, die ihm förderliche Betrachtung bei sich selbst anzustellen. Er lebt unter Menschen, die in allen Dingen den Regungen folgen, die Hass oder Geiz ihnen einflößen, und von all dem atmet er die Luft ein und übernimmt deren Sitten und Grundsätze.

Er ist trocken in seiner Rede, zerstreut in seinem Verhalten, gefangen von seinem Eigensinn. Er verfolgt glühend seine Interessen, ist schnell dabei, seinen Geschäften nachzugehen, will keinen Ausgleich; mit einem Wort, dies ist ein Mönch ohne Religion, der die Unordnung und Verwirrung seiner Seele in allen seinen Handlungen und Reden erkennen lässt. Er ist ein zerbrochenes Gefäß, das die Flüssigkeit der Gnade[54] nicht mehr halten kann. Dies war die schöne und fruchtreiche Weinrebe der Heiligen Schrift, die nun verwilderte und deren Früchte nur noch bitter und sauer sind[55].

Urteilt ihr, meine Brüder, ob ein Oberer, dessen alleinige Verantwortung und Autorität es ist, Seelen zu retten, ohne seinen Dienst zu verraten, einen Mönch auf solche rein zeitliche Aufgaben ansetzen darf, die ihn von seinem Kloster abziehen, ihn abhalten, seine Pflichten zu erfüllen und die in ihm als unvermeidliche Folge die heiligen Werte und die wichtigsten Tugenden seines Standes zerstören. Urteilt, ob dieses Verhalten mit der Lehre zu vereinbaren ist, die Jesus Christus allen Ordenshirten durch den Mund des heiligen Benedikt[56] gibt: „Vor allem, sagt dieser Heilige, soll der Obere Sorge tragen, die Seelen nicht zu vernachlässigen, die ihm anvertraut sind, und diese nicht weniger wertzuschätzen, als die zeitlichen, irdischen und verderblichen Dinge. Vielmehr soll er immer im Bewusstsein halten, dass er zur Führung der Seelen beauftragt ist und dass er eines Tages darüber Rechenschaft ablegen muss; dass er die Armut des Klosters nicht als Entschuldigung anführt, son-

---

[54] Vgl. Jer 25, 34 : *Die Zeit eurer Zertrümmerung ist da, ihr werdet fallen wie kostbare Gefäße (Vulg. dissipationes vestræ, et cadetis quasi vasa pretiosa).*

[55] Jes 5, 4

[56] RB cap 2

dern dass er sich erinnert, was geschrieben steht: „Sucht zuerst das Königreich und Gottes Gerechtigkeit und alles Andere wird euch dazu gegeben.“

Ante omnia ne dissimulans aut parvipendens salutem animarum sibi commissarum ne plus gerat sollicitudinem de rebus transitoriis et terrenis atque caducis; sed semper cogitet quia animas suscepit regendas de quibus et rationem redditurus est. Et ne causetur de minore forte substantia; meminerit scriptum: "quaerite primum regnum Dei et justitiam ejus, et haec omnia adicientur vobis[57].

Ein Konzil von Mainz[58] verbietet den Ordensleuten, sich vor weltlichen Gerichten einzufinden und erklärt, dass im Fall, wo der Obere dort gezwungenermaßen erscheinen müsste, er dies nur mit Einwilligung und auf Geheiß seines Bischofs tun sollte. Er solle jedoch darauf achten, in einem solchen Fall weder einen Streit noch ein Gerichtsverfahren herbeizuführen und sich, wenn er eine Frage oder eine Antwort zu geben hat, dazu anwaltlicher Hilfe bedienen.

Hoc tâmen omnino volumus ut monachi nulla tenus ad secularia placita veniant, nec ipse Abbas sine consenso Episcopi sui cum necessitas exigit, tunc per jussionem et consilium Episcopi illuc vadat nequaquam

---

[57] *R.B. Cap 21 - Vor allem darf er das Heil der ihm anvertrauten Seelen nicht vernachlässigen oder gering schätzen und nicht größere Sorge verwenden auf vergängliche, irdische und hinfällige Dinge; sondern er soll daran denken, dass er die Führung von Seelen auf sich genommen hat, für die er auch einmal Rechenschaft abzulegen hat. Und damit er nicht in einem vielleicht zu geringen Vermögen einen Vorwand findet, (sich darüber Sorgen zu machen), soll er sich an das Wort der Schrift erinnern: Sucht zuerst das Reich Gottes und seine Gerechtigkeit, und dies alles wird euch dazugegeben . (Mt 6,33)*

[58] sub Leone 3, anno 813 can. 12

tâmen contentiones aut lites aliquas movere præsumat, sèd quid quid querendum est aut respondendum, per advocatos suos hoc agat[59].

Wenn es einige kirchenrechtliche Bestimmungen gibt, die einem Ordensmann erlauben, mit der Erlaubnis seines Oberen in den Angelegenheiten seiner Gemeinschaft den Part des Anwalts zu übernehmen *(advocati partem gerere)*, dann darf man das nur in rechtmäßigen und dringenden Angelegenheiten tun, um in schlichter Form die Richter über sein Recht, die Gerechtigkeit seiner Sache und seine Interessen in Kenntnis zu setzen, und nicht um sich auf die Verfolgung eines Prozesses einzulassen, Anträge zu stellen und zu diesem Zwecke beträchtliche Zeiten außerhalb seines Klosters zu verbringen.

Alles muss, meine Brüder, dem Heil der Seelen weichen, seitdem Jesus Christus aus freiem Willen für sie starb und sein Leben gab, um sie aus der Sklaverei der Sünde zu befreien. Ihr Wert ist unendlich; es gibt nichts bei den vergänglichen Dingen, das man ihnen gleichsetzen könnte, und es zeigt einen Mangel an Glauben, wenn man nicht überzeugt ist, ganze Welten für die Bewahrung einer einzigen Seele aufgeben zu müssen.

[59] *Dies jedoch wollen wir überhaupt, dass die Mönche nicht im Geringsten zu dem kommen, was in der Welt Gefallen findet. Auch der Abt selbst soll nicht ohne Zustimmung des Bischofs und nur dann, wenn die Notwendigkeit es erfordert, auf Befehl und auf Anraten des Bischofs dorthin gehen; auf keinerlei Weise jedoch soll er es für sich herausnehmen, Zank und Streit vom Zaun zu brechen, sondern er soll , was immer auch gefragt oder geantwortet werden muss, dies über seine Anwälte verhandeln.*

Frage VIII

Ihr billigt anscheinend nicht, dass der Mönch Gerichtsverfahren anstrengt, und ihr sagt doch auch, dass dies manchmal aus wichtigen Gründen und Anlässen notwendig sein könnte.

Antwort

Die Unterweisung, die Jesus Christus uns gibt, wenn er zu uns spricht, lautet: Wenn jemand euch das Eurige wegnimmt, verlangt es nicht zurück. *Qui auffert quœ tua sunt, ne repetas*[60] wird von niemandem ignoriert. Und wenn er sich die Mühe machte, uns diese Lehre an mehreren Stellen der Heilige Schrift zu empfehlen, und dies in so vielen verschiedenen Weisen, so war das nur, um uns diese Unterweisung noch tiefer einzuprägen und uns noch besser die Wertschätzung beizubringen, die wir ihr gegenüber haben sollten.

Es wird deutlich genug gesagt, nicht zu rechten, sein Eigentum eher aufzugeben, als es durch Gerichtsverfahren und Streitigkeiten zu verteidigen. Dies ist ein evangelischer Rat, den alle Christen wie ein Gebot zu achten verpflichtet sind, und zwar mit innerer Bereitschaft und mit der Hingabe des Herzens.

Aber es ist seltsam, dass niemand den Fall und den Umstand wahrnimmt, in denen dieser Rat eine äußere Wirkung haben und die Stellung eines Gebotes einnehmen muss; und dass die Gleichen, die strengere Grundsätze haben und die sich zu einer genaueren Frömmigkeit bekennen, die ersten sind, Gründe zu finden, die sie davon entpflichten. Wirklich, wenn man die Absicht Jesu Christi danach beurteilen wollte, was wir die Menschen Tag für Tag tun sehen, würde man etwas anderes

---

[60] Lk 6,30. – *Wer Dir wegnimmt, was Dein ist, von dem fordere es nicht zurück.*

glauben, als wollte er uns nur eine Wahrheit und eine rein beschauliche Vollkommenheit vorschlagen, ohne die Absicht zu haben, dass dies in unseren Handlungen und unseren Werken tatsächlich geschieht.

Doch hat der heilige Paulus den Korinthern, nachdem er sie wegen ihrer Meinungsverschiedenheiten und Streitigkeiten getadelt hatte, die sie vor die Gerichte der Heiden trugen, gesagt, „dies ist schon eine Sünde unter Euch, dass ihr euch gegenseitig mit Prozessen überzieht. Warum haltet ihr nicht vielmehr aus, dass man Euch Unrecht tut? Warum haltet ihr nicht aus, wenn man euch das Eurige wegnimmt? *Iam quidem omnino delictum esti in vobis quod judicia habetis inter vos, quare non magis injuriam accipitis? quare non magis fraudem patimini*?[61]

Wenn wir auch nicht sagen können, dass der heilige Paulus jeden Prozess und jeden Streit in sich schon als Sünde und Verletzung der Gesetze Gottes angesehen hat, so können wir wenigstens sicher sein, dass er glaubte, dass dies ein Fehler und eine Unvollkommenheit sei, und dass es so schwer sei, das Maß einer gerechten Verteidigung in den Streitigkeiten zu wahren, die sich unter den Menschen bilden; bei den Regeln von Zartheit und Mäßigung zu bleiben, die Jesus Christus uns vorgeschrieben hat, und derart Herr der Regungen in seinem Herzen zu sein, dass die Liebe niemals verletzt wird, so dass er keine Schwierigkeit hat, denen zu sagen, die Meinungsverschiedenheiten und Gerichte bemühen: „ihr beleidigt Gott, sobald ihr Anklage erhebt“ *Et quidem omnino delictum est*[62]. Nicht unbedingt, dass das Streiten selbst Gott be-

---

[61] 1 Kor 6, 7 - *Es ist schon überhaupt ein Vergehen unter euch, dass ihr miteinander Prozesse führt. Warum nehmt ihr nicht lieber Unrecht an? Warum erleidet ihr nicht lieber Betrug?*

[62] *Und es ist überhaupt schon ein Vergehen.*

leidige, jedoch weil es beinahe unmöglich ist, Anklage zu erheben, ohne Ihn zu beleidigen. Aus diesen Gründen und Erwägungen hat Jesus Christus, der immer auf die Heiligung seiner Jünger aus war, dafür Sorge getragen, alle ihre Wege zu ebnen, alles von ihrem Weg zu nehmen, was Anlass zu Straucheln und Ärgernis sein könnte, und sie zu einer Vollkommenheit und Heiligkeit zu erziehen, die seines Vaters würdig war: *Estote perfecti sicut Pater vester cœlestis perfectus est*[63], hat uns zur Regel und zum Grundsatz für unser Verhalten gegeben, alle Anfechtungen zu vermeiden, unseren Mantel denen anzubieten, die uns unser Gewand abnehmen wollen; nicht gegen das Übel anzugehen, das man uns antun will, und kein Gericht einzuschalten, um Dinge zurückzubekommen, die man uns genommen hat,: *Ego autem dico vobis non resistere malo sed si quis te percuisseritt in dexteram maxillam tuam paebe illi et alteram, et qui vult tecum judicio contendere et tunicam tuam tollere, dimitte ei et pallium et qui auffert quœ tua sunt ne repetas*[64].

Diese Lehren, meine Brüder, gelten allgemein. Jesus Christus hat sie allen Gläubigen gegeben und es gibt niemanden, den sie nicht angehen. Und damit ihr alle die Erklärung bekommt, nach der ihr verlangt, sage ich euch, dass jeder Christ, der ein Jünger Jesu ist, diese Worte empfangen soll: *„Qui auffert quae tua sunt ne repetas"* zur Vorbereitung seines Herzens wie ein Gebot und er soll nicht nur einen lauteren Willen zum Verzicht auf seine Güter, seine Ehre, und all das haben, was man ihm

---

[63] Mt 5,38 – *Seid vollkommen wie Euer Vater im Himmel vollkommen ist.*

[64] *Mt 5, 38-41: Ich aber sage euch: Leistet dem Bösen keinen Widerstand, sondern wenn dich einer auf die rechte Wange schlägt, dem biete auch die andere dar. Und wer mit dir rechten will und deinen Rock nehmen will, dem lass auch den Mantel. (N.B. der letzte Abschnitt: et qui auffert quae tua sunt, ne repetas: Und wer dir das Deine nimmt, von dem fordere es nicht zurück"., steht nur bei Lk 6,30.*

mit menschlichem Unrecht und Gewalt rauben will, sobald er erkennt, dass Gott dies von ihm fordert und er sich an seinem Dienst und seiner Herrlichkeit beteiligt; sondern er muss auch, da er dem Bösen widerstehen muss und gehalten ist, sich gegen die Machenschaften derer zu stellen, die ihm wegnehmen wollen, was ihm gehört, dass er durch seine innere Disposition auch von seinen Interessen frei ist, dass er so deren Bewahrung und Verteidigung wirklich aufgegeben hat. Gott, der den Christen den Gebrauch der weltlichen Güter erlaubt, will nicht, dass sie sich daran hängen; nach Art des Herzens und der verborgenen Neigung, so dass es keinen Unterschied geben darf, zwischen einem Christen, der Beleidigung oder Unrecht zurückweist, und einem, der es erleidet.

Was nun die Ausführung und Außenwirkung betrifft, verlangt Gott diese nicht in gleicher Weise von jedem Menschen: Wie wir gesagt haben, schlägt er die Vollkommenheit allen Menschen vor; aber er beruft nicht alle dazu. Auch diese Unterweisung: Wer dir das Deine nimmt, von dem fordere es nicht zurück, ist für die einen ein Rat, für die anderen ein Gebot.

Es ist ein Rat für alle Christen, obwohl sie unter Umständen verpflichtet sind, ihn buchstabentreu zu befolgen und den Rat als ein Gebot auszuführen. Aber für die, die Gott zu einem vollkommenen Leben bestimmt, die er zu einer herausragenden Tugend heranzieht und die er in einen Stand versetzt, wo außerordentliche Anforderungen an ihre Frömmigkeit gelten, erlegt er ihnen eine Pflicht auf: Gottes Wille ist, dass sie diese durch ihre Werke erfüllen; und es gibt sehr wenige Fälle, in denen es ihnen erlaubt wäre, dies einfach nur wie einen Rat zu betrachten.

Von hier aus ist es leicht, meine Brüder, zu urteilen, welche Pflicht Ordensleute in diesem Punkt haben, und in welcher Weise sie sich nach dieser verhalten müssen. Wir sprechen wohl nicht die Unwahrheit, dass sie - weil Gott sie zu dem Größten und Heiligsten der Christlichen Religion gerufen hat und weil ihr Gelübde sie dazu bewegt, unaufhörlich zu versuchen, vollkommene Menschen zu werden -, dass sie also verpflichtet sind, in allen Begebenheiten die Anweisungen Jesu Christi zu befolgen und die evangelischen Räte auszuführen; und dass ihnen demzufolge Rechtsstreitigkeiten untersagt sind. Dass es ihnen nicht erlaubt ist, Geschäfte zu unternehmen noch Prozesse zu führen, sei es, dass man sie in ihrer Person angreift, in ihrem Ansehen oder in ihren Gütern, dass ihnen nur unschuldige oder legitime Mittel bleiben um den Tücken der Menschen zu widerstehen. Dass ihre Geduld, ihre Gebete und ihr Glaube sie dazu zwingen können, aber nur wenn es sich um außergewöhnliche Anlässe und wichtige Angelegenheiten handelt – wie das, was Jesus Christus angeht, der Aufbau der Kirche und die Verteidigung der Wahrheit –, von dieser allgemeinen Regel abzuweichen und sich dem Unrecht der Böswilligen zu widersetzen. Denn dann wird ihr Widerstand heilig sein, und man kann ihn nicht anders betrachten, als eine Entpflichtung von der Regel und eine Ausnahme vom Gesetz.

Wir müssen, meine Brüder, uns darin einig bleiben, dass es, wenn Ordensleute den Verlust vergänglicher Dinge nicht mit Uneigennützigkeit und heiliger Gleichgültigkeit betrachten, und wenn sie nicht ständig bereit sind, eher ihre Rechte, ihre Güter, ihre Ansprüche aufzugeben, anstatt die geweihte Ruhe ihrer Zurückgezogenheit zu verlieren, dass es dann unmöglich ist, auf Gottes Absichten und Seine Gnaden zu antworten, die er ihnen schenkte, noch dass sie jemals zur Heiligkeit ihres Gelübdes gelangen, soweit sie dazu verpflichtet sind. Gott verlangt von den Ordensleuten zwei wichtige Dinge. Das eine ist ihre eigene Heiligung von Stufe zu Stufe und bis zum vollendeten Maß. Die andere ist der Aufbau der Kirche. Aber wie könnten sie diese göttlichen Wünsche erfüllen und eine so erhabene und reine Vollkommenheit erreichen inmitten aller Hektik, von allen ungeordneten Regungen und bei verschiedenen Leidenschaften, sei es Zorn, Geiz, Neid, die sich fast immer zwischen streitenden Personen entwickeln und erhitzen? Sie haben Mittel, die sie zum öffentlichen Aufbau (der Kirche) einsetzen können, und andererseits gibt es nichts, was schlimmere Wirkung auf den Geist der Weltleute hätte, noch diesen schlechtere Eindrücke vom Leben und Gelübde der Ordensleute vermittelt, als deren Gebundensein an zeitliche Güter, als diese Glut, mit der sie diese und ihren Eifer verteidigen, alle Dinge ins Werk zu setzen, die ihren Plänen nützen können. Und das ist von der Reinheit ihres Standes, den Beispielen der heiligen Ordensleute und dem Ziel, für das Gott sie in seiner Kirche herangebildet hat, nicht weniger weit entfernt, als der Himmel von der Erde.

Denkt nicht, meine Brüder, dass ich mit meiner Ansicht allein wäre. Der heilige Basilius[65] erklärt, dass die Ordensleute bezüglich der zeitlichen Dinge nicht vor den weltlichen Gerichten streiten dürfen. Er sagt an anderer Stelle und mit ihm der heilige Gregor von Nazianz[66], dass ein Weltmensch tut, was er kann, um sein Recht zu wahren, und dass er mit Eigensinn für die Güter dieses Lebens streitet, aber dass im Gegenteil

[65] In Reg Fus q. 9 cf. note 6
[66] Const. Mon. c. 6

ein Mönch sein Recht guten Herzens denen überlässt, die gegen ihn Anklage erheben wollen und ohne Qual dem Gebot gehorcht: *qui auffert quae tua sunt ne repetas*. Dass der erste sich verteidigt, wenn man ihn schlägt und das Unrecht mit einem andere Unrecht beantwortet und sich dabei einredet, das richtige Maß an Gerechtigkeit zu wahren. Doch was den Ordensmann betrifft, dass dieser seine Geduld bewahrt so weit alles zu erleiden, bis derjenige, der ihn misshandelt und schlägt, aufgibt und sich selbst mit der Verfehlung, die er ihm zugefügt hat, zufrieden gibt.

Der Heilige Chrysostomus[67] sagt, indem er die Reden des Apostels erläutert: *Omnino delictum esti…*, es sei ein zweifacher Fehler, vor Ungläubigen Klage zu erheben. Der eine sei, Meinungsverschiedenheiten zu haben und der zweite sei, damit vor das Gericht der Heiden zu ziehen; und wenn zwei Streitende eine schlechte Erbauung abgeben, ist der eine nicht besser als der andere. Der Heilige will, dass man nicht einmal prüft, wer Unrecht hat und wer nicht.

Der heilige Augustinus[68] sagt, dass man vermuten könnte, es sei keine Sünde, wenn die einen gegen die anderen streiten, sondern nur, wenn man diesen Streit vor die Heiden trage, hätte nicht der heilige Paulus sich dieser Worte bedient*: et quidem delictum est;* und dass dieser heilige Apostel, um den Menschen, die sagen: „ich vertrete eine gerechte Sache, ich leide unter der Schikane, und ich bitte die Richter um nichts anderes, außer dass sie dem ein Ende setzen“ jeden Entschuldigungsgrund zu nehmen, nicht hinzugefügt: „warum erduldet ihr nicht lieber das euch zugefügte Unrecht und dass man Euch das Eigentum weg-

[67] Homil 16. in 1 Epist ad Corint
[68] Enchirid c. 12

nimmt ?: *Quare non magis injuriam accipitis ? Quare non magis fraudem patimini*[69]. Dass ihr um dieser Lehre Christi nachzukommen nicht Gerichte bemüht, sondern vielmehr euren Mantel dem überlasst, der vor den Richtern den Besitz eures Kleides einklagen wird: *et qui vult tecum judicio contendere, et tunicam tuam tollere, dimitte ei et pallium*[70]. An anderer Stelle heißt es: „Verlangt nicht das Eurige von dem zurück, der es euch mit Gewalt wegnimmt: *qui auffert quae tua sunt ne repetas*[71].

Der heilige Gregor der Große72 war der gleichen Ansicht, wenn er fragt, wie ein echter Christ durch Streit und Prozesse die irdischen Dinge verteidigen kann, die er nach Gottes Befehl zu verachten hat, wenn er sagt, „wenn wir in der vollkommenen Nachfolge Christi Vergängliches verlieren, sollen wir uns auf diesem Lebensweg wie von einer schweren Last befreite Reisende betrachten. Und wenn auch der Bedarf an nötigen Dingen uns manchmal verpflichtet, dafür Sorge zu tragen, gibt es jedoch Personen, deren Ungerechtigkeit man ertragen muss, wenn sie uns diese wegnehmen.

In einem Schreiben an die Ordensleute von Marmoutiers sagt ihnen der heilige Bernhard[73]: ich bin verwundert, dass einige unter euch (Gott bewahre mich, Euch alle dieser Sache zu verdächtigen) aus Einfalt oder Geldgier sich so wenig Mühe geben, diesem so berühmten Ansehen, das ihr besitzt, gerecht zu werden und dass einige unter Euch eine geringwertige Einnahme der Achtung einer ganzen Welt vorziehen. Es soll

---

[69] 1 Kor 6, 7

[70] Mt 5, 40

[71] Lk 6, 30

[72] Kommentar zu Iob 39, in : « Moralia in Job », Lib 31, c. 6

[73] Epist ex 387 ed Mabillon: P.L. 182, 606-609.. = Ep. 397 1-2: SBO Vol VIII p. 373-374

nicht sein, meine Brüder, dass ihr einem wie auch immer gearteten zeitlichen Vorteil einen höheren Stellenwert beimesst, als diesem Ansehen, das ihr seit jeher durch die Verdienste eures Lebens, selbst bei den Fremden erworben habt. Ihr werdet vielleicht sagen, dass ihr niemandem Unrecht tut, dass ihr nur das bewahrt, was euch gehört und dass ihr ganz bereit seid, den Richtern zu glauben, wenn man es euch streitig macht. Das ist sehr gut. Aber wenn jemand euch antwortet: „selbst das ist Sünde, Prozesse zu führen“, warum erleidet ihr nicht lieber das Unrecht? *Hoc ipsum delictum est.* Wenn ein anderer euch sagt, dass geschrieben steht: „wenn man euch euer Gut wegnimmt, fordert es nicht zurück; wenn man euch auf die rechte Wange schlägt, haltet ihm auch die andere hin; gebt euren Mantel dem, der euch euren Rock wegnimmt“[74]. Wir könnten noch viele ähnliche Dinge hinzufügen; aber wir geben euch lieber Raum zur Verbesserung, als euch zu verwirren. Also sagen wir euch, dass es ein sicheres Verhalten für jeden Christen ist, vor allem aber für einen Mönch, weniger Güter zu haben und den Frieden zu wahren als Rechtsstreite zu führen und ihrer mehr zu besitzen: denn sie singen jeden Tag, *Melius est modicum justo, super divitias peccatorum multas*[75].

Der selbe heilige Bernhard rügt den Bischof von Angers[76] weil er prozessiert, dass sein Verhalten glorreicher und heiliger sein würde und dass er für den Ruhm Gottes und für seinen eigenen viel mehr täte,

[74] Lk 6, 30; Mt 5. 39, 40

[75] Ps. 36, 16 – *Besser ist das Wenige, das dem Gerechten gehört, als große Reichtümer der Sünder.*

[76] Epist 200 SBO Vol. VIII, p. 58

wenn er das Unrecht in Geduld aushielte; dass er nicht verstehe, wie man sich einbilden könne, man habe ein ruhiges Gewissen, wenn man ein so großes Ärgernis verursacht, und ruft ihm den Satz des heiligen Paulus ins Gedächtnis: *jam quidem delictum est…*

Wir lesen, dass der heilige Johannes der Almosengeber[77], als er durch die Verwalter der Kirche von Alexandrien gedrängt wurde, einen Prozess gegen eine Person anzustrengen, die ihm zu unrecht Geld vorenthielt, das er ihr geliehen hatte, (um, wie man sagte, es an die Armen zu verteilen) ihnen antwortete, dass er durch Almosengeben zwar eine Vorschrift Jesu Christi erfülle; dass er gegen diese aber in zweifacher Weise verstoßen würde, wenn er Anklage erheben würde: erstens, weil er Ärgernis geben würde, weil man glauben könnte, er handele eigennützig; zweitens, weil er sich über das Gebot des Evangeliums hinwegsetzen würde.: „verlangt nicht das zurück, was man Euch genommen hat.“ Seid versichert, meine Kinder, fährt dieser große Bischof fort, dass es ein heiliges Verhalten ist, Zeichen unserer Geduld gemäß der Lehre des Apostels zu geben: *Melius est modicum justo, super divitias peccatorum multas*[78]….

Der heilige Stephan von Grandmont[79] verbietet seinen Brüdern, jemals einen Prozess zu führen, weder um ihre eigenen Güter zu bewahren, noch um solche neu zu erwerben; weil der Apostel[80] uns lehrt, dass „wer zum Dienste Gottes berufen ist, sich nicht mit Geschäften befasse,

---

[77] In Vitis Patrum
[78] *Ps 36, 16* .
[79] In sua Reg. c. 31.
[80] *2 Tim. 2, 4*

die dieses Leben betreffen, damit er DEM wohlgefällig sein kann, dem er sich geweiht hat“. Er will nicht, dass sie sich in irgendwelche Geschäfte einmischen, noch dass sie dort auftreten. Ihr seid gestorben, sagt er ihnen, und euer Leben ist mit Jesus Christus verborgen in Gott: *Mortui enim estis, et vita vestra abscondita est cum Christo in Deo.*[81]

Dies sind verlässliche Beweise der Wahrheiten, die wir euch vorgebracht haben. Ihr seht, meine Brüder, dass dies keine Einbildungen sind, sondern dass wir euch die Empfindungen der Heiligen weitergeben, wenn wir euch sagen, dass diese Worte Jesu Christi: „fordert nicht das Eurige von denen zurück, die es euch rauben“, *qui auffert quae tua sunt ne repetas*… eine Anweisung seien für die, die er zu einem vollkommenen Leben ruft; dass Prozesse und Rechtsstreitigkeiten ihnen versagt sind, einmal weil sie sie mit Sorgen und Unruhen füllen, die sie hindern, den Wegen der Mäßigung zu folgen die ER ihnen gewiesen hat; oder auch weil sie ein öffentlicher Anlass zum Ärgernis sind und wie Basilius[82] sagt, weil die Leute der Welt, wenn sie sehen, dass die, die getreue Tugend zu ihrem Beruf machen, sich wegen Nichtigkeiten vom Weg der Frömmigkeit entfernen, und sie mit Beschimpfungen und Verleumdungen überhäufen, oder endlich, weil es ein vollkommeneres, heiligeres und würdigeres Verhalten eines echten Jüngers Jesu Christi ist, friedlich, ohne Widerstand Gewalt und Unrecht zu erleiden, als es zurückzuweisen und sich dagegen zu verteidigen.

Aber damit ihr nicht sagen könnt, dass diese so strengen Grundsätze für vergangene Jahrhunderte gut waren und in das eurige nicht mehr

---

[81] *Kol.3, 3- Denn ihr seid gestorben und euer Leben ist mit Christus verborgen in Gott*

[82] Const Mor c. 6 (= Moralia)

passen, werde ich euch das Zeugnis eines großen Heiligen unserer Zeit bringen, das um so mehr Glaubwürdigkeit bei euch finden muss, weil alle Welt darin übereinstimmt, dass er nie außergewöhnliche Ratschläge gegeben hat, und dass er in seiner Führung ebensoviel Weisheit und Mäßigung wie Erleuchtung hatte. Es ist der heilige Franz von Sales[83] von dem ich spreche, der einer Dame mahnend schrieb, keinesfalls vor Gericht zu ziehen; sein Brief schien mir so erbaulich, dass ich es für meine Pflicht halte, ihn hier fast vollständig zu zitieren. „Wie lange, sagt er, wird es dauern, meine liebste Tochter, dass ihr andere Siege über die Welt beanspruchen werdet, und über die Neigung zu dem, was ihr dort haben könntet, als die, die Unser Herr dort errungen hat und zu denen er Sie als Vorbild auf viele Weisen ermahnt? Wie hat er es denn gemacht, der Herr der Welt? Er war wirklich, meine Tochter, der gesetzmäßige Herr der ganzen Welt und hat er jemals Klage erhoben, um auch nur einen Platz zu haben, wohin er seinen Kopf legen konnte? Man tat ihm tausendmal Unrecht, welche Prozesse hat er jemals deswegen geführt? Vor welches Gericht hat er jemals jemanden vorgeladen? In Wahrheit niemals: er wollte selbst die Verräter, die ihn kreuzigten, nicht vor das Gericht der Gerechtigkeit Gottes laden. Im Gegenteil berief er sich gegen sie auf die Autorität der Barmherzigkeit. Und dies hat er uns so beigebracht: „Wer dir dein Gewand mit einem Rechtsspruch abnehmen will, dem gib auch noch deinen Mantel“. Ich bin keineswegs abergläubisch und ich tadele die in keiner Weise, die vor Gericht ziehen,

---

[83] Lettre *66 éditions anciennes, dont disposait Rancé (17e s.) =Lettre 804e de l'édition de Blaise, reprise dans les „ŒUVRES COMPLETES“ de Saint François de Sales, Paris, Vivès 1871 (= lettre 1787 des „Editions d'Annecy“ ?)*

vorausgesetzt es geschieht in Wahrheit, Rechtlichkeit und Gerechtigkeit. Aber ich sage, ich rufe, ich schreibe und wenn nötig, mit meinem eigenen Blut, dass, wer immer ganz und gar Kind des gekreuzigten Jesus Christus sein will, der muss diese Lehre unseres Herrn befolgen. Dass die Welt zittern möge, dass die Klugheit des Fleisches sich vor Ärger die Haare ausreißt, wenn sie will, und dass alle Weisen des Jahrhunderts so viele Ablenkungen, Vorwände und Entschuldigungen erfinden, wie sie wollen; aber dieses Wort hat den Vorzug vor aller Schläue: „Wer dir deine Tunika per Rechtsstreit abnehmen will, dem gib auch noch deinen Mantel". Aber, werdet ihr mir sagen, das versteht sich nur in gewissen Situationen. Das stimmt zwar, meine liebste Tochter, aber Gott-sei-Dank befinden wir uns genau in dieser Lage; denn wir streben Vollkommenheit an, und wollen soweit es irgend geht dem folgen, der mit einer tief apostolischen Zuneigung sagte: „Wenn wir zu trinken und zu essen haben und uns kleiden können, seien wir damit zufrieden".[84] Und er rief den Korinthern zu[85]: „Ist es nicht überhaupt schon ein Versagen, dass ihr miteinander Prozesse führt?" Aber hört, meine Tochter, hört das Mitgefühl und die Sorge dieses Menschen, der nicht mehr in sich selbst lebte, sondern in dem Jesus Christus lebte: „Warum, fügt er hinzu, warum leidet ihr nicht lieber Unrecht? Warum lasst ihr euch nicht lieber ausrauben?" Beachtet, meine Tochter, dass er nicht zu einer Tochter spricht, die aus einer besonderen Haltung heraus und nach vielem Hin und Her zum vollkommenen Leben strebt, sondern zu allen Korinthern. Bemerkt, dass er will, dass man Unrecht erleidet; beachtet,

[84] 1 Tim 6, 8
[85] 1 Kor 6, 7

dass er ihnen sagt, dass sie sich schuldig machen, wenn sie sich gegen die verteidigen, die sie täuschen oder berauben. Aber welche Schuld? Schuld: weil sie durch dieses Mittel die untreuen Weltleute empörten, die sagten: „Seht, wie christlich diese Christen sind! Ihr Meister sagt: „Wer dir deinen Rock per Rechtsstreit abnehmen will, dem gib auch noch deinen Mantel.“ Seht, wie sie für die zeitlichen Güter die ewigen aufs Spiel setzen und die zarte, geschwisterliche Liebe, die sie füreinander haben müssten.“ „Bedenkt weiter, sagt der heilige Augustin, die Lehre Unseres Herrn: Er sagt nicht, wer dir deinen Ring wegnehmen will, dem gib deinen carquan[86], die beide zu den überflüssigen Sachen gehören: sondern er spricht vom Rock und vom Mantel, die nötige Dinge sind. “Oh meine liebste Tochter, das ist die Weisheit Gottes, seine Klugheit, und das ist die heiligste und anbetungswürdige Einfachheit, Kindlichkeit.

Und um apostolisch zu sprechen, in der heiligsten Torheit des Kreuzes. Aber, sagt mir die menschliche Klugheit, wie weit willst Du mich zurückführen? Was, wenn man uns auf die Füße trampelt, wenn man uns die Nase verdreht, wenn man sich über uns wie eine Marotte lustig macht, wenn man uns an- und auszieht, ohne dass wir ein Wort sagten? Ja, wirklich, das will ich; nicht ich will es, aber Jesus Christus, der es in mir will: Und der Apostel vom Kreuz und vom Gekreuzigten ruft aus: „bis jetzt haben wir Hunger, wir haben Durst, sind nackt, werden verhöhnt, aber dann werden wir sein wie eine Apfelschale, die Abschabung

---

[86] vom Lateinischen: *carcanum*, heute carcan. Bezeichnet hier im 17. Jh. goldgeschmiedetes Kollier oder Kette. Heute: alles was eng umschliesst; unterjocht oder beengt.

der Welt, eine Kastanienhülse oder eine Walnuss-Schale[87]. Die Einwohner von Babylon hören diese Lehre nicht, aber die Bewohner des Kalvarienberges befolgen sie. „Oh“, werdet ihr mir sagen, meine Tochter: „mein Vater, sie sind jetzt plötzlich wirklich sehr streng“. Dies ist sicher nicht unerwartet, denn sobald ich die Gnade hatte, ein wenig von der Frucht des Kreuzes zu wissen, trat dieses Gefühl in meine Seele ein und hat sie bisher nicht verlassen. Wenn ich nicht immer im Einklang damit lebte, war das aus Schwäche meines Herzens und entsprach nicht meinem Empfinden: die Kläffereien[88] der Welt haben mich äußerlich die Übel tun lassen, die ich innerlich verabscheute: und beschämt und verwirrt werde ich es wagen, in das Ohr des Herzens meiner Tochter zu sagen: ich habe nie Rache genommen, nicht mal Übles getan außer gegen meinen Willen. Ich mache keine Gewissenserforschung, aber wenn ich es im Ganzen betrachte, glaube ich wahr zu sprechen und umso unentschuldbarer bin ich im Übrigen. Ich möchte es gern, meine Tochter, seid klug wie die Schlange, die sich ganz und gar häutet, nicht nur ihr Kleid ablegt, sondern die eigene Haut, um sich zu verjüngen, die ihren Kopf versteckt, sagt der heilige Gregor, das heißt für uns die Treue zu den evangelischen Räten; und überlässt den ganzen Rest der Gnade seiner Feinde, um so die Unbeschadetheit zu retten. Aber was will ich sagen? Sie haben dort so viele Leute von Ehre, Weisheit, Geist und Herzlichkeit, ist es ihnen nicht ein Leichtes, M...... zurückzuführen? sind es Tiger, so dass sie nicht zur Vernunft zurückkehren...,? Welche Doppelzüngigkeit, welche Kunstgriffe, weltliche Reden und vielleicht Lügen,

[87] 1 Kor 4, 11 ff.

[88] (frz. clabauderies oder clabaudage)

kleine Ungerechtigkeiten, süß und gut verdeckt, unmerkliche Verleumdungen, oder wenigstens Halbverleumdungen benutzt man bei diesem Verfolgen von Prozessen und Verfahren? Sagt nicht, dass ihr heiraten wollt, um die ganze Welt durch eine offensichtliche Lüge zu empören, wenn ihr nicht dauernd einen Lehrer habt, der Euch die reine Aufrichtigkeit ins Ohr flüstert. Sagt nicht, dass ihr in der Welt leben wollt und Eurer Geburt gemäß unterhalten werden wollt? Habt ihr dies und das nötig?

Und was wird dieser ganze Ameisenhaufen an Gedanken und Einbildungen, diese Verfolgungen in eurem Geist hervorbringen? Überlasst, lasst den Weltlichen die Welt: was braucht ihr von dem, was gefordert wird, um dort zu leben? Zweitausend Taler und selbst noch weniger, sind sehr reichlich für eine Tochter, die Unseren gekreuzigten Herrn liebt; hundertfünfzig oder zweihundert Taler Pension sind ein Reichtum für eine Tochter, die an den Artikel über die evangelische Armut glaubt. Und wenn ich nicht eine Ordensfrau im Kloster, sondern nur mit einem Kloster verbunden wäre, würde ich mich keineswegs „Herrin" von einer oder zwei Dienerinnen nennen lassen. Und was soll das?

Habt ihr jemals gesehen, dass Unsere Liebe Frau solche hatte? Was macht es schon, wenn man weiß, dass ihr aus gutem Hause stammt – wie es die Welt meint – wenn ihr vom Hause Gottes seid? Oh, aber ich würde ein Haus der Frömmigkeit gründen; oder wenigstens einem solchen großherzige Hilfen zukommen lassen; denn wenn ich krank am Leibe wäre, das würde mich es heiterer ertragen lassen. Es stimmt schon, meine teure Tochter, ich weiß wohl, dass ihre Frömmigkeit ihrer Eigenliebe Grenzen setzt, so sehr bedauernswert menschlich sie ist. Alles in allem ist sicher: wir lieben die Kreuze nicht, wenn sie nicht aus Gold sind, mit Perlen besetzt und mit Email verziert.

Es ist eine reiche Niederträchtigkeit, wenngleich sehr fromm und bewundernswert spirituell, wenn man als Gründerin oder wenigstens als große Wohltäterin von einer Kongregation geachtet wird. Luzifer wäre unter dieser Bedingung gerne im Himmel wohnen geblieben. Aber von Almosen wie Unser Herr zu leben, die Wohltätigkeit von anderen in unseren Krankheiten anzunehmen, Förderung und Mut, dies und jenes: das ist sicher ziemlich ärgerlich und schwer. Ja, es ist schwer für Menschen, aber nicht für den Gottessohn, der es in Euch vollbringen wird.

Aber ist es nicht gut, das Seine zu besitzen und es nach seinem Belieben im Dienst für Gott zu nutzen? Das Wort, „nach seinem Belieben“, gibt die Erklärung für unsere Meinungsverschiedenheit. Doch ich sage: „nach Eurem Belieben, mein Vater, denn ich bin immer Eure Tochter, Gott hat es so gewollt“. Also gewiss; mein Belieben ist also, dass ihr Euch mit dem begnügt, was die M. M. N. kundtun werden und was den Rest betrifft, lasst den um Gotteslohn und zur Erbauung der Nächsten und um des Seelenfriedens willen Euren verehrten Schwestern; und dass ihr ihn so zur Erfreuung des Nächsten und zum Ruhm des Christlichen Geistes widmet.

Oh mein Gott! welche Segnungen, welche Gnaden, welche geistlichen Reichtümer für Eure Seele, meine teuerste Tochter; wenn ihr es so macht, werdet ihr überhäuft und reich beschenkt. Gott wird Eure Geringfügigkeit segnen, und er wird Euch Frieden schenken. Nein, nein, es ist nicht schwer für Gott, ebensoviel mit fünf Gersten-Broten zu machen, wie Salomon mit so vielen Gastronomen und Lieferanten. Bleiben Sie in Frieden. Ich bin"…

Diese Unterweisung ist durch sich selbst so klar, dass ich sie nicht näher auszuführen brauche. Und die Ordensleute müssen jede Erinnerung an das, was sie sind, und jedes Gefühl darüber verloren haben, wenn sie nicht bemerken, dass diese Unterweisung besonders für sie bestimmt ist, dass sie sie berührt und mehr betrifft als irgendjemand sonst.

Frage IX

Bei welchen Anlässen ist es einem Ordensmann denn erlaubt, bei Gericht zu klagen?

Antwort

Klugheit und Christliche Nächstenliebe müssen die Fälle bestimmen, in denen Ordensleute sich verteidigen können oder sollen und ihre Rechte und Interessen vor Gericht suchen müssen. Denn obwohl die Pflicht, nicht vor Gericht zu klagen, besonders die Vollkommenen betrifft, und infolgedessen die Ordensleute und Einsiedler, würden wir nicht wagen zu sagen, dass es dazu keine Ausnahmen gibt, und dass es nicht außergewöhnliche Fälle gibt, in denen es Gottes Wille nicht ist, dass man der oben genannten Verpflichtung nachkommt.

Der heilige Basilius[89] sagt, dass es Gelegenheiten gibt, in denen man durch ungerechte Personen vor weltliche Gerichte zitiert wird und dass wir dann, um die Wahrheit aufzuhellen, dort antworten und unsere Unschuld unter Beweis stellen müssen; dass wir aber nicht als erste damit anfangen, sondern nur denen folgen, die uns angreifen,.... Er fügt hinzu,

---

[89] In Regul fus q. 9 cf. note 6

dass man durch dieses Verhalten erkennen wird, dass es keineswegs aus Groll geschieht, wenn wir Widerspruch einlegen, sondern um die Wahrheit ans Licht zu bringen; dass wir den, der ungerechte Anschuldigungen erhebt, von vielen Übeln und Sünden befreien, und dass wir die Gebote Gottes nicht verletzen, wenn wir als seine Diener fern allem Geist von Geiz und Streitsucht fest auf der Wahrheit bestehen, ohne die Grenzen einer gerechten Mäßigung zu überschreiten.

Der heilige Gregor der Große, bekundet seine Verwunderung darüber, dass ein Christ es wagt, durch Prozesse und Streitigkeiten vor Gericht weltliche Dinge zu verteidigen. Und nachdem er gesagt hat, dass wir die irdischen Güter verlieren, wenn wir Jesus Christus treu folgen, dass wir – wenn wir bei der vollkommenen Nachfolge Christi die irdischen Güter verlieren -, dass wir uns auf diesem Weg als Reisende betrachten sollten, denen eine schwere Last abgenommen ist, fügt er hinzu, dass man sich manchmal denen widersetzen kann, die uns unsere Sachen wegnehmen wollen, vorausgesetzt, dies ist möglich, ohne die Nächstenliebe zu verletzen, und dass es nicht einfach nur in der Absicht geschieht, zu verhindern, dass man uns unsere Güter nimmt, sondern aus Furcht, dass diese Menschen sich selbst verlieren, wenn sie uns diese wegnehmen[90].

Unter diesen Umständen ist es Ordensleuten vielleicht erlaubt, hin und wieder aus wichtigen Gründen Prozesse zu führen: um Schäden und beträchtliche Verluste zu vermeiden, sich von einer gewalttätigen Unterdrückung zu befreien und die Auswirkung eines Vorgehens abzuwehren, das das Wohl der Gemeinschaft zerstören und ihr die Ruhe trüben

---

[90] cf. supra note 63 (question VIII) p.51: Lib 31 c.6, in Job 39.

könnte oder um den Ablauf eines Unrechts anzuhalten; und wie derselbe heilige Gregor[91] sagt, um dadurch denjenigen, der dieses Unrecht begeht, zu verpflichten, in sich selbst zu gehen: So habe man, indem man die Sanftheit und Liebe bewahrt, in viel stärkerem Maße das Heil seines Nächsten vor Augen als eine zeitliche Eigennützlichkeit.

Es ist aber nötig, dass die Ordensleute, bevor sie einen einzigen Schritt auf dem Weg der Strenge tun, alle möglichen Mittel nutzen, um ihre Meinungsverschiedenheiten im Wege des Friedens auszuräumen. Sie müssen dem, der sie misshandelt, selbst oder durch gemeinsame Freunde das Unrecht seines Verhaltens klar machen. Sie sollen versuchen, ihm das Übel bewusst zu machen, das darin besteht, sich Güter der Kirche anzueignen oder die Diener Jesu Christi zu verfolgen.

Sie sollen ihm erklären, dass sie (die Kirche) diejenigen mit dem kirchlichen Bann [92] belegt und den Fluch über sie ausspricht, die es wagen, diese Güter zurückzuhalten; dass sie sie Mörder der Armen nennt,, *„Necatores pauperum“*. dass Gott, der immer ihre Interessen in die Hand nimmt und Rächer ihrer Fälle ist, oft die Familien und ganze Geschlechter zu Fall bringt, um diese Art widerrechtlicher Inbesitznahme, Ungerechtigkeit, Schändung und Gotteslästerung zu bestrafen. Und dass sie, wenn sie ihre Härte nicht erweichen könnten, dass sie dann anbieten, den Schiedsrichtern zu glauben und sich ihrem Urteil zu fügen; dass sie sogar von ihren Gütern und ihren Interessen ablassen, um den Vergleich zu erleichtern; dass sie dies alles mit Stoßgebeten begleiten, um Gott zu bitten, da sie gezwungen sind, den Buchstaben des Gesetzes zu

---

[91] Ebenda.

[92] Konzil von Tours (1163), 2

verlassen, dass sie wenigsten vom Unglück verschont werden, auch noch dessen Geist zu verlieren, sich von seinem Willen und seinen Anordnungen zu entfernen. Und dass sie vor allem daran denken, nie einen zweifelhaften Prozess anzustrengen, dessen Urteil nicht sicher wäre, da es dort nichts gibt, was ihren Ruf mehr den bohrenden Zügen der menschlichen Tücke aussetzt, als schlimmen Erfolg schlecht begonnener Unternehmungen.

Wenn die Ordensleute sich durch diese Grundsätze leiten lassen, und wenn sie alle diese Regeln strikt beobachten, wird man ihre Namen nur selten vor den Gerichten und der weltlichen Justiz vernehmen. Sie vermeiden eine Unzahl von Bedrängnissen, Vergeudungen und Erniedrigungen; sie werden sich einer großen Ruhe in und außer ihrem Kloster erfreuen: Ihre Geduld wird die Kirche erbauen; sie werden Frieden mit aller Welt haben und können mit dem Propheten sagen: „Ich lebte friedlich mit denen, die den Frieden hassten“: *Cum his qui oderunt pacem, eram pacificus*[93]. Wenn es sich durch außerordentliche Begebenheiten und unvermeidliche Verpflichtungen als nötig ergibt, einige Geschäfte zu verfolgen; dann wird die Sorge, die sie sich um eine Vermeidung gemacht haben, dazu führen, dass man keinen Anlass sehen wird, sie zu tadeln noch ihr Verhalten der Geldgier und des Geizes zu verdächtigen. Ihre Mäßigung wird ihnen Respekt selbst von ihren Feinden verschaffen, und vielleicht gar deren Herz rühren. Und sie werden in den Streitigkeiten, die nichts Freiwilliges in sich tragen, den Vorteil besitzen, das

[93] Ps 119 (120), 7 – *Mit denen, die den Frieden hassten, war ich friedfertig.*

Verdienst der Sanftheit, der Geduld und der Nächstenliebe zu bewahren, nach dem Urteil Gottes wie in der Wertschätzung der Menschen.

Frage X

Muss man nicht fürchten, dass sich die Güter der Klöster auflösen, wenn man nicht mit gerichtlicher Hilfe alle möglichen Vorkehrungen trifft, dies zu verhindern?

Antwort

Könnt ihr, meine Brüder, glauben, dass Gott, von dessen Hand und Freigebigkeit ihr diese Güter ohne Arbeit empfangen habt, und zu deren Erlangung ihr keinen Schritt getan habt, sie Euch nicht erhalten kann, wenn sie Euch nützlich sind, oder dass Er euch nicht andere dafür geben kann, und zwar auf euch unbekannten Wegen? Und dass Der, der die Frömmigkeit seiner Diener erweckt hat, sie euch zu geben, dass nicht die Gewalt der Bösen aufhalten kann, um zu verhindern, dass diese sie euch rauben? Seid versichert, dass - wie der Erwerb dieser Dinge in keiner Weise durch Eure Bemühung geschehen ist - dass auch eure Wachsamkeit sie euch nicht bewahren kann.

Der heilige Johannes Chrysostomus sagt beim Erklären dieser Lehre, in der Unser Herr uns lehrt, denen zu geben, die uns etwas wegnehmen wollen, demjenigen in ausgezeichneter Weise, der antworten würde: „Wir würden aber ganz nackt sein, wenn wir dieses Gebot nach dem Buchstaben beobachten wollten“: im Gegenteil, sagt er[94], das würde in dem Fall bedeuten, dass wir noch besser gekleidet wären, weil niemand die angreifen wollte, die in einer so heiligen Berufung stehen. Wenn es

---

[94] Homil. 18 in Mt

sich aber träfe, dass genug Barbaren und Unmenschen sich zusammentun, würden sich noch viel mehr solcher finden, die uns nicht nur mit ihrer Kleidung bedecken würden, sondern wenn möglich sogar mit ihrem eigenen Körper.

Übrigens, welche Anscheinsvermutung gibt es dafür, dass Ordensleute sich mehr um Güter und zeitliche Belange kümmern, für die so viele Einsiedler noch keinen Bruchteil ihrer Beachtung übrig hatten, als um das Beispiel, das sie auf Gottes Geheiß seiner ganzen Kirche zu geben haben? Dass sie diese Achtung und dieses für die Erbauung der Welt so nötige Ansehen verlieren, um ein Stück Land zu bewahren, ein Erbteil, ein herrschaftliches Recht, ein Maß Getreide? und dass durch diese Genauigkeit und diese Gebundenheit, nichts von dem loszulassen, was sie als ihnen gehörend ansehen, neigen sie dazu, ihre Übungen zu lockern, ihre Person und ihre Gelübde zu erniedrigen, und in den Augen Gottes als säumige Diener und glaubenschwach; und im Ansehen der Menschen als egoistisch, als Geizhälse und Ungerechte zu gelten.

Kann man schließlich nicht, meine Brüder, das Verhaltern derer wertschätzen, die unter den Dingen, die Gott geordnet hat, gemäß dieser Ordnung die besseren und wertvolleren den geringeren vorziehen, und die durch Unterscheidung und einen sehr religiösen Handel, bedeutungsarme Güter aufgeben, um andere zu erwerben, die von unvergleichlichem Wert sind?

Dies tun nämlich die Ordensleute, die lieber einen Teil ihrer Habe aufgeben, als Prozesse anzustrengen und bei deren Durchführung Zeit zu verlieren, die so kostbar ist, und deren gerechte und vernünftige Nutzung der wirkliche Preis der Ewigkeit ist. Sie leiden mit Vergnügen, sich einer kleinen zeitlichen Nützlichkeit beraubt zu sehen, um die Ruhe zu bewahren, aus der sie große Vorteile ziehen; und sie ziehen keinen Vergleich zwischen dem, was ihnen ein gewonnener Prozess bieten kann, wie immer dieser Prozess auch wäre, und den Segnungen, die die Stille derjenigen begleiten, die kein anderes Geschäft haben, als sich mit Gott zu beschäftigen und nach Mitteln zu suchen, ihm zu gefallen.

Dies lehrt uns der heilige Augustinus, wenn er beim Erklären der Reden des Heiligen Paulus sagt: *Redimentes tempus quoniam dies mali sunt*[95] und damit meint, dass wir Zeit zurückkaufen, wenn man uns einen Prozess aufzwingt, und wir dann etwas verlieren, um Zeit zu haben an Gott zu denken, und sie nicht zu verlieren, indem wir vor Gericht ziehen: *Quando aliquis tibi ingerit litem perde aliquid ut Deo vaces non litibus. Hoc est redimere tempus*[96]. Ihr gebt jeden Tag Euer Geld, fügt dieser große Heilige hinzu, um die notwendigen Dinge zu bekommen wie Wein, Brot, Öl, Holz; ihr gebt etwas, um etwas zu erwerben, das ist im Grunde Kaufen. Tut das Gleiche und gebt von Eurem Gut, um Eure Ruhe zu kaufen, so werdet ihr die Zeit zurückkaufen *Quomodo ergo perdis nummos ut emas tibi aliquid, sic perde nummos ut emas tibi quietem, ecce hoc est tempus redimere.*[97]. Hört mal her! glaubt ihr nicht, dass das Erlangen eures Friedens, die Fähigkeit euch damit zu beschäftigen, Gott zu dienen und die Freiheit von tausend Bedrängnissen, tausend

---

[95] Eph 5, 16. *Kauft die Zeit zurück, denn die Tage sind böse*

[96] *August. Homil. 10, int 50 Wenn jemand dir einen Rechtsstreit aufdrängt, verliere etwas, damit du für Gott frei bist, nicht für einen Rechtsstreit. Das heißt Zeit zurückkaufen..*

[97] Ebenda:: *Wie du also Münzen verlierst, damit du dir etwas kaufst, so verliere Münzen, damit du dir Ruhe kaufst, siehe, das ist Zeit zurückkaufen.....*

Sorgen und tausend Gelegenheiten zur Sünde, viel mehr wert ist als das Geld, das ihr gewinnen könnt, indem ihr vor Gericht zieht?

Wenn man Euch als wichtigen Grund die Pflicht anführt, dass ihr die Klostergüter zu bewahren habt, meine Brüder, sagt dann wie der heilige Johannes der Almosengeber: Gott befiehlt Euch nicht, sie mit allen Mitteln zu bewahren[98]; Prozesse sind nicht dazu da, dass er möchte, dass ihr euch dieser bedient. Wenn es auch in manchen Fällen erlaubt sein kann, sie zu führen und durchzuhalten, sind dies doch außerordentliche Mittel und fast immer im Gegensatz zur Lehre, zu den Geboten und Grundsätzen Jesu Christi; wie auch gegen die Ruhe, das Loslassen und die Heiligkeit, in denen ihr leben müsst.

Man wird Euch vielleicht sagen, dass ihr eine Tat der Liebe vollbringt, wenn ihr Euren Nächsten hindert sich selbst zu verlieren, indem ihr ihn daran hindert, ungerechterweise ein Gut festzuhalten, das ihm nicht gehört: ihr könnt darauf leicht antworten,

(Version 1701:) dass dies in einigen Fällen zutreffen kann, aber dass man daraus keine allgemeine Regel machen darf. Weil ihr nämlich, wenn ihr ihm das Gut aus seiner Hand wegnehmt, ihn nicht auch vom Geiz des Herzens befreien könnt, geschieht es, dass er durch euren Widerstand in Zorn gerät,

(Version 1683:)

dass dies zuträfe, wenn ihr beim Wegnehmen des Gutes aus seiner Hand ihm auch den Geiz aus seinem Herzen wegnehmen könntet. Doch im Gegenteil gerät er in Zorn durch euren Widerstand.

---

[98] In Vitis Patrum

Der Widerstand, den er erfährt, heizt seine Geldgier noch mehr an, ob er nun bei seinen Absichten Erfolg hat oder unterliegt. Und da nichts geeigneter ist, den Geist eines gewalttätigen Menschen zu beruhigen und seine Aufwallung zu dämpfen, als geduldig das Unrecht zu ertragen, das er tun will: ebenso ist nichts geeigneter, einen Geizhals zu bekehren, als ihn die Verachtung deutlich spüren zu lassen, die man für alles haben muss, was in ihm eine so schändliche und ungerechte Leidenschaft auslöst, indem man ihm ein gleichgültiges Verhalten zeigt.

„Nichts“, sagt der heilige Johannes Chrysostomus[99], „kann einen, der ein Unrecht beging, besser zur Besinnung bringen als die Geduld dessen, der es erleiden musste. Und nicht nur verhindert seine Sanftheit die Folgen, sondern sie bewirkt auch, dass er seine Unbeherrschtheit bereut und da er die Tugend des Misshandelten bewundert, begnügt er sich nicht damit, von einem Feind zu seinem Freund zu werden, sondern bindet sich an ihn und freut sich daran, ihm zu dienen. Im Gegensatz dazu bringt Widerstand den einen und den anderen in Verwirrung, macht sie gegeneinander feindlicher als vorher und lässt nur ihre Wut entflammen.

In einem Wort, meine Brüder, die Ordensleute sollten keine Bedenken haben, Gerichtsverfahren einschlafen zu lassen, geschäftliche Angelegenheiten zu vermeiden, wenn sie von ihren Gütern Abschied nehmen; Gott wird sie durch unschuldigere Wege behüten, wenn es ihrem Heil zugute kommt. Auf jeden Fall sollten sie überzeugt sein, dass man reich wird, wenn man um Jesu Christi willen verarmt, und dass sich

[99] Homil. in Mt 18, 2

man durch seine Ordnung und seinen Geist leiten lässt, wenn man mit verderblichen und kurzlebigen Gütern ewige Glückseligkeit erkauft. *Mercari propriam de re pereunte salutem, perpetuis mutare caduc, Et vendere terram, cœlum emere.*[100]

Frage XI

Sind aber nicht Armut und dringlicher Bedarf der Väter und Mütter ausreichende Gründe, den Ordensmann zu verpflichten, seine Zurückgezogenheit zu verlassen und außerhalb des Klosters zu wohnen?

Antwort

Wenn die heiligen Väter geglaubt haben, dass die erste und wichtigste Voraussetzung für alle ist, die das Kloster-Leben auf sich nehmen, den Ort ihrer Geburt zu verlassen und sich für immer von ihren Eltern zu trennen; so bedeutet dies doch, dass es nichts gibt, was ihrem Gefühl und ihren Grundsätzen mehr zuwider läuft, als wenn ein Ordensmann sein Kloster und den Dienst für Jesus Christus aufgibt, an den allein er gebunden ist, um für die Bedürfnisse seiner Verwandten Sorge zu tragen.

Aber man darf sich nicht wundern, wenn diese Auffassung so weit verbreitet ist, und wenn es so viele Personen unter allen Bedingungen und in allen Ständen gibt, die sie bejahen, da es nichts gibt, was mehr in der natürlichen Neigung verankert ist; nichts was die Natur stärker lehrt und beflügelt; nichts was die meisten Kinder mit mehr Eifer ihren Eltern als Hilfe zu geben wünschen, zumal wenn diese es selbst für sich wünschen. Da dieses Gefühl schließlich allem Anschein nach mit den göttli-

[100] *St..Paulinus* in natal. sancti Felicis (9 mars) - *Mit einer vergänglichen Sache das ewige Heil zu kaufen heißt: Hinfälliges gegen Ewiges einzutauschen.*

chen und menschlichen Gesetzen übereinstimmt, bringt es von sich aus nichts hervor, was in den Köpfen der Menschen auch nur die geringsten Zweifel aufkommen lassen könnte, noch findet man darin etwas, was vermuten lassen könnte, es sei nicht echt.

Dennoch, wer die Dinge unter Anwendung der Regeln der Wahrheit betrachtet, und ohne sich vom Strudel der Meinungen und Gewohnheiten mitreißen zu lassen, wird mühelos bemerken, dass diese Sache, auch wenn sie allgemein üblich ist, deswegen nicht angemessener ist; dass sie die vom Glauben erleuchtete Vernunft untergräbt; dass sie die Grundsätze der Heiligen angreift, das Verhalten aller alten Mönche, das Beispiel und das Wort Jesu Christi, das uns überall wo es die Gelegenheit dazu gab, lehrt, dass er mit dem Schwert kam, um eine heilige Trennung zwischen Verwandten vorzunehmen und die durch Blutsbande und Natur vereinten Personen auseinander zu bringen.

Das hat den größten Teil der Welt zur Überzeugung geführt, die Ordensleute könnten nicht ruhigen Gewissens im Kloster wohnen, wenn die äußerste Not der Eltern ihre Anwesenheit zu verlangen und sie zu ihnen zu rufen scheint; so glaubt man, dass die Ordensleute in der Pflicht stehen, ihren Eltern zu helfen wie der Rest der Menschen und stellt sich vor, das Gebot Vater und Mutter zu ehren, verpflichte alle Art Personen, unter allen Bedingungen, in der gleichen Weise und zu jeder Zeit und es sei nicht erlaubt, eine Verpflichtung einzugehen die jener möglicherweise entgegensteht.

Dieser Grundsatz scheint gerecht, ist es aber in der Tat nicht; denn diese Verpflichtung reicht nicht soweit, als dass es dazu in vielen Fällen keine Ausnahme geben würde.

Unter denen, über die wir berichten könnten, gibt es eine, über die bei allen Übereinstimmung herrschen muss, weil sie ganz offensichtlich im Wort Jesu enthalten ist: *Dimittet homo patrem et matrem, et adherebit uxori suae.*[101] Und niemand würde wagen, zu bestreiten, dass es ein gesetzliches Recht der Ehe ist, die Kinder aus der Abhängigkeit von Eltern zu lösen und sie von ihnen für immer zu trennen und dass diejenigen, die sich in dieser Bindung befinden, nicht durch unauflösliche Bande vereint sind, die ihnen jede Trennung verbieten und sie zufolge dessen gegenüber ihren Eltern von den äußeren Zeichen der Nächstenliebe, den Pflichten und Diensten entbinden, die sie ihnen nicht bieten können, ohne sich zu trennen und diese heilige Bindung zu brechen, in der Gott sie verpflichtet zu leben. Daraus kann man schließen, dass die Kinder, die im Bund der Ehe leben, entweder vom Gebot entpflichtet sind, ihre Eltern zu ehren oder die bei fortbestehendem Gebot nicht in der Lage sind, es zu befolgen oder dass es andere Mittel gibt, dem Gebot zu genügen, als die an persönliche Anwesenheit geknüpften.

Man kann das Erste nicht befürworten, da dieses Gebot unerlässlich und allgemein für jeden ist. Das Zweite hat keine Grundlage mehr, denn Gott befiehlt uns nie unmögliche Dinge; es muss also notwendigerweise Wege geben, um es praktisch umzusetzen, passend und abgestimmt auf die verschiedenen Umstände und Lebensbedingungen der Kinder; Und sie dürfen sich nicht nur auf persönliche Hilfen beschränken, wenn die Eltern derer bedürfen. Auch aus der außergewöhnlichen Lage, in der sie

---

[101] Mt 19, 5. *Der Mann soll Vater und Muter verlassen, und sich binden an seine Frau.*

sich befinden, muss hervorgehen, dass die Kinder den Eltern unentbehrlich sind.

Dies alles muss man mit noch mehr Berechtigung bei Personen bedenken, die durch Gelübde gebunden sind. Dieses heilige Bündnis vereinigt sie mit Jesus Christus auf eine engere und gehobenere Weise, als das von dem wir gerade gesprochen haben. Je enger es sie bindet, umso herausgehobener trennt es sie und alle Unterschiede, die sie voneinander abheben, zeigen offensichtlich, dass wenn die Pflichten der Ehe die Kinder berechtigtermaßen davon abhalten, ihren Eltern in äußerster Bedrängnis zu helfen, dass man offensichtlich nicht verlangen kann, dass diejenigen, die sich ein für allemal Jesus Christus geweiht haben und die sich ganz lebendig in ihren Klöstern wie in Gräbern eingeschlossen haben, um nur noch in ihm und für ihn zu leben, dass die nun sich davon trennen sollen, diese Gräber verlassen sollen und sich in den Belastungen der Welt zurückfinden sollen, um den Eltern in ihren Nöten zu helfen, wie groß die auch immer sein können. Dieser Bund ist enger, da die Bindung, die Menschen mit dem Schöpfer eingehen, unvergleichlich stärker verpflichtet als die, die Menschen mit Geschöpfen verbinden. Er ist gehobener, da er alles ausschließt, was nicht Gott ist, den er als Einzigen zum Anfang, bei seiner Verwirklichung und als sein Endziel hat; und er neigt dazu, uns einzig mit ihm durch eine vollendete Nächstenliebe zu verbinden und um mit der Sprache der Heiligen zu sprechen, uns schon in diesem sterblichen Leben die Teilnahme an der Unsterblichkeit der Engel zu schenken.

All dies beweist, meine Brüder, dass diese Weihe nichts Unreines erduldet; dass diejenigen, die die Welt durch ihre Ordensgelübde verlassen haben, sich damit für immer die Türen zur Welt verschlossen haben; dass die Rückkehr dahin nicht mehr gesetzmäßig ist; und dass es ein Irrtum ist, den Verpflichtungen der Ordensgelübde das zu verweigern, was man den Eheverpflichtungen zubilligen muss. Dass man Jesus Christus beleidigt, wenn man ihm seine Bräute aus den Armen reißt und heilige Jungfrauen, die sich ihm geweiht haben, den Unreinheiten der Welt aussetzt, vor denen sie sich geschützt hatten, indem sie sich in den Klöstern wie im Geheimnis seines Antlitzes verborgen hatten.

Frage XII

Er scheint, dass die Vergleiche, die man zwischen diesen Bündnissen zieht, hergeholt sind und dass es schwierig genug ist, daraus die richtigen Folgerungen zu ziehen.

Antwort

Ich gebe zu, dass die Unterschiede und die Ungleichheiten zwischen ihnen groß sind, dass das eine Bündnis fast unendliche Vorzüge gegenüber dem anderen hat. Aber je mehr der Vertrag mit Jesus Christus an Vorzüglichkeit und Würde den mit Menschen übertrifft, umso mehr muss er bevorzugt werden. Und es verstößt gegen die Vernunft nicht weniger als gegen die Frömmigkeit, die Bräute Jesu Christi in einer Erniedrigung zu lassen, von der die Ehefrauen der Männer frei sind und zu verlangen, dass die Welt trotz des Klostergelübdes ein Sklavenrecht auf sie zurückbehält, während dieses durch das Eheband anderen gegenüber aufgehoben wird.

Er würde nichts helfen, uns dagegen zu stellen, dass die Ehe, die ein gegenseitiges Geschenk und eine gegenseitige Hingabe des Leibes darstellt, zwangsläufig die Trennung von den Eltern voraussetzt; umso mehr, als die Weihe der Gelübde ganz geistlich und ganz heilig ist, sie ist nicht minder eine Ganzhingabe, die den Einsatz der Leiber wie der Seelen enthält und die mit einer sicheren Folgerichtigkeit eine neue Abhängigkeit gegenüber Gott schafft, die nicht neben derjenigen fortbestehen kann, die man gegenüber Verwandten hat.

Frage XIII (Fassung von 1701) [102]

Welches sind denn unschuldige Mittel, mit denen ein Ordensmann seinen Eltern in ihrer schlimmsten Not helfen kann?

Antwort

Er ist leicht, Euch, meinen Brüdern zu antworten, in der Meinung der Heiligen und hauptsächlich des heiligen Basilius[103]; dass dies nicht durch Güter des Klosters selbst geschehen kann, da diese nicht Sondereigentum der einzelnen Ordensleute sind. Es kann auch nicht durch der Hände Arbeit sein, dass er sie unterhalten könnte, weil er weder Herr seiner Zeit noch seiner Handlungen, noch seiner eigenen Person ist. Er kann sie auch nicht durch sein Reden oder seine Briefe trösten, da er mit der Welt keinen Handel mehr hat, und weil ihm alle Kommunikation nach außen verboten ist. Aber es wird stattfinden durch seine Abtötungsübungen, durch seine Werke der Buße, durch die Inbrunst und den Eifer seiner Gebete.

Das muss er unaufhörlich Gott anbieten, nicht nur um ihn zu bitten, dass er seinen Vater aus der Armut befreie, die dieser auszuhalten hat;

---

[102] Ab hier weicht die Nummerierung der Ausgabe 1701 von der der Ausgabe 1683 ab, weil die-Frage XIII – und später weitere Fragen - eingeschoben wurden. Wir folgen der erweiterten Zählung von 1701

[103] Rcg.fulq 32 Basil.reg. fus. (Grandes Règles) q. 32 *cf. note 6 supra(??)*

sondern auch, dass er ihm die Gnade gebe, davon heiligen Gebrauch zu machen, dass er ihn geduldig mache, nachdem er ihn arm gemacht hat; und dass er seinem Herzen einprägt, was die Welt nie verstehen wird: dass man glücklich ist, arm zu sein; und dass nach der Heiligen Schrift Armut die Fülle selbst ist, wenn sie sich der Gnade Gottes und einer vollständigen Unterordnung unter die Regeln seiner Vorsehung verbunden fühlt.

In dieser Weise wird ein echter Einsiedler selbst seine Pflichten gegenüber seinen Eltern erfüllen und das Gebot befolgen, das ihn verpflichtet, sie zu ehren; und nicht, indem er ein menschen- und naturgemäßeres Verhalten annimmt, das nur den weltlichen Personen angemessen ist, und das die Unversehrtheit seiner Verpflichtung verletzen würde, sein Gewissen verwunden, und ihn von der göttlichen Ordnung und der Reinheit seines Standes abhalten würde.

Doch wenn die Ordensleute davon entpflichtet wären, ihren Eltern persönliche Hilfen zu erweisen, die sie ihnen – wären sie frei - nicht ohne die allergrößte Undankbarkeit abschlagen könnten, hätte die Vorsehung, die sich auf alles erstreckt, nicht versäumt, für ihren Bedarf zu sorgen in den Fällen und der äußersten Lage, die die aktuellen Probleme bereitet. Denn wenn auch die Kinder durch ihr Zurückziehen und Verzichten auf die Welt die Eltern verloren haben, die sie dem Blute nach hatten, hat ihnen das Ordensleben dafür andere (Eltern) dem Geist nach gegeben, denen sie sich durch eine ganz neue und heilige Zugehörigkeit verbunden wissen. Und nicht nur alle, die mit ihnen das selbst gewählte, heilige Joch auf sich genommen haben, und die Jesus Christus in der gleichen Gemeinschaft und in einer gleichen Verpflichtung dienen, nehmen für sie den Platz von Eltern und Verwandten ein, sondern auch alle, zu denen sich Jesus Christus als seine Glieder bekennt, die aller Vermögensvorteile und aller weltlichen Güter enthoben wurden. Sie, die da keinen anderen Anteil haben als eben jenen, den der ewige Vater seinem Sohn gegeben hat, indem er ihn unter den Menschen in diese äußerste Armut geboren werden ließ, die er uns durch diese Worte zum Ausdruck bringen wollte. *Vulpes foveas habent, et volucres caeli nidos, filius autem hominis non habet ubi caput reclinet*[104].

Und wie die Güter, welche die Klöster von der verschwenderischen Liebe Gottes empfangen haben, den Ordensangehörigen und den Armen gemeinsam sind stellen sie in gleicher Weise für die einen wie für die anderen das Erbe dar. Es handelt sich um einen Nachlass, der, da er von ein und demselben Vater stammt, unter ihnen wie unter Brüdern geteilt werden muss. So ist sichergestellt, dass Eltern, wenn sie arm sind, daran teilhaben und dass es eine Erbschaft ist, auf die sie einen Anspruch haben und aus der sie ihren Unterhalt beziehen müssen - zumal sie gegenüber anderen Armen bevorzugt sind -, und alles, was für ihre Lebensführung nötig sein kann.

Und weil dieser Ordensmann keine andere Beschäftigung hat, als Tag und Nacht über Gottes Gesetz nachzusinnen, Sein Wort zu hören und sich in der Zurückgezogenheit seines Klosters durch die Übungen, die seine Profess ihm auferlegt, zu heiligen, betrifft ihn die Anwendung dieser Art tätiger Liebe überhaupt nicht: Dies ist – nach dem heiligen Basi-

[104] *Mt 8, 20 - Die Füchse haben ihre Höhlen und die Vögel im Himmel ihre Nester, der Menschensohn aber hat keinen Ort, wo er sein Haupt niederlegen kann. (vgl. auch Lk 9,58)*

lius[105]- eine Aufgabe, die den Oberen einer Ordensgemeinschaft angeht. Die Verpflichtung ist für einen Ordensbruder in dem Moment erloschen, wo er sein Leben ganz Jesus Christus geweiht hat und ist nur in anderer Form auf die Person übergegangen, die das Kloster leitet. Er allein ist es, der in seinem Namen und zu seiner Entlastung die Verteilung der Güter durchführen muss, die für diejenigen bestimmt sind, die wirklich arm sind, ohne Beteiligung, ohne Einmischung und selbst ohne Wissen des Ordensbruders.

Der Heilige Basilius[106] fügt dort eine wesentliche Bedingung hinzu, und zwar, dass die Verwandten zu denen gehören müssen, von denen Jesus Christus gesagt hat, man hätte ihm mitgeteilt, seine Eltern würden auf ihn warten; er antwortete, dass seine Mutter, sein Bruder und seine Schwester die seien, die den Willen seines Vaters tun: *Quicumque fecerit voluntatem patris mei qui in caelis est, ipse meus frater et soror et mater est*[107]. Der heilige Basilius will also, wenn die Eltern kein christliches und heiliges Leben führen, dass ihnen diese Hilfe vom Kloster nicht gegeben würde; es sei nicht recht, dass die heiligen Dinge verwendet würden,…

(1701) zu Zwecken oder für Personen, die nicht… (1683) für schlechten Gebrauch und an unwürdige Personen gegeben würden.

... und dass das Erbe Jesu Christi, das einzig für Notwendigkeiten und den Bedarf derer bestimmt ist, die ihm als seine Brüder zugehören, nicht

---

105 in Reg.Fus q. 32

106 ibid.

107 Mt 12, 50 - Wer immer den Willen meines Vaters tut, der im Himmel ist, der ist mir Bruder, Schwester und Mutter.

denen dienen dürfe, die durch ihr ungeordnetes Leben als seine Feinde angesehen werden müssen.

Frage XIV (ist gleich Frage XIII von1683)

Ihr hebt all unsere Bedenken auf, wenn ihr uns Mittel an die Hand gebt, unseren Angehörigen zu dienen, ohne damit der Unversehrtheit unseres religiösen Lebens irgendeinen Schaden zuzufügen. Aber bitte erklärt uns ausführlicher dieses Gebot, unsere Eltern zu lieben und zu ehren.

Antwort

Sicherlich, meine Brüder, kann man niemand von der Pflicht, unsere Eltern zu lieben und zu ehren entbinden; nicht nur wegen des positiven Gebotes, das wir dazu von Gott erhalten haben, sondern, weil sie mit der ewigen Wahrheit im Einklang steht, die immer dieselbe ist, und die weder Änderung noch Wechselfall duldet. Die Stellung des Vaters begründet im Sohn ein notwendiges Verhältnis der Anerkennung; er gibt ihm dafür die erste Grundlage, indem er ihm den Anfang seines Lebens ermöglicht.

Und die Dankbarkeit, die der Sohn ihm schuldet, ist ihm nicht weniger wesentlich als die Abhängigkeit, in der er seinerseits in Bezug auf die Wirkung und die natürliche (Er-)Zeugung ist. Diese Pflicht ist also jedem Lebensalter unter allen Bedingungen gemein; und niemand kann behaupten davon frei zu sein. Aber, obwohl in diesem Punkt die Pflichten für alle Menschen gleich sind, ist die Art, ihnen nachzukommen und sich ihrer zu entledigen, verschieden. Man kann sagen, dass es die Tätigkeiten und verschiedenen Stände der Personen oder eher die Berufungen Gottes sind (denn ich nehme Stände an, die seinem Gebot entsprechen), die darin die Handlungen und die Haltungen bestimmen. Ein

Sohn, der frei ist, schuldet seine Zeit, Zuwendung und Studien seinem Vater nach dessen Bedürfnissen. Er muss ihn in seinem Kummer trösten, ihn in seinen Angelegenheiten unterstützen und ihm in seinem Alter helfen; Und er schuldet ihm ebenso viele Zeichen seiner Liebe und Zärtlichkeit, wie er von ihm Mittel und Chancen bekommen hat. Jedoch, wenn er in den Pflichten des religiösen Lebens, der Ehe oder wie ein Hirte in der Seelsorge steht, muss er der Berufung Gottes folgen, die ihn bestimmt, einer höheren Verpflichtung nachzukommen; und obwohl er für seinen Vater denselben Umfang an Respekt und Anerkennung beibehält, ist ihm nicht mehr erlaubt, die gleichen äußeren Bezeugungen dessen zu geben, wie er es könnte, wäre er nicht durch legitime Gegengründe daran gehindert.

Das, was Jesus Christ uns durch so viele Begebenheiten seines Lebens auf so eindeutige und klare Weise lehrte, lässt keinen Raum, an seinen Absichten zu zweifeln. Er erklärt, dass er nicht seine Mutter noch seine Brüder kennt[108], wenn es um den Dienst für Gott geht. Aber, was sich ereignete, als seine heilige Mutter, die ihn im Tempel wiedergefunden hatte, ihm die Sorge bezeugte, die seine Abwesenheit ihr verursacht hatte, ist sehr bemerkenswert. Er antwortete ihr: *Quid est quod me quaerebatis, nesciebatis quia in his quae Patris mei sunt, oportet me esse.*[109] Als ob er sagen wollte, ihr müsst wissen, dass meine Pflicht zur Rücksicht auf euch dort endet, wo sie dem im Wege steht, was ich meinem Vaters schulde.

---

[108] Mt 12, 50

[109] Lk 2, 49 - *Was suchtet ihr mich? Wusstet ihr nicht, dass ich dem sein muss, was meines Vaters ist?*

Von diesem Grundsatz aus müssen wir jetzt die aktuelle Schwierigkeit regeln: Das Gebot, die Eltern zu ehren, verpflichtet Ordensleute wie auch andere Menschen; aber die Mittel, es umzusetzen, sind jeweils besondere. Denen, die nicht entsprechend ihrem Stand, oder gar ihrem Stand entgegengesetzt leben, sind diese Mittel untersagt, und es ist ihnen nicht erlaubt, sie zu benutzen. Weil nun die Ordensleute sich Gott geweiht haben und in der Pflicht stehen, in ihrem Kloster zu bleiben, dort zu leben und dort zu sterben, und weil sie durch ihr Gelübde auf jeden Handel verzichtet haben, auf die Angelegenheiten der Welt und ganz allgemein auf alles was sie wieder vereinnahmen könnte, können sie nicht gezwungen werden, ihr Kloster zu verlassen, um ihren Angehörigen in irgendeiner Notlage, die sie trifft, zu Hilfe zu kommen, aber sie könnten daran denken, ohne sich zu entfernen, sofern sie auf das hören, was sie Gott versprochen haben, und auf das, was ihr Gelübde von ihnen verlangt.

Jedermann muss darin übereinstimmen, meine Brüder, dass Gott hinsichtlich der Liebe eine feste und unverrückbare Rangfolge eingerichtet hat. Wenn Er auch das einzige Objekt unserer Liebe ist und ihr letzter Zielpunkt sein muss, so wie er auch ihr Ursprung ist, gibt es trotzdem Menschen, die uns mehr oder weniger nahe stehen, die wir lieben dürfen und durch die hindurch unsere Zuneigungen und Wünsche wie durch ein Medium gehen, um zu Ihm als letztem Ziel aufzusteigen. Denn wenn wir etwas außer Ihm lieben, das wir nicht um Seinetwillen lieben, lieben wir Ihn nicht in der rechten Weise, wie der heilige Augustinus sagt. Hinsichtlich dieser unterschiedlichen Objekte gibt es eine gewisse Rangfolge, die sich nie ändert, nach der sie in unseren Herzen unterschiedliche Plätze einnehmen und bei denen wir die einen vor den anderen bevorzugen, was die Unterschiedlichkeit und die Ungleichheit in der Ausübung unserer Pflichten ausmacht. Gott ist also Hauptorientierungspunkt und nimmt den ersten Rang in der Liebe ein. Reden wir nicht von dem, was wir uns selbst schulden. Danach kommen unsere Eltern, dann unsere Mitbrüder, die Verwandten und die Anderen. Diese Verpflichtungen sind überall gültig, nichts verändert sie und nie fügt die eine Pflicht der anderen Schaden zu. Aber obwohl es nicht passieren kann, dass die Liebe, die wir Gott entgegenbringen, das, was wir unseren Eltern schulden, zunichte macht, noch das, was wir unseren Eltern schulden, die Verpflichtungen unseren Mitbrüdern gegenüber außer Kraft setzt, kommt es trotzdem oft vor, dass die Ausübung dieser Pflichten und die Art ihrer Erfüllung in sich gegensätzlich und unvereinbar sind, so dass die Unterstützung, die wir unseren Mitbrüdern leisten möchten, durch die, die unsere Eltern von uns fordern, beeinträchtigt wird und dass der Dienst, den wir Gott gegenüber leisten und der uns an Ihn bindet, von allen anderen Verpflichtungen, die nach außen hin gelten, zurückhält.

Zu Unrecht würde man daraus folgern, das Naturrecht würde dadurch außer Kraft gesetzt und die sich daraus ergebenden Verpflichtungen würden beeinträchtigt werden. Denn in Wirklichkeit bleiben sie unverändert. Nur ihre Ausübung ist unterbrochen; die gewöhnlichen Mittel, derer wir uns vielleicht bedienen können, um ihnen zu genügen, sind aufgehoben, aber die Verpflichtung bleibt in vollem Umfang bestehen. Das Naturrecht wird also nicht verletzt. Und in der Zeit, wo die Sorgen, die wir unseren Eltern schulden, uns daran hindern und uns davon entbinden, unseren Mitbrüdern spürbare Erweise von Liebe zukommen zu lassen, die wir ja für sie in uns tragen, hört unser Herz nicht auf, ganz vom Wunsch beseelt zu sein, sie zu unterstützen.

Wir können das Gleiche in Bezug auf Gott sagen; und wenn seine Ordnung, seine Belange, die Dienste, die er uns abverlangt, und die Bindungen, die wir mit ihm haben, uns zurückhalten und verbieten, ihnen unsere Hilfe zukommen zu lassen, dann muss, wie es der heilige Ambrosius sagt[110], die Gottesverehrung die Elternliebe, die wir ihnen schulden, übertreffen: *Magnum pietatis officium, sed religionis uberius antefertur*[111].

In diesem Fall erfüllen wir das Gebot, sie zu hassen, das heißt, sie mit einer äußerlichen Härte zu behandeln, ähnlich wie man Personen behandeln würde, für die man Verachtung oder Hass hätte: indem man sie verlässt, sich von ihnen trennt, in der Furcht, sich dieser furchtbaren Erklärung auszusetzen, die der Gottessohn gegen alle ausspricht, die sich lieber ihren Eltern zuwenden in dem diesen geschuldeten Respekt und Gehorsam: *Qui amat patrem aut matrem plusquam me non est me dignus*[112].

Dies ist ein Fluch, den alle vermeiden, die dem Willen Jesu Christi in völliger Loslösung folgen ohne nach dem Widerstand oder dem Bedarf ihrer Eltern zu fragen; sei es dass er sie aus ihren Armen nimmt, um sie in der Zurückgezogenheit eines Klosters zu verbergen; oder dass sie sich dort gebunden haben, leben und ausharren in Eins mit der göttli-

---

[110] S. Ambr. lib de viduis

[111] *Groß ist die Pflicht der Elternliebe, aber die Pflicht zur Gottesverehrung hat, weil fruchtbarer, vor dieser Liebe den Vorrang.*

[112] Mt 10, 37 - *Wer Vater oder Mutter mehr liebt als mich, ist meiner nicht würdig.*

chen Ordnung und der Verpflichtung ihres Gelübdes; ohne dass die Bitten oder die Nöte ihrer Eltern sie in falschem Mitleid rühren so dringlich sie sein mögen, und ohne dass diese sie zum Verlassen verpflichten würden, um ihnen diese Hilfen zu gewähren, die nicht dem Stande eines Ordensmannes entsprechen. Und weit davon entfernt, dass diese Verfügung die natürliche Pflicht der Kinder gegenüber ihren Eltern irgendwie verletzen könnte, werden sie im Gegenteil deshalb umso lebhaftere Gefühle der Liebe und Zärtlichkeit für sie bewahren, und werden ihnen oft auf eine nützlichere Weise dienen, da sie sich würdig erweisen durch die Treue, die sie Gott bewahren, und durch die Opfer, die sie ihm aus allen Neigungen der Natur bereiten, von ihm zu ihren Gunsten beständige und wahrhaftige Wohltaten zu gewinnen, die unendlich höher sind, als solche, die man ihnen durch persönliche Hilfen verschaffen könnte.

Schließlich ist nichts weniger vernünftig und weniger der Christen würdig, die einzig im Glauben und in der Erwartung der ewigen Dinge leben müssen, als zu wünschen, dass eine Seele, nachdem sie Schiffbruch im Meer dieser Welt erlitten hat, und die sich in die Zurückgezogenheit wie in einen Hafen zurückgezogen hat, und die dort durch die Ordensgelübde wie mit vielen Ketten gebunden ist, um nie wieder von dort wegzugehen, dass eine solche Seele sich doch wieder in der gleichen Welt finde, in der sie sich so oft verloren hat. Sie weiß, dass ihr Gefäß zu schwach ist, um den Sturm auszuhalten, und dass der geringste Windstoß in der Lage ist, sie weg zu schwemmen. Der Mann zum Beispiel, der das Unglück hatte, Gott zu missfallen, und der aus einschlägiger Erfahrung weiß, dass er keine geringere Hilfen braucht, als die, die er im Regelmaß der Klöster findet, um sich in seinen Augen rein bewahren zu können, wird sich wieder in der Welt engagieren; dieser Mann, sage ich, der nach den Worten des heiligen Bernhard wie ein Vogel ohne Federn[113] ist, ohne Kraft und ohne Verteidigungsfähigkeit: wird er sein Nest verlassen und sich den Gefahren der Luft aussetzen, deren Härten und Gewalten er nicht tragen kann?

Welche Beziehung gibt es zwischen dem, was er verlieren wird und dem, was er behauptet, zu bewahren? Er riskiert die Ewigkeit für die Zeit; er gibt das Leben seiner Seele für das leibliche Leben eines nahen Verwandten, das er höchstens für einige Momente und mit Unsicherheit verlängern kann: dies ist eine absonderliche Enttäuschung. Das Haus steht ganz in Flammen, die Feuerbrunst kommt von allen Seiten, man stellt sich dem entgegen, der vor ihr flieht, man versperrt ihm den Ausgang, und man zwingt ihn gar, zurück in die Flammen zu gehen, nachdem er ihnen schon entkommen war: *Mira abusio, domus ardet, ignis instat a tergo, et fugienti prohibetur egredi, evadenti suadetur regredi*[114].

Frage XV

Was haben die heiligen Kirchenväter über dieses Thema gedacht?

Antwort

Obgleich die heiligen Väter diese Frage nicht besonders behandelt haben, sieht man ihr Denken doch ganz klar in den Grundsätzen und Lehren, die sie uns hinterlassen haben.

---

[113] Epist. 12 SBO Vol VII p. 62

[114] Bern. Epist 111, 2 SBO Vol VII, p.284 - *Eine verwunderliche Verachtung: Das Haus brennt, das Feuer droht im Rücken, und dem, der flieht, wird daran gehindert, herauszukommen, und dem, der herauskommt, wird geraten zurückzukehren*

Der erste, der sich uns sowohl durch sein Ansehen als auch durch die weit zurückliegende Zeit seines Lebens vorstellt, ist der heilige Basilius. Er lehrt uns an vielen Stellen, dass ein Einsiedler auf alle Zuneigung des Fleisches und Blutes verzichtet haben muss, und dass es keine Blutsbande gibt, die ihn verpflichten könnten, in die Welt zurückzukehren, von der er sich nun einmal gelöst hat, um sich dem Dienst für Jesus Christus zu widmen.

Aber dieser große Gelehrte, den Gott mehr als jeden anderen in seiner Kirche berufen hat, um uns verlässliche Regeln zu unserer Führung in der Übung unserer Pflichten zu geben, lehrt uns und mit ihm der heilige Gregor von Nazianz in den klösterlichen Verfassungen[115], dass ein Mönch, ohne das Gewissen zu verletzen und sein Gelübde zu verfehlen, sich nicht um die Angelegenheiten, den Bedarf und die Nöte seiner Eltern kümmern kann. Er konnte uns sein Gefühl nicht mit mehr Lauterkeit zeigen und uns nicht weniger Anlass zum Zweifel geben, als dadurch, dass er uns sagt, dass die echten Ordensleute ihren Verwandten, Freunden, ihren Vätern und Müttern ferner sein sollten als die Toten es von den Lebenden sind[116]. Dass jeder Mensch, der sich seiner Gewänder entledigt hat, um sich in den Kämpfen der Tugend zu üben, der der Welt und all ihren Geschäften entsagt hat, und um noch mehr zu sagen, der der Welt und allen, die in ihr sind, gekreuzigt ist, muss sich ganz wie ein Toter gegenüber der Welt und selbst gegenüber seinem Vater, seiner Mutter und seinen Brüdern ansehen.

---

[115] Const. Mon. Grandes Règles q. 32 (cf. note 6 supra)
[116] Const. Mon c. 20

Diese zwei großen Gelehrten gehen weit voraus, und um jeden Anlass zur Deutung ihrer Gedanken etwa gar entgegen dem Gemeinten gar nicht erst aufkommen zu lassen, sagen sie, dass die Eltern der Ordensleute auf die Welt verzichtet haben wie ihre Kinder, oder dass sie weiterhin in ihrer ersten Lebensart verblieben sind. Wenn sie sie verlassen haben, fügen sie hinzu, dann geschah dies weil sie in Wirklichkeit unsere Eltern sind, nicht mehr in ihrer Eigenschaft als Väter und Mütter; sondern nur als Brüder. Und wenn sie sich noch der Welt verbunden haben, sind sie Teil dieser Welt, von der wir uns getrennt haben: (1701:) und haben keinen Bezug mehr zu uns, die wir den fleischlichen Menschen abgelegt haben...

(1683:) da wir den fleischlichen Menschen abgelegt haben;

sie haben keine Beziehung mehr mit uns und wir haben uns des Bündnisses mit ihnen entledigt. Sie lehren, dass ein Mönch nur zwei Väter hat, den einen im Himmel, der der gemeinsame Vater aller Menschen ist; den anderen im Kloster, der der geistliche Vater der Gemeinschaft ist. Sie stützen dieses Empfinden auf das Gebot Jesu Christi, das denen, die er ruft und von den Menschen sondert, verbietet, sich den Angelegenheiten ihrer Verwandten zu widmen noch für sie Pflichten der Nächstenliebe auszuüben, zu denen die freien Personen ohne Wenn und Aber verpflichtet sind; und der seinen Schülern nicht gestatten wollte, ihn einen einzigen Augenblick zu verlassen, aus Furcht, sie könnten eine Tat begehen, die dieser ganz und gar göttlichen Erhebung unwürdig sei, welche die für das himmlische Königreich bestimmten Seelen haben sollten oder aus Furcht davor, dass sie im Umgang mit irdischen und fleischlichen Dingen auf Gedanken kommen, die mit der Größe ihres Standes nicht mehr vereinbar wären.

Und er lässt durch diese Führung erkennen, fahren diese großen Heiligen fort, dass es denjenigen, deren Studienobjekt und Übungsgegenstand die himmlischen Dinge sind, nicht erlaubt ist, dem Beachtung zu schenken, was sich hier unten ereignet, weil sie sich im Geiste schon darüber hinaus bewegt haben und oberhalb der Welt leben.

Schließlich widersprechen sie den Schriftstellen, die ihre Meinung zu bekämpfen scheinen, wie zum Beispiel die von Jesaja: *Carnem tuam ne despexeris*[117]*;* jene vom heiligen Paulus an Timotheus: *Si quis autem suorum et maxime domesticorum curam non habet, fidem negavit, et est, infideli deterior*[118]. Und sie geben dazu gleichzeitig die Lösung durch diese Antwort: Dass diese Worte sich an die Personen wenden, die in der Welt sind, und nicht an die, die sie verlassen haben; an die Lebenden und nicht an die Toten; weil die Toten zu nichts Derartigem verpflichtet sind; dass ein Mensch, der Jesus Christus als Toter gewidmet ist, nicht verpflichtet ist, zum Lebensunterhalt seiner Eltern beizutragen: Als Armer hat er nichts, ihnen zu geben, selbst nicht einmal seinen eigenen Leib, da er ihm nicht mehr gehört, und weil er ihn Gott gewidmet hat, kann er ihn nicht mehr für den Dienst an den Menschen verwenden, es sei denn für den seines Standes.

Es wäre unbegründet, wollte man sagen, dass der heilige Basilius gar nicht von einer äußerst dringenden Notlage spricht. Zwar stimmen wir

---

[117] Jes 28, 7 *Verachte nicht deine Blutsverwandten*

[118] 1 Tim 5,8 - *Wenn aber jemand für seine Verwandten und vor allem für die eigenen Hausgenossen nicht sorgt, der verleugnet den Glauben und ist schlimmer als ein Ungläubiger.*

überein, dass er das nicht genau so ausgedrückt hat; aber es wäre nötig, dass er dies als eine besondere Ausnahme herausgehoben hätte, wenn diese in der genannten Vorschrift nicht enthalten (mit gemeint) sein würde; denn da er diese für allgemein gültig erklärt, ist es offensichtlich, dass sie keine Vorbehalte duldet. Und kann man etwa diesen Worten einen anderen Sinn unterstellen: „Dass ein Einsiedler von seinen Verwandten, seinen Freunden, seinem Vater, seiner Mutter mehr getrennt sein muss... als die Toten es von den Lebenden sind; anders gesagt: Wie die Toten sich nicht in die Angelegenheiten der Lebenden mischen, so sind die Kinder, nachdem sie sich Gott geweiht haben, unfähig, für den Bedarf ihrer Eltern einzutreten, denn dieser mystische und geistliche Tod hat in Bezug auf ihre Eltern eine ähnliche Wirkung wie der natürliche Tod auf die Toten in Bezug auf die Lebenden.

Wenn man nicht die Augen verschließen will, kann man nicht übersehen, dass der Heilige den Ordensleuten alle Arten von Hilfen, von Handel und zeitlicher Unterstützung verboten hat, indem er sagt, dass es nur zwei Väter gibt, den einen, der Gott ist, den anderen, der sein Oberer ist. Dabei zählt er den dritten nicht mehr mit, sondern rechnet diesen zu dem Bereich, von dem er für immer getrennt ist. Der Fall, wo er ihm erlaubt, einen Vater zu haben, ist aber nicht auf der Zugehörigkeit zu Fleisch und Blut begründet sondern auf dem Bündnis des Geistes.

So etwa ist das Fühlen des heiligen Basilius[119] bei seiner Antwort auf die Frage: zu wissen, wie man sich gegenüber seinen Verwandten und seinen Eltern dem Fleische nach verhalten soll. Da sagt er deutlich, dass

[119] Basil. Quest. 32. regul. Grandes Règles: cf. supra, note 6

der Obere mit seiner ganzen Macht verhindern muss, dass die, welche einmal in die Gemeinschaft der Brüder eingetreten sind, jemals das Haus verlassen, um ihren Eltern, unter welcher Erwägung auch immer die sein könnte, eine solche Hilfe zu bieten. Wenn ihre Väter, Mütter und Brüder nach Gottes Weise leben; ist es recht, dass alle, die die Gemeinschaft der Brüder bilden, ihnen durch heilige Begeisterung und wie ihren normalen Eltern beistehen; und dass dies Sorge des Oberen ist. Aber wenn diese Personen noch in einem weltlichen Leben engagiert sind, dann haben sie nichts gemein mit ihnen; und dann sollen sie sich endgültig an Gott binden, ohne sich von seinem Dienst durch irgendetwas ablenken zu lassen.

In diesem gleichen Denken ermahnt der heilige Hieronymus seinen Freund Heliodor[120] auf so eindrucksvolle Weise, sich über alle Rücksicht auf Fleisch und Blut hinwegzusetzen, seinem Vater und seiner Mutter auf die Füße zu treten und in die Zurückgezogenheit zu gehen, ohne dass ihn der Widerstand des einen, noch die Gebete und Tränen der anderen daran hindern. Und er lehrt, dass man Elternliebe hat, wenn man in solchen Umständen grausam sei: *Per calcatum perge patrem, siccis oculis ad vexillum crucis evola, totum pietatis genus est, in hac re esse crudelem*[121].

... Wenn er in dieser Weise schon zu einem freien (noch ledigen) Mann gesprochen hat, was hätte er ihm erst gesagt, wenn dieser durch die Gelübde gebunden gewesen wäre?

---

[120] Ep. XIV, 2

[121] *Geh über den niedergetretenen Vater hinweg, entfliehe mit trockenen Augen zur Fahne des Kreuzes, es gehört ganz zur Elternliebe, in dieser Sache grausam zu sein.*

Vom gleichen Geist wurde der heilige Arsenius[122] bewegt, als er jemandem antwortete, der ihm das Testament eines Verwandten brachte: Dieser sei vor seinen Eltern gestorben, und er könne nicht begreifen, dass er einen Toten zu seinem Erben hätte erwählen wollen. Und als ein Einsiedler ihn eines Tages fragte, warum er so vor den Menschen floh, gab er ihm die bewundernswerte Antwort, Gott wisse, dass er die Menschen liebe, aber dass er sich nicht zugleich mit Gott und den Menschen unterhalten könne; dass alle himmlischen Geistwesen nur einen einzigen und einmaligen Willen hätten; dass aber die Menschen derer mehrere hätten, die sich auch voneinander unterscheiden; dass er sich so nicht entschließen könnte, Gott zu verlassen, um sie zu versorgen. Damit gab er eine zweifache Lehre: Die eine, dass die Liebe, die wir auf Gottes Geheiß zu unserem Nächsten haben sollen, auch dann weiterhin besteht, wenn wir uns weigern, ihm äußerliche Zeichen dieser Liebe zu geben, die andere, dass es unvorstellbar schwierig ist, dass ein Ordensmann in der Treue, die er Gott schuldet, weiterhin lebt, wenn er gleichzeitig in Handelsbeziehungen und Verpflichtungen mit den Menschen bleibt.

Durch eine ähnliche Haltung wurde der heilige Simeon der Stylit bewegt, als er seine Mutter drei Tage lang am Fuß seiner Säule stehen ließ, wohin sie gekommen war, um ihn zu sehen. Weder ihre Klagen, noch ihre Drohungen noch die Vorwürfe, mit denen sie ihm vorhielt, dass er sie durch seine Härte zum Tode bringen würde, so wie er durch sein Weggehen aus der Welt bereits seinem Vater den Tod gebracht habe, konnten seine Standhaftigkeit erschüttern, noch ihn verpflichten, ihr

[122] *Vitae* Patrum.

das zu gewähren, worum sie ihn bat. So ließ er sie erschöpft und voll Trauer sterben; aber er betete zu Gott für sie. Und während dieser fleischgewordene Engel ihr einen augenblicklichen Trost versagte, gewährte seine unerschütterliche Zuneigung zu Gott ihr einen ewigen Trost.

In der Tat starb sie; und ihr Leichnam wurde zu ihm gebracht; er sah sie, die er lebend nicht sehen wollte, nun als Tote, und bezeugte durch seine Tränen, durch seine öffentlichen Gebete für ihre Seelenruhe zu Gott voller Zärtlichkeit, und durch alle Umstände seines Verhaltens, dass die gottgeweihten Personen andere Wege gehen als die der greifbaren Hilfen, um ihre Pflicht zu erfüllen, Väter und Mütter zu ehren.

Der heilige Fulgentius[123] tat etwas, das kaum niedriger ist als die Tat dieses großen Heiligen, als mit einer unerschütterlichen Beständigkeit gegen die bohrenden Schreie taub blieb, die seine Mutter zum Himmel und gegen die Pforte des Klosters schleuderte, in das er sich zurückgezogen hatte; er hielt den Klagen stand, die sie ihm vorbrachte, nämlich dass er durch seinen Weggang das Haus in einen sicheren Ruin stürzen würde, dessen einzige Stütze er war, und widerstand all der Rührung, die Schmerz und Zärtlichkeit einer untröstlichen Mutter in den Mund legen konnte; er blieb bei seinem Entschluss, und überwand die natürliche Elternliebe mit einer heiligen Grausamkeit, wie der Verfasser seiner Lebensgeschichte sagt.

[123] Vit.S. Fulgent

Gott flößte dem heiligem Theonas[124] etwas noch Ungewöhnlicheres ein, (das aber nicht als Schlussfolgerung gezogen werden darf), als er ihm eingab, seine Frau gegen ihren Willen zu verlassen und das einsame Leben zu suchen. Um diese Tat zu rechtfertigen, schenkte Gott in der Folge seines beeindruckenden Lebens ihm Wunder in großer Zahl.

Der große Eremit Theodorus[125] dachte das Gleiche: Als seine Mutter kam, ihn in Tabena aufzusuchen, wohin er sich zurückgezogen hatte, wollte er sie nicht sehen; und der heilige Pachomius bedrängte ihn aufgrund drängender Bitten einiger Bischöfe und fragte ihn, ob er ihm darüber antworten wollte, dass er diesem Besuch vor dem Gericht Gottes nicht Rechnung tragen würde. Er sagte ihm, dass er nach dem Gesetz Jesu Christi seine Mutter und den ganzen Rest der Welt verlassen habe, und dass er sich in ihrem Anblick nicht entschließen könnte, allen zu missfallen, mit denen er das Glück habe, im Kloster zu leben. So wie die Söhne Levis vor der Gnade des neuen Bundes auf ihre Eltern verzichteten, um die Gebote des Gesetzes zu erfüllen, mit um so größerem Recht, wenn man an einer so großen Gunst teilnehme, müsste er der Gottesliebe den Vorzug geben, wie es diese Worte unseres Herrn sagen. *Qui amat patrem aut matrem plusquam me, non est me dignus*[126].

Dies ist es, was den heiligen Pachomius zur Zustimmung bewog, indem er ihm sagte, dass diese Weigerung nur von denen ausgesprochen werden könnte, die völlig auf die Welt und sich selbst verzichtet hätten. Und dass, wenn jemand durch die Zuneigung, die er für die zurück ge-

---

[124] Cass. C. 1. collat. 21

[125] Vit.Pat. in vit. S. Pachom.

[126] *Mt 10, 37. Wer Vater oder Mutter. mehr liebt als mich, ist meiner nicht würdig*

lassenen Personen hatte, noch behaupten würde, er müsse seine Eltern lieben, weil diese sein eigenes Fleisch wären, dass er sich dann an die Worte des heiligen Petrus[127] erinnern würde: Man wird Sklave dessen, was einen besiegt; wenn man also vom Fleisch besiegt wird, ist man Sklave des Fleisches.

Cassian berichtet in seinen „Collationes“[128], dass ein Bruder des heiligen Abtes Apollo mitten in der Nacht kam, um ihn zu beschwören, seine Zelle für einen Moment zu verlassen, um ihm zu helfen, einen seiner Ochsen aus einem Schlammloch herauszuziehen, in das dieser gefallen war. Der heilige Abt sagte ihm, er möge sich an einen anderen seiner Brüder wenden, der nicht weit von dem Unfallort entfernt war. Und als dieser ihm antwortete, er verweise ihn an einen Mann, der bereits seit fünfzehn Jahren tot sei, erwiderte er: „und auch ich bin der Welt gestorben, schon seit mehr als zwanzig Jahren, und weil ich, so wie ich bin, im Grabmal meiner Zelle begraben bin, kann ich nichts mehr von alledem tun, was nur dieses Leben angeht. Denkt ihr etwa, dass Jesus Christus duldet, wenn ich auch nur für das Geringste in der Welt in der Abtötung nachlassen würde, zu der ich mich ein für allemal verpflichtet habe, um mit Euch Euren Ochsen aus dem Schlammloch zu ziehen? Da er doch im Evangelium nicht einen Moment dem gewähren wollte, der ihn um Erlaubnis bat, seinen Vater zu begraben, obgleich diese Bitte, die er an ihn stellte, der Gerechtigkeit und Elternliebe scheinbar mehr entsprach?

---

127 2. Petr. 1, 19.

128 *Col 24, 9.*

Jeder kann aus diesen Beispielen schließen, was diese von Gott erfüllten Männer gesagt oder gedacht hätten, wenn man ihnen vorgeschlagen hätte, ihre Klöster für eine beträchtliche Zeit zu verlassen, da sie sich unbeugsam zeigten, wenn es nur darum ging, einige Augenblicke zu gewähren, einige Worte oder selbst einige Blicke zum Trost ihrer Verwandten.

Derselbe Cassian[129] lehrt uns in seinen „Institutiones", dass man zu seiner Zeit als eine Hauptbedingung von denen, die man in den Klöstern von Palästina aufnahm, verlangte, ihre Eltern ganz zu vergessen. „Lasst das Andenken an eure Eltern nicht mehr in Euch hinein, sagte der heilige Abt Pinuphius, und auch nicht eure früheren Neigungen, aus Furcht ihr könntet, wenn ihr euch von neuem in den Sorgen und Bedrängnissen der Welt verpflichtet, die Hand nicht mehr an den Pflug[130] legen, und ihr könntet, wenn ihr zurückschaut, nicht mehr für das Reich Jesu Christi geeignet sein.

Der Heilige Johannes Klimakus, der mehr als jeder andere den Pflichten mönchischen Lebens bis auf den Grund gegangen war, hielt diese Trennung für so nötig, dass er sie fester als alles andere verankerte. Er sagte man solle Loth nachahmen und nicht seine Frau; dass es besser wäre, seinen Eltern zu missfallen, als Gott zu missfallen; dass der gleiche Gott, der unser Schöpfer ist, auch unser Retter[131] ist, während Eltern oft die untergehen ließen, die sie geliebt haben, und diese den ewigen Strafen auslieferten. Dass wir uns nicht in die Zurückgezogenheit zu-

---

[129] Instit. lib. 4. v. 16.

[130] Lk 9, 62.

[131] *Johannes Klimakus, „Leiter zum Paradies"*, 3. Art.10 ff.

rückziehen aufgrund einer Abneigung gegen unsere Verwandten oder die Orte, die wir verlassen, haben; sondern um die Verluste zu vermeiden, die uns ihre Anwesenheit und ihre Gesellschaft[132] verursachen könnten. dass Jesus Christus[133] uns als Beispiel und Meister darin gedient hat; da man oft gesehen hat, wie er seine fleischlichen Eltern verlassen hat. Und als er von Einigen hörte[134], dass seine Mutter und seine Brüder nach ihm suchten, lehrte er durch seine Antwort sogleich die unschuldige und leidenschaftslose Abneigung, die wir für unsere Verwandten haben sollten; dass die Liebe zu Gott die Liebe zu den Eltern auslöscht. Dass, wer vorgibt, gleichzeitig diese zwei Lieben zu besitzen, sich selbst täuscht, dem Wort des Heilandes zufolge: „niemand kann zwei Herren dienen“; dass Jesus Christ nicht gekommen ist, um Frieden auf die Erde[135] zu bringen, das heißt die Liebe der Väter und Mütter zu ihren Kindern und Brüdern, die sich seinem Dienst widmen wollen; sondern den Krieg und das Schwert, um die, die Gott lieben zu trennen von denen, die die Welt lieben; die Fleischlichen von den Geistlichen, die Hochmütigen von den Demütigen; denn der Herr, fügt er hinzu, hat Freude an dieser Trennung von Geist und Leib, die sich durch seine Liebe ergibt[136]. Habt kein Mitleid, sagt dieser Heilige, mit den Tränen eurer Eltern und Freunde, wenn ihr nicht euch selbst ewig beweinen wollt. Da es unmöglich ist, gleichzeitig ein Auge zum Himmel und das andere zur Erde zu wenden, ebenso ist es unmöglich, dass man sein See-

---

[132] *Ibid.* 3, 18

[133] Ibid.

[134] Mt. 12, 50.

[135] Ebenda Mt. 6, 24, vgl. auch 10, 34

[136] *Johannes Klimakus, Leiter zum Paradies 3, Art.* 22

lenheil nicht einer großen Gefahr aussetzt, wenn man sich nicht ganz und gar von den Geschäften seiner Verwandten und anderer weltlicher Personen durch eine körperliche Trennung und geistige Entfernung zurückzieht. Wenn nach unserem Auszug aus der Welt uns die Dämonen erweichen und uns das Herz erwärmen durch die erneute Erinnerung an unsere Väter, Mütter und Brüder, greifen wir zu den Waffen des Gebetes, um uns gegen sie zu verteidigen, und versengen wir uns selbst durch den Gedanken an das ewige Feuer; damit wir durch die Vorstellung dieser Flammen die aufdringliche Glut dieses Feuers auslöschen, die in unserem Herz aufleuchtet.

Das alles beweist klar, wie fern es diesem großen Lehrmeister lag, zu glauben, dass die Nöte der Eltern für einen Einsiedler rechtmäßige Gründe wären, seine Zurückgezogenheit aufzugeben, da er es als seine Pflicht ansah, den Gedanken daran zu bekämpfen und die Erinnerung daran als eine der gefährlichsten Versuchungen zu erachten, die ihn angreifen könnten.

Der heilige Bernhard lehrt überall ebensolche Wahrheit[137]. Er will, dass die Seelen, die sich einzig Jesus Christus durch das Band der Gelübde gegeben haben, beständig in der Zurückgezogenheit wohnen, um sich in einem Zustand zu halten, der der Reinheit dessen würdig ist, dem sie sich geweiht haben. Er sagt, ebenso wie der heilige Hieronymus, dass die, die Gott in die Klöster ruft, seiner Stimme gehorchen müssen, ohne sich von dem Ruf ihrer Eltern rühren zu lassen, und dass es eine vollkommene Elternliebe ist, aus Liebe zu Jesus Christus ihnen Härte zu

[137] Serm super Ct. 40, 5; SBO Vol II p. 27

bezeugen: *Summum pietatis genus est, in hac parte propter Christum esse crudelem*[138]. Er ermahnt überall die Kinder, ihre Väter und ihre Mütter zu verlassen, ohne sich mit deren Widerständen aufzuhalten, um die Abgeschiedenheit der Klöster zu suchen. Er sagt, es sei eine gerechte Sache, ihnen nicht zu gehorchen; dass der Dienst Jesu Christi ihnen vorgezogen werden muss, und dass wir sie deswegen als unsere Feinde betrachten müssen, nicht als unsere Eltern. *Inimici hominis domestici ejus*[139]. dass das Heil der Kinder in der Ordnung der Liebe ihren Tröstungen vorangehen muss; und im Fall wo es gottlos wäre, seine Mutter zu verachten, sei dies Zeichen einer einzigartigen Elternliebe, wenn man es nur tut, um Jesus Christus zu gefallen *Et si impium est contemnere matrem, contemnere tâmen propter Christum piissimum est*[140]. Und dass der, der sagte: *Honora patrem, matrem*[141], auch gesagt hat: *Qui amat patrem aut matrem plusquam me, non est me dignus.*[142]

Wenn jemandem auf den Gedanken käme, dass der heilige Bernhard zu Personen spricht, die im Haus ihrer Eltern Wonnen finden müssten, kann man antworten, dass er angesichts der Gefahren sprach, die man in der Welt läuft, er hat sein Wort an alle Arten von Personen gerichtet; dass Überfluss nicht der einzige Grund zum Verlust der Seelen ist; dass man diesem in der Armut nicht weniger als im Reichtum ausgesetzt ist, in Gemäuern nicht weniger als in den Palästen, auf dem Misthaufen

[138] Epist 315? Hieronymus, Brief IV (genauere Angabe fehlt) an Heliodorus - *Es ist die höchste Form von Elternliebe, wenn man in dieser Hinsicht um Christi willen grausam ist.*

[139] Mt 10, 36: *Die Feinde des Menschen sind seine Hausgenossen*

[140] Epist 104,3 SBO Vol VII p. 263 *Auch wenn es gegen die Elternliebe ist, die Mutter zu verachten, sie um Christi willen zu verachten, ist höchste Elternliebe.*

[141] Mt 15, 4. *Ehre Vater und Mutter*

[142] Mt 10, 17. *Wer Vater oder Mutter mehr liebt als mich, ist meiner nicht würdig*

ebenso wie unter der Täfelung; dass die Armen unvergleichlich mehr außer Rand und Band sind als die Reichen; dass unter ihnen die Verbrechen schwerer und häufiger sind; wenn auch die Frömmigkeit die Reichen nicht zurückhält, hält sie doch der Ehrenkodex zurück; weil aber dieser Kodex unter den Armen nicht bekannt ist und weil die Religion dort sehr rar ist, regieren die Laster dort in ihrer ganzen Tücke und in ihrem ganzen Ausmaß.

Der Heilige Thomas spricht zu diesem Thema auf eine ganz bestimmte Weise. Beim Behandeln der Frage stimmt er dem zu, und zwar, wenn der Bedarf der Eltern die Kinder davon abhalten kann, das Ordensleben auf sich zu nehmen; auf den sich ergebenden Einwand, dass, weil die Nöte der Eltern einen Ordensmann nicht verpflichten können, nach seiner Profess sein Kloster zu verlassen, diese Nöte ihn auch nicht an der Verpflichtung dazu hindern können, erwidert er, dass die einen frei sind und infolgedessen in der Pflicht, ihnen zu helfen, und dass man von den anderen, die der Welt gestorben und wie mit Jesus Christus im Kloster begraben sind, nicht mehr verlangen kann, sich in den Sorgen und Unruhen der Welt zu widmen. *Non débet occasione sustentationis parentum, exire Claustrum, in quo Christo consepelitur, et se iterum saecularibus negotiis implicare*[143]. Schließlich konnte er sich nicht positiver äußern, als dadurch dass er sagte, dass die Ordensleute durch ihren geistlichen Tod nicht weniger von allen Pflichten gegenüber ihren Eltern entbunden sind als durch den natürlichen Tod: *Per spiritualem mortem de-*

[143] Thom. 22 q 101 att 4 ad; & ad 4 - *Für den Unterhalt seiner Eltern muss er nicht aus dem Kloster weggehen, in dem er mit Christus begraben ist, und sich wieder weltlichen Geschäften widmen*

obligatur et cura impendenda parentibus, sicut deobligatur per mortem naturalem.[144]

Soweit das, was die Heiligen von der Pflicht der Ordensleute gedacht haben, auf ihre Verwandten zu verzichten. Es gibt wenige Meinungen in der Kirche, die von einer so allgemeinen Zustimmung gestützt werden, als die der Heiligen, wie ich meine, und man könnte zu diesem Thema Beispiele fast ohne Zahl bringen. Darüber darf man sich nicht wundern, da die Heiligen echte Schüler eines Meisters sind, der nichts mehr gelehrt hat, als die Wissenschaft des Verzichts; und da sie ihr ganzes Bestreben darauf ausgerichtet haben, alle seine Grundsätze zu kennen und sich diese gründlich zu eigen zu machen, haben sie auch ihre ganze Ehre darein gelegt, sie anzunehmen und ihnen zu folgen, ohne dabei auf die Neigungen der Natur oder auf das Licht des Verstandes zu achten.

Der Grund dafür, dass sie besser und leichter an das Ganze herangehen konnten, liegt darin, dass sie von den sichtbaren Dingen vollkommen befreit waren und ihre Natur, die in ihnen wie tot war, keine Vorlieben entwickeln konnte, die diesen Wahrheiten entgegengesetzt wären. Diese Beschaffenheit lässt sich nicht in denen finden, die weder Abtötung noch Tugend haben.

Gott hat die heilige Schrift vorgelegt und hat in gleicher Weise zu allen Menschen gesprochen, aber seine Stimme wurde nicht überall in gleicher Weise gehört weil die Bereitschaft der Herzen verschieden war und weil es mit den Wahrheiten ist wie mit Flüssigkeiten: Sie verlieren

---

[144] Id. Quodlib. 3. qu. 6.art. 2 *Durch den geistlichen Tod wird man entbunden von der Sorge, die man seinen Eltern schuldet, so wie man davon entbunden wird durch den natürlichen Tod.* (q.6, art. 2 in Quaestiones de quodlibet I-*XII*). Quodlibet VII-XI (Paris, 1256); Quodlibet I-VI et XII (Paris, 1268-1272*). (Anm. des Übersetzers: offenbar nicht ins Französische übersetzt)*

immer an Kraft und Reinheit, wenn die Seelen, die sie aufnehmen, nicht völlig rein sind, so wie auch die Flüssigkeiten Qualität und Süße verlieren, wenn die Gefäße, in die man sie hineinbringt, nicht rein genug sind.

Frage XVI (ist Frage XV von 1683)

Aus welchen Quellen haben die Heiligen diese Grundsätze gezogen?

Antwort

Die Heiligen haben uns diese Wahrheiten gelehrt, nicht aus irgendeinem Vorrat hervorgeholt, sondern wie sie sie durch die Wahrheit selbst erkannt haben. Und man kann sagen, dass sie an so vielen Stellen in den göttlichen Schriften verbreitet sind, dass man diese dort auf jeden Fall bemerken würde, wenn nicht das Aufnahmevermögen durch den langen Gebrauch gegenteiliger Meinungen behindert worden wäre.

Jesus Christus lag ganz besonders daran, uns mitzuteilen, dass seine Sendung das Ziel hatte, die Welt zu heiligen und zu einer Vollendung zu erheben, die bis dahin nicht oder äußerstenfalls nur sehr wenigen Personen bekannt war; etwas, das sich nur auf dem Wege von Verzicht und Trennung erreichen ließ. Das ließ ihn beim heiligen Matthäus sagen, dass er nicht gekommen sei, den Frieden auf die Erde zu bringen. *Non veni pacem mittere sed gladium*[145].

Dass er gekommen war, den Sohn vom Vater, die Tochter von der Mutter zu trennen; dass jener, der seinen Vater oder seine Mutter mehr liebte als ihn, seiner nicht würdig war. In Kapitel 12: „wer ist meine Mutter und wer meine Brüder“ [146]; und er streckt die Hand in Richtung

---

[145] Mt 10, 34 – *Ich bin nicht gekommen den Frieden zu bringen, sondern das Schwert*

[146] Mt 12, 48, 49 & 50

seiner Jünger aus, „das ist meine Mutter und das sind meine Brüder; denn jeder, der den Willen meines Vaters tut, der im Himmel ist, ist mein Bruder, meine Schwester und meine Mutter.“ Im Kapitel 19[147]: „jeder, der für ihn sein Haus oder seine Brüder oder Schwestern oder seinen Vater oder seine Mutter oder seine Frau oder seine Kinder oder sein Land aufgäbe, würde das Hundertfache dafür erhalten und das ewige Leben als Erbe.“ „*Et omnis qui reliquent domum, vel fratres, vel sorores, aut patrem, aut matrem, aut uxorem, aut filios aut agros, propter nomen meum, centuplum accipiet, et vitam aeternam possidebit*[148].

Im Kapitel 8[149] antwortet er einem seiner Jünger, der ihn um Erlaubnis bat, bevor er ihm folge, seinen Vater beerdigen zu dürfen: „Folge mir und überlasse den Toten die Sorge, die Toten zu begraben.“ *Sequere me et dimitte mortuos sepelire mortuos suos*“[150].

Er erwiderte auch einem anderen von seinen Schülern, der zu ihm sagte[151] „Herr, ich werde Dir folgen; aber erlaube mir, zuvor Lebewohl allen zu sagen, die in meinem Haus sind „Jeder, der die Hand an den Pflug gelegt hat und zurückblickt, taugt nicht für das Reich Gottes.“ Und er erklärt in Kapitel 14[152], dass, wenn jemand zu ihm käme, und nicht seinen Vater und seine Mutter, seine Frau und seine Kinder, seine Brüder und seine Schwestern und sogar sein eigenes Leben hasst, dann könne er nicht sein Jünger sein. *Si quis venit ad me et non odit patrem*

[147] Mt 19, 29

[148] *Und jeder, der Haus, Brüder, Schwestern, Vater, Mutter, die Ehefrau, Söhne oder Äcker um meinetwegen verlässt, wird das Hundertfache empfangen und ewiges Leben besitzen.*

[149] Mt 8, 21-22

[150] *Folge mir und lass die Toten ihre Toten begraben.*

[151] Lk 9, 61-62

[152] V. 26

suum et matrem, et uxorem et filios, et fratres et sorores, adhuc autem et animam suam, non potest meus esse discipulus.[153]

Kann man, meine Brüder, diesen Worten Christi eine natürlichere und heiligere Erklärung geben, als diese, dass die Christen immer bereit sein müssen, alle Dinge zu verlassen und alle Arten von Verpflichtungen abzubrechen, um ihm zu folgen; dass seine Belange die erste Stelle in unseren Herzen einnehmen müssen; dass die unentbehrlichsten Pflichten zurücktreten müssen, wenn es darum geht, dorthin zu gehen, wohin uns seine Stimme ruft und auszuharren dort, wo uns sein Befehl hält? Dass wir sogar die Liebeserweise aufgeben müssen, die uns an jene binden, die uns die Geburt schenkten, wenn es dazu kommt, dass sie jener entgegengesetzt ist, die wir Ihm schulden, wenn unsere Angehörigen uns bewegen sein Gesetz zu verletzen; oder dass sie uns zu Wegen verpflichten wollen, die unserem Heil widersprechen; und sogar auch, wenn sie sich diesem Stand der Vollkommenheit widersetzen, zu dem sein Wille uns erhebt; das heißt, dass man sich für die Liebe zu Jesus Christus nicht nur der Dinge enthalten muss, die schlecht und verboten sind, sondern auch von den erlaubten oder sogar von jenen, die zu einer anderen Zeit gut und empfohlen sind, wenn er von uns noch vollkommenere fordert, die jenen folglich vorzuziehen sind.

Nachdem wir dies nun festgestellt haben, muss unter uns Einigkeit darüber bleiben, dass es niemanden gibt, auf den diese Unterweisungen mehr passen, als auf jene, die auf die Welt verzichtet haben, sich durch

---

[153] *Wenn jemand zu mir kommt und nicht seinen Vater, seine Mutter, seine Frau, seine Kinder, seine Schwestern und Brüder, ja sogar sein eigenes Leben hasst,, kann er nicht mein Jünger sein.*

die Weihe der Gelübde allein Jesus Christus gegeben haben; und die durch eine Auszeichnung seiner ganz besonderen Gnade sich dies dermaßen zu eigen gemacht haben, dass sie keine andere Beschäftigung auf der Erde mehr haben als nur jene, in der Heiligkeit voranzuschreiten; und indem sie sein Gesetz Tag und Nacht betrachten, die Mittel suchen, ihm zu dienen. Somit kann die Welt nicht mehr auf sie das Recht anwenden, das sie ihnen gegenüber früher hatte, und können die Eltern - aus welchen Gründen auch immer - oder kraft der Verpflichtungen, die die Kinder ihnen gegenüber vor ihrem Eintritt in den Orden hatten, nicht mehr von ihnen Dienste und Verpflichtungen fordern, die mit der Reinheit ihres Standes und der Heiligkeit ihres Gelübdes unvereinbar sind; wie es der Fall wäre, wenn man sie aus ihrer Einsamkeit zurückholen und sie in den Sorgen der Welt verpflichten würde: Sie wären dann verpflichtet, sich zu erinnern, dass jene, die ihre Eltern Jesus Christus vorziehen, aus seinem Königreich ausgestoßen werden. Und dabei besteht die erste Bedingung, die er denen auferlegt, die ihm nachfolgen wollen, darin, sich von jenen zu trennen, mit denen sie am engsten durch die Bande des Blutes und der Natur verbunden sind.

Es wäre unnütz, uns zu sagen, dass man diese Verpflichtung nicht hätte auf sich nehmen dürfen, als wäre sie zum Nachteil der Situation, in der man sich doch befand, um seinen Eltern zu Hilfe zu kommen. Denn wie wir bereits gezeigt haben, gibt es eine noch höhere und ursprüngliche Pflicht, die allen übrigen Form und Regel gibt, die alle Geschöpfe der Hand Gottes unterwirft, und die dazu führt, dass er nach seinem Willen und seiner Weisheit sie auf alle Gebräuche in der Ordnung der Gnade wie in jener der Natur anwenden kann. Es ist ein mit seiner Allmacht und mit dieser höchsten Herrschaft verbundenes unverletzliches Recht, das er als Schöpfer auf alle Dinge ausübt; das in ihm fortbesteht in alle Ewigkeit, von dem er selbst nicht abweichen könnte. Und wie er, wenn er es denn wollte, sozusagen die Achse der Welt knicken könnte, die Sonne mitten in ihrem Lauf ganze Jahrhunderte lang anhalten könnte, wie er es vor Zeiten[154] für einige Augenblicke tat. Und um etwas zu sagen, das mehr zu unserem Thema passt: Ebenso wie die Leviten[155] seinem Befehl zufolge ihre Hände unschuldig im Blut ihrer Väter wuschen, so auch kann er, wenn er es zur Ehre seines Namens für richtig halten wird, vor seinen Thron alles rufen, was es an Menschen in der Welt gibt, dass diese ihm ihre Unterstützung und Ehrerbietung erweisen, und dabei alle Aufgaben und Verrichtungen der unterschiedlichen Pflichten, die man einander gegenüber haben kann, beendigen lassen. Und daher wären die Eltern gezwungen, ihm ihre Kinder, die Ehemänner ihre Frauen, die Herren ihre Diener, die Fürsten ihre Untertanen zurückzugeben ohne irgendeine legitime Ursache zu haben, sich über seine Gerechtigkeit zu beklagen.

All das beweist eindeutig, dass es hieße, die Alleinherrschaft Gottes über die Menschen zu leugnen, wenn man ihm wesentlich geringere Dinge abspricht und nicht will, dass er die Regeln aufheben kann und die Durchführung und Anwendung der Liebe der Kinder zu ihren Eltern in der Art verändern kann, wie wir sie schon erläutert haben.

Im Übrigen ist es sicher, dass der Ordensmann sich in einen unvermeidlichen Untergang begibt, wenn er ein Leben aufnimmt, das ganz

---

[154] Vgl. Jos 10, 13

[155] Vgl. Ex 32, 25-28

dem entgegengesetzt ist, an das Gott seine Heiligung gebunden hatte. Hat doch zweifellos Gottes Plan darin bestanden, ihn von der Welt abzuziehen, um ihn in der Stille der Einsamkeit zu heiligen, indem er ihn von allem fern hält, was fähig wäre, sich seinem Heil entgegen zu stellen, und indem er ihm die Mittel und Hilfen gibt, die zu diesem Heil noch mehr beitragen könnten. Die Hindernisse und die Gegenkräfte, die er vorfinden könnte, sind:

- die Geschäfte der Welt,
- das Festhalten an seinen Eltern,
- die Hinwendung zu den Familienangelegenheiten,
- die Sorge für den eigenen Unterhalt,
- die zwangsläufig eintretenden Verschwendungen,
- schließlich alle Gelegenheiten, sich von Gott zu trennen und in die Sünde zu fallen, die sich fast auf Schritt und Tritt und jeden Augenblick im Umgang der Menschen ergeben.

Und die Hilfen, die er von Gottes Barmherzigkeit erhalten hat, sind:

- die Regelmäßigkeit des Klosters,
- die Kraft der Disziplin,
- die Wachsamkeit eines Oberen,
- das Beten und Beispiel seiner Brüder,
- die Unterordnung seines Willens,
- die Abfolge der Übungen,
- die Strenge des Fastens,
- die Erfahrung von Demütigungen und
- das strikte Einhalten des Stillschweigens.

Jedoch kommt es vor, dass dieser Ordensmann, der in Wahrheit sowohl seine Gelübde als auch sein Kloster verlässt, um seinen Eltern zur Hilfe zu kommen, sich plötzlich all dieser Vorteile beraubt und inmitten von vielen Hindernissen findet, aus denen Gottes Hand ihn herausgezogen hatte; das heißt umgeben von Feinden und ohne Verteidigung. Sein Zustand ist umso gefährlicher, weil der Zustand, in dem er seine Eltern sieht, auf sein Herz einen noch viel tieferen Eindruck macht.

Er wird von Überdruss und von Beunruhigungen überwältigt; er kennt nicht mehr diese heilige Ruhe, die den ganzen Reichtum der Einsiedler ausmacht, seine Seele, die niedergeschlagen ist durch die anhaltende Anstrengung, die er aufbringen muss für seinen eigenen Unterhalt sowie für den seiner Eltern, hat aus Angst vor der Zukunft weder die Freiheit, sich zu erheben, noch die göttlichen Dinge zu kosten. Der Schlaf hat sich von seinen Augen zurückgezogen; das heißt: dieser so heilige Frieden, den er genoss und in dem seine Leidenschaften gleichsam verschüttet wurden, ist verflogen. Seine Begierden sind lebendiger und heftiger als zuvor. Schließlich lebt er, oder besser: schmachtet er, elend in einem fremden Land, wo er den verschiedensten Versuchungen ausgesetzt ist, die mit der höchsten Not untrennbar verbunden sind und zwar bei beiden Geschlechtern gleichermaßen.

Und da dieser Stand völlig jenem entgegengesetzt ist, in den Gott ihn gestellt hatte, und dessen Mittel und Vorteile er allesamt zerstört, ist es auch notwendig, dass er gegenteilige Ziele und Wege hat. Denn der eine Weg ist der Weg des Lebens, der andere notwendigerweise der Weg des Todes. So gibt es keinen Fall und keine Umstände, in denen die Schrift uns stärker als hier befohlen hat, unsere Eltern zu verlassen, weil der ihnen zu leistende Dienst uns so große Schäden zufügt, dass es nicht möglich ist, ihnen zu Hilfe zu kommen und sich an sie zu binden, ohne sich zu verlieren und für immer von Jesus Christus zu trennen.

Man muss also schließen, meine Brüder, dass ein Ordensmann, den Gott von diesen äußerlichen Pflichten des Rechts und der Liebe hinsichtlich der Welt freistellt, der ausgenommen ist von den Bindungen, die Menschen gegenüber anderen beachten, der in der Kirche, wie wir es bereits bemerkt haben, den Platz ausfüllt, den früher die Märtyrer dort hielten, der ihrer Heiligkeit nachfolgen muss, und der durch seinen Stand gezwungen ist, den vollkommenen Verzicht der Einsiedler und der alten Eremiten nachzuzeichnen, die Stille seines Klosters nicht mehr verlassen kann -, dass ein solcher Ordensmann nicht in die Welt zurückkehren kann, noch deren Geschäfte und Sorgen unter dem Vorwand aufnehmen kann, seinen Eltern zu helfen, wie schlimm auch seine Armut sei. Wenn er sein Kloster aufgrund dieser Erwägung verlässt, wendet er sich gleichzeitig von Gott ab und zerstört dessen Plan mit seiner Person. Er widersetzt sich der Bestimmung, die er dafür hatte und entzieht sich der Zahl jener, von denen er in Geist und Wahrheit verehrt werden will. Er verletzt sein Gelübde dort, wo es am wesentlichsten ist, er gefährdet die Reinheit seines Körpers ebenso wie die seiner Seele; er zieht eine allgemeine Lebensform derjenigen vor, die ganz himmlisch ist; er steigt von diesem geheimnisvollen Dach des Evangeliums herab[156], um ins Feld zurückzukehren, und dort seine Kleidung wieder anzulegen; er wendet seinen Kopf nach hinten, nachdem er die Hand an

[156] Mt 24, 17

den Pflug gelegt hat; er zieht den Bund des Fleisches dem der Gnade vor, anstatt mit dem heiligen Bernhard zu sagen: Warum stört ihr mich in den Pflichten, wo ich nur dazu da bin, dem Vater aller Dinge zu gefallen? Warum haltet ihr mich vom Dienst an jenem ab, dessen wahre Diener ebenso sehr Könige sind? *Quid me patri omnium Deo satagentem placere inquietatis, et ab ejus servitis, cui servire regnare estî, retrahere attentatis*? [157]

Und daraus ergibt sich, dass die Ordensleute, wenn sie ihre Klöster verlassen, alle Unterweisungen verachten, über die wir berichtet haben; dass sie etwas tun, das durch das Wort Jesu Christi verurteilt wurde; und dass sie genau in der Situation sind, wo ihnen geboten ist, auf ihre Väter, ihre Mütter und um der Liebe willen für ihn ganz allgemein auf alle Dinge zu verzichten.

All diese Beweise lassen erkennen, dass wir nur Gerechtes und Wahres vorgebracht haben, als wir sagten, dass die Empfindungen derer, die wünschen, dass die dringende Not der Eltern für einen Ordensmann ein berechtigter Grund sei, sein Kloster zu verlassen, und sich ihm zur Hilfe zur Verfügung zu stellen, nicht im Geringsten auf Wahrheit beruhen oder die dauerhafte Festigkeit hätten, wie man sie sich auch vorstellt; denn dieser (angebliche) Grund ist völlig der Begründung zuwider, die vom Glauben erleuchtet und geleitet wird, und verträgt sich auch nicht mit den Grundsätzen der Heiligen; er tut der Herrlichkeit Gottes Abbruch und steht im Widerspruch zum Wort Jesu.

---

[157] Epist. 111, 1 SBO Vol. VII p. 283 - *Warum beunruhigt ihr mich, wenn ich mich bemühe, Gott, dem Vater aller zu gefallen, und warum versucht ihr, mich von den Diensten dessen wegzuziehen, dem zu dienen Herrschen ist?*

Frage XVII

Was kann man auf die vielen Stellen in der Heiligen Schrift antworten, die anscheinend zu euren Begründungen im Widerspruch stehen?

Antwort

Es ist wahr, meine Brüder, was wir bei Jesaja lesen: „Verachtet in keinem Fall eure Nächsten", oder beim hl. Paulus in seinem Brief an Timotheus[158]: *„Wenn jemand für seine Verwandten, besonders für die eigenen Hausgenossen, nicht sorgt, verleugnet er damit den Glauben und ist schlimmer als ein Ungläubiger".* Unser Herr sagt auch im Gespräch mit den Pharisäern[159]: *Quare et vos transgredimini mandatum Dei propter traditionem vestram.*

Aber der heilige Basilius sagt bei seiner Antwort auf die ersten beiden Textstellen, dass diese Worte an diejenigen gerichtet sind, die in der Welt leben, und nicht an die, die auf sie verzichtet haben. (...)

Und um noch kürzer zu antworten, sagt dieser Heilige, spricht der Apostel zu Lebenden und nicht zu Toten; weil die Toten zu nichts dieser Art gezwungen sind. Für die Welt seid ihr tot und gekreuzigt; ihr habt eine völlige Armut ergriffen, indem ihr auf alle vergänglichen Reichtü-

[158] 1 Tim 5, 8.

[159] Mt 15, 2: *Warum übertretet ihr um eurer Tradition willen Gottes Gebot?*

mer verzichtet habt: Da ihr euch Gott widmet, seid ihr sein Reichtum und sein Schatz geworden. Als Tote seid ihr befreit davon, zum Unterhalt eurer Angehörigen beizutragen. Und als Arme habt ihr nichts zu geben.

Entsprechend dem Empfinden desselben Heiligen und dem, was wir schon angemerkt haben, muss man hinzufügen, dass der Ordensbruder, der nicht mehr mit persönlichem Einsatz noch mit Hilfe seiner Güter für die Linderung seiner Eltern nützlich sein kann, ihn weiterhin unterstützt durch die Pflege seines Oberen und die Einkünfte seines Klosters, und dass er somit nicht zu der Gruppe derer gehört, auf die dieser Vorwurf der Schrift zutrifft.

Was die dritte Schriftstelle betrifft, soll man keine Angst haben zu sagen, dass es hieße, dem Gedanken unseres Herrn Gewalt antun, wenn man daraus schlösse, dass ein Ordensmann verpflichtet sei, sein Kloster aufzugeben, um seinen Eltern zu Hilfe zu eilen. Und in Wahrheit sind die Unterschiede und die Ungleichheiten so groß,, die sich ergeben zwischen der Tatsache, gegen die unser Herr sich erklärt, und der Sache, um die es sich handelt, dass jeder, der sie aufmerksam anschaut, keine Mühe haben wird, sich zu überzeugen, dass man zwischen so verschiedenen und so entfernten Dingen keinen Vergleich ziehen kann, wenn man die Veranlagungen der Personen, den Wert der angebotenen Dinge, die Weihe an sich, die Wirkungen und die Nachteile gut in Betracht zieht, die in dem Fall entstehen können, dass sie für andere als die bestimmungsgemäßen Zwecke gebraucht werden.

Erstens verurteilt Jesus Christus die Unmenschlichkeit der Pharisäer gegenüber ihren Eltern; ihren Geiz, ihre Heuchelei, ihre Verstellung, weil, wie der heilige Chrysostomus sagt, es nicht stimmte, dass sie all ihre Güter Gott gewidmet hätten, wie sie es vorgaben. Und nicht nur kommt von all dem bei den echten Ordensleuten nichts vor, sondern im Gegenteil ist ihre Frömmigkeit aufrichtig, ihre Entsagung vollkommen, ihr Opfer echt, ihre Liebe zu ihren Eltern zart, wie weit sie auch durch die Pflichten ihres Gelübdes gemäßigt sei. Und wenn sie ihnen die Unterstützung ablehnen, die sie benötigen, geschieht dies aus der Achtung, die sie den Befehlen Gottes entgegenbringen und durch ihre Furcht, ihm zu missfallen.

Zweitens waren die Gaben, die die Pharisäer ihren Eltern verweigerten, und von denen sie sagten, dass sie diese für den Gottesdienst bestimmt hätten, nur einige Tiere; hier dagegen handelt es sich um mit Christi Blut freigekaufte Seelen, denen er eines Tages Anteil an seiner Göttlichkeit geben soll.

Drittens war diese angebliche Opfergabe der Pharisäer nur eine äußerliche Heiligung, während jene, die durch die Gelübde erfolgt, eine ganz innerliche und göttliche Verbindung ist, durch die die Seelen sich mit Christus vermählen. Sein heiliger Geist ist wie die Verknüpfung und die geheiligte Verbindung mit ihnen; und obwohl er nicht genau durch die Tugend dieser Weihe gegeben wird, weil diese Wirksamkeit sich nur in den Sakramenten findet, ist er dennoch von der Frömmigkeit nicht zu trennen, die die genannte Tugend der Weihe begleiten muss. Und die heiligen Väter haben geglaubt, dass jene, die mit der notwendigen Würde eine so heilige Handlung ausführten, sie in einem solchen Überfluss und einer derartigen Fülle erhielten, dass sie die Ordensgelübde als zweite Taufe und als ein echtes Martyrium bezeichnet haben.

Viertens besteht die Auswirkung eines dieser Opfer nur darin, die geopferten Gaben nicht für den gewöhnlichen und normalen Gebrauch zu verwenden, sondern sie dafür zu bestimmen, dass sie entweder durch Feuer oder durch die Priester verzehrt werden. Die Auswirkung des anderen Opfers (nämlich der Ordensleute!) besteht darin, das Geschöpf von allen vergänglichen Dinge zu trennen; in seinem Herzen jede Liebe zu dem zu löschen, was nicht ewig ist, und dieses innerlich mit Jesus Christus zu verbinden, derart, dass dieser diese große Leere ausfüllt, die er dort durch eine unaussprechliche gegenseitige Gemeinschaft vorfindet. So lässt der Herr das Geschöpf schon in der Zeit und durch Vorwegnahme dieses glückseligen Zustandes das genießen, was durch diese Worte des Propheten ausgedrückt ist: *In aeternum exultabunt, et habitabis in eis*[160]. Das wird sich erst dann ganz und gar erfüllen, wenn Gott sich alle Geschöpfe unterworfen hat, wenn er, wie der Apostel sagt, alles in allen ist, für ewig in allen ruhen wird und sie durch seine Anwesenheit mit Ehre und Trost füllen wird.

Was Nachteile angeht, so sind keine derartigen in Sicht, wenn dieses Rind oder dieses Lamm, das zu den heiligen Dingen bestimmt wurde, für andere Verwendungen gebraucht wird. Man kann das Gleiche aber nicht von einem Ordensmann sagen, der sich der Welt wieder zuwendet, nachdem er sich an Jesus Christus durch die Weihe seiner Gelübde gebunden hat, und der sich in seine Sorgen und seine Zerstreuungen zurückbegibt; da, wie wir es bereits gezeigt haben, außer der Untreue die

---

[160] Ps 5,12 *Sie werden in Ewigkeit jubeln und du wirst unter ihnen wohnen.*

er begeht, er sich tausend Gelegenheiten aussetzt, deren geringste ihn für immer der Wirkung und Frucht seiner Stille berauben kann.

Wer all diese Sichten und Überlegungen vergegenwärtigt, versteht leicht, dass diese Stelle der Schrift in keiner Weise gegen unser Gefühl angeht; und dass es nichts weniger Richtiges und Vernünftiges gibt, als aus dem Vorwurf, den unser Herr den Pharisäern machte, schließen zu wollen, dass sie ihren Eltern gegen das göttliche Gebot durch die Härte ihres Herzens und durch ihr Festhalten an den irdischen Gütern unter Vorwänden einer falschen Frömmigkeit und einer erdachten Opfergabe, eine Unterstützung verweigern würden, die sie ihnen schuldig wären.

Und genauso falsch, sage ich, ist der Schluss, dass ein Ordensmann, der auf die Welt verzichtet hat, und der sich Gott durch eine ebenso wirkliche, wie auch rechtmäßige und heilige Verpflichtung (eben der Gelübde) geweiht hat, verpflichtet sei, in die Welt zurückzukehren, um für die Bedürfnisse und die Armut seiner Eltern aufzukommen.

Frage XVIII

Müsste man nicht verhindern, dass ein Ordensmann eine neue Verpflichtung gegenüber Gott eingehen kann, im Widerspruch zu jenen, die er bereits damit hat, seine Familienmitglieder zu ehren und zu unterstützen?

Antwort

Dieser Einwand, meine Brüder, ist nicht haltbar; und obgleich er genügend widerlegt ist und um keinen Zweifel in einem derart wichtigen Bereich zu belassen, ist es trotzdem notwendig, dass wir auf unsere unvergleichlich engere und verpflichtendere Bindung an Gott aufmerksam machen, verglichen mit der, die wir gegenüber unseren Eltern haben. Wir gehören Ihm an durch so viele Titel und unterschiedliche Qualitäten der Natur und der Gnade, dass man wahrhaft sagen kann, der Mensch setze sich zusammen aus Beziehungen und Verwandtschaft zu Seiner Barmherzigkeit und seiner Allmacht. Er ist der echte Vater, da er dem Körper und der Seele das Leben gibt; der sowohl das eine wie das andere bewahrt durch seinen unaufhörlichen Blick und Einfluss, und der, wie wir vom heiligen Paulus lernen, die Quelle jeder Vaterschaft auf der Erde genauso wie im Himmel ist: *Ex quo omnis paternitas in caelis et in terra nominatur*[161]. Daher schulden wir ihm unsere Güter, unsere Zeit, unsere Arbeit, unseren Fleiß, unsere Freiheit, unsere Gesundheit, unser Leben; schließlich unsere ganze Person und alles, was das Fleisch und den Geist, den Sinn und den Verstand angeht. Sodass man gut annehmen kann, dass wir mit ihm gar keine neue Verpflichtung eingehen, wenn wir uns ihm durch die religiösen Gelübde weihen. Wir tun nichts

---

161 *...,nach dem jede Vaterschaft im Himmel und auf Erden benannt ist* (Eph 3,15)

anderes, als nur ihm das zurückzugeben, was ihm gehört, und wo er uns nur den Gebrauch erlaubt hatte, und das er nun durch die Gelübde von uns zurückfordert. Zurückfordert durch die Bewegung seines Geistes, der uns seinen Willen mitteilt, dass wir auf die Sorgen um die Geschöpfe verzichten mögen, um uns allein ihm hin zu geben. So nimmt er sich nur die Zeit zurück, die Beharrlichkeit und alle Hilfen, die wir unseren Eltern gegeben hätten, und die wir Ihm - vor ihnen - zuwenden müssen. Er verneint dafür aber nicht die Pflicht, die wir hatten, sie zu ehren; doch regelt er deren diesbezügliche Ausübung, und erlaubt uns nicht mehr, ihnen davon einige Zeichen zu geben, weil sie sich nachteilig für den Dienst herausstellen, den er Ihm zu geben von uns verlangt. Und anstatt dieses natürliche und göttliche Recht aufzuheben, verändert er einfach nur dessen Gebrauch und Anwendungsmöglichkeiten.

In einem Wort, diese Pflicht bleibt im Herzen der Kinder nach ihrer Profess fortbestehen wie zuvor. Sie lieben und ehren ihre Väter, wie es ihre Pflicht war, da sie sie nach Gottes Ordnung lieben; und dass Er allein es ist, der sie hindert, ihnen davon fühlbare Zeugnisse zu geben nach diesem Wort des Heiligen Augustinus: *Amandus genitor, sed praeponendus creator*[162]. Und ebenso wie ein Hirte, der mit der Sorge für das Volk beauftragt ist, dessen Leitung nicht verlassen wird, um für die Bedürfnisse seiner Eltern aufzukommen, weil die Pflicht, die ihn an seine Herde bindet, in der Liebesordnung das Erste ist; und er wird dennoch nicht jene verletzen, die er seinen Eltern schuldet: so wird der Ordensmann in seinem Kloster bleiben, ohne dass man den geringsten An-

[162] *Der, der als Vater zu lieben ist, soll aber als Schöpfer den Vorrang haben.*

lass hat, sein Verhalten zu tadeln und es als die Verletzung eines Rechts und einer natürlichen und göttlichen Picht anzusehen.

Schließlich jener, der Abraham der Sorge entbunden hat, die er für den Erhalt seines Sohns hatte; der ihm sogar befahl, diesem das Leben zu nehmen und daraus ein Opfer zu machen, und der aus einem ungeheuerlichen Verwandtenmord die Aktion einer heldenhaften Tugend machen konnte, kann gut die Kinder in einen Stand berufen, in dem sie entbunden werden, für die Bedürfnisse ihrer Eltern aufzukommen. Und ebenso wie der Vater durch seinen Befehl das Schwert über den Kopf seines Sohns heben konnte, ohne die natürliche Pietät zu verletzen, so erhebt sich der Sohn, ohne dieselben Gesetze zu missachten, gegen seinen Vater, wenn dieser ihm befehlen will. Gott wird weder in Eltern noch Kindern jemals die natürlichen Gefühle beschädigen, die er ihnen eingepflanzt hat. Er wird ihnen keinerlei Hass und Abneigung gegeneinander eingeben, weil es wesentliche Pflichten zerstören würde, deren Grundlage und Grundsatz seine Gerechtigkeit und Wahrheit sind.

Aber er kann Aktionen leiten, die die Natur ablehnt, und andere verhindern, die von ihr ausgehen, ihre Bewegungen aussetzen, ihre Neigungen aufhalten, ohne eine Lockerung auszulösen in Ordnung und Bestimmung der Dinge, die er aufgestellt hat. Gott hat über allen Kreaturen die absolute Herrschaft, allein seine Weisheit und sein Wille bestimmen deren Gebrauch; und es ist nicht Sache der Menschen, seiner Allmacht Grenzen zu setzen.

Frage XIX

Scheint es nicht, dass die Verpflichtung der Gelübde hinter die Pflicht zurücktreten muss, seinen Eltern zu Hilfe zu kommen, weil das Gelübde eine freiwillige Tat ist, die andere aber eine Pflicht der Not: und dass die notwendigen Dinge Vorrang haben vor solchen, die es nicht sind?

Antwort

Es ist leicht, hierauf zu antworten, dass in Wahrheit jener Mann, über den die heilige Schrift zu uns beim hl. Matthäus spricht, die Pflicht hatte, seinen Vater zu begraben, und dass es ihm frei stand, Jesus Christus zu folgen, und sich an seine Person zu binden, bevor er dazu den ausdrücklichen Befehl erhielt. Aber, von da an, wo Jesus ihm erklärt hatte, dass es sein Wille sei, dass er ihm folge, wurde für ihn das, was für ihn bis dahin keine Rolle spielte, jetzt eine Notwendigkeit

Seine Verpflichtung wurde eine andere; es wurde ihm viel bedeutender, den Körper seines Vaters zu verlassen, um Jesus Christus zu folgen, als ihm das Grab zu geben, und, was eine strafwürdige Gottlosigkeit gewesen wäre, wurde für ihn nun eine lohnenswerte Handlung der Frömmigkeit. Es stand Abraham frei, zu bleiben oder sein Land, seine Angehörigen und das Haus seines Vaters aufzugeben, bevor der Wille Gottes ihm bekannt war; aber, von da an, wo ihm dieser durch die Worte: *Egredere de terra tua, et de cognavione tua, et de domo patris tuis...*[163] bedeutet worden war, wurde es ihm ein Befehl, dem er sich nicht entziehen konnte, ohne ein Verbrechen zu verüben.

Man muss das Gleiche von jenen denken, die durch die Auserwählung Gottes aus den schädlichen Einflüssen der Welt herausgezogen werden. Sie sind frei, bevor er zu ihnen gesprochen hat; aber seitdem

[163] Gen 12,1 *Geh weg aus deinem Land, aus deiner Verwandtschaft und aus dem Haus deines Vaters.*

seine Stimme sich vernehmbar gemacht und das Ohr ihres Herzens getroffen hat, müssen sie folgen und das, was für sie vorher eine bedeutungslose Angelegenheit war, nun als einen Zustand der Notwendigkeit ansehen. Und um die Sache positiv zu erklären: Die Religion ist ein Rat für alle Menschen im Allgemeinen; doch dieser Rat wird im Besonderen ein Gebot, wenn es ein Gelübde ist, und man in der Pflicht steht, ihm zu folgen. Mit noch mehr Recht muss man dies von jenen sagen, die nicht nur zum religiösen Leben gerufen und durch ihre Gelübde dazu gebracht wurden, sondern dieses auch durch ihr Gelübde angenommen haben. Sie sind durch ihre Versprechen gebunden und sie könnten sich nicht ohne Pflichtverletzung von den Pflichten entbinden, zu denen diese sie verpflichten.

Was freiwillig war, sagt der heilige Bernhard[164] dem man die Frage stellte, ob man sich daran halten müsse, hat seine Natur gewandelt und ist notwendig geworden; und es ist von da an eine Notwendigkeit, unverändert in der Pflicht zu bleiben, die unsere Freiheit uns eingehen ließ.

Hoc ipsum quod dico voluntarium, si quis ex propria voluntate semel admiserit et promiserit, deinceps tenendum; profecto in necessarium sibi ipse convertit; nec tam liberum habet dimittere, quod ante tâmen non suscipere liberum habuit; ideoque quod ex voluntate suscepit, ex necessitate jam tenebit: quia omnino necesse est eum reddere vota sua, quae

[164] Bern. De praecept. et dispen. nr 2 ; SBO Vol III p. 255

distinxerunt labia sua, et ex ore suo, aut condemnari jam, aut justificari[165].

Frage XX

Da der Ordensberuf nach Meinung Einiger im *Wesentlichen nur in den Versprechen der Armut, der Keuschheit und des Gehorsams besteht, die man genauso überall einhalten kann, scheint es, dass nichts die Ordensleute daran hindert, ihr Kloster zu verlassen, da sie an allen möglichen Orten den Grund und das Wesentliche des Mönchslebens bewahren können.*

Antwort

Als Erstes, meine Brüder, kann man darauf antworten, dass diese drei Gelübde sich nicht so leicht halten lassen, wie man denkt; und dass nach dem Empfinden der Heiligen die Ordensleute niemals aus ihren Klöstern heraustreten und besonders nicht zu Angelegenheiten, die nicht zu ihrer Gelübde gehören, dass sie sich nicht in extreme Gefahren begeben durch den Handel und die Gewohnheiten, die sie im Umgang mit den Menschen annehmen müssen, und durch eine generelle Entbehrung alles dessen, was ihnen in ihrem Kloster zur Verteidigung diente.

Und man könnte sicher sein, dass der größte Teil jener, die in der Abgeschiedenheit heilig leben, unfähig wären, einander bei der Beachtung dieser drei Gelübde zu stützen, wenn man sie aus der Regelmäßigkeit und aus der Disziplin der Klöster herausnehmen würde.

---

165 *Wenn jemand aus freiem Willen das, was ich freiwillig nenne, einmal angenommen hat und es von da an zu halten versprochen hat, wandelt er sicherlich dies in etwas für ihn selbst Notwendiges um, und es steht ihm nicht mehr frei, aufzugeben, was ihm zuvor freistand nicht anzunehmen. Und deswegen wird er notgedrungen halten, was er aus freiem Willen auf sich genommen hat. Denn die Gelübde, die seine Lippen ausgesprochen haben, muss er nun in jeder Hinsicht halten, und er muss damit rechnen, dass er schon aus seinem eigenen Mund heraus entweder verdammt oder gerechtfertigt wird.*

Das Zweite und Wichtige ist, dass das Ordensleben nicht in der Praxis der drei Gelübde Armut, Keuschheit und Gehorsam besteht, wenn man diese in einer groben, gemeinen und wörtlichen Weise versteht; sondern, wenn man ihnen die Geschlossenheit, die Vollkommenheit und den Umfang gibt, die sie haben müssen, wie wir es bereits erklärt haben. Und dass sie in diesem Fall eine so andauernde Beschäftigung mit Gott, eine so vollständige und vollkommene Herzensreinheit, eine Loslösung von allen weltlichen Dingen einschließen, dass sie sich weder vereinbaren lassen, noch dass sie fortbestehen bleiben mit ihren (weltlichen) Angelegenheiten, Bestimmungen, Unterordnungen und ihre Pflichten.

Wenn jemand Ihnen sagte, dass man Ordensleute in der Welt für die Angelegenheiten der Gemeinschaft sehe, dass man sie für beträchtliche Zeiten sogar an entfernte Orte sendet, ist es leicht, mit dem heiligen Basilius zu antworten, dass, wenn sie in diesen Fällen ihre Klöster wegen der Bedürfnisse und Notwendigkeiten ihrer Brüder verlassen, sie sich in der Welt als Glied und Teil des Leibes begegnen, dem sie angehören, und eine Tätigkeit ausüben, die ihrem Beruf natürlich ist. So sind sie in ihrem Stand und erhalten von Gott den Schutz, den er gewöhnlich jenen gibt, die sich an seinen Befehl halten. Aber derselbe Heilige sagt, dass wenn der das Kloster in Angelegenheiten der Gemeinschaft verlassende Ordensmann sich als zu schwach erweist, den Versuchungen standzuhalten, die in den Außenbeschäftigungen nur zu lebhaft und häufig sind, dann muss der Obere ihn im Kloster zurückhalten, und dass es kein Bedürfnis gibt, das man nicht ertragen müsste und wenn es die Brüder zum Tod führen würde, bevor man das Heil eines von ihnen aufs Spiel setzte.

Dieser große Gelehrte, der die Dinge mit Augen des Glaubens anschaute, und sie in ihrer Wahrheit sah, scheute sich nicht, sich von jenen überraschen zu lassen, die sie mit einem weniger gerechten und weniger reinen Blick betrachten. Er wusste, dass das zeitliche Leben für nichts gezählt werden muss, dass der erste Schritt, den der machen musste, der sich dem einsamen Leben verpflichtete, darin bestanden hat, das Verlangen nach seiner Bewahrung zu ersticken, ebenso wie die Furcht es zu verlieren, und dass das ewige Leben einziger Gegenstand aller Bewegungen seines Herzens wie auch all seiner Gedanken sein muss.

Frage XXI

Ist es nicht eine göttliche Vorschrift, seine Eltern zu lieben und zu ehren und gibt es folglich keinen Dispens davon? (...)

Antwort

Auch da wir schon früher auf diesen Einwand geantwortet haben, meine Brüder, unterlassen wir nicht, genau in wenigen Worten zu sagen : wenn es eine göttliche Vorschrift gibt, die uns befiehlt, unsere Eltern zu lieben, so gibt es auch eine, sie zu hassen, und diese darf nicht mit weniger Hingabe beachtet werden wie jene. (...)

Gott hat gesagt: Honora patrem tuum matrem tuam[166], und hat auch gesagt: Si quis venit ad me, et non odit patrem suum, et matrem suam, et uxorem, et filios, et fratres, sorores, adhuc autem et animam suam non potest meus esse discipulus[167].

[166] Mk 7,10: *Ehre deinen Vater und deine Mutter.*

[167] Lk 14, 26 – *Wenn jemand zu mir kommt, und nicht Vater und Mutter, Frau und Kinder, Brüder und Schwestern, ja sogar sein Leben gering achtet, dann kann er nicht mein Jünger sein.* (Einheitsübersetzung).

Der heilige Augustinus sagt, dass es den Christen auferlegt sei, aus Liebe zu Jesus Christus die Reichtümer, ihre Eltern und ihr eigenes Leben zu hassen:

De his omnibus mandatum acceperunt quod aliter discipuli Christi esse non possint[168].

Dies scheint ein Widerspruch zu sein. Doch ist es leicht, beide Willensbekundungen Gottes miteinander in Einklang zu bringen. In Wirklichkeit befinden sich darin keine Gegensätze, wenn man bei der Vorschrift das Unveränderliche vom Veränderlichen unterscheidet. Es steht fest, dass der Auftrag, seine Eltern zu lieben, ihn zu ehren und zu unterstützen, sich weder in seiner Substanz noch dem Wesen nach verändern kann. Und Gott wird niemals bei den Kindern diese Grundhaltung noch diesen Bezug der inneren Zuneigung und Dankbarkeit den Eltern gegenüber zunichte machen. Was aber die Praxis dieser Verpflichtung angeht, so kann er sie verändern. Sie hängt von Zufälligkeiten und Gegebenheiten des Lebens ab und Gott kann, wenn Er es für seinen Ruhm für wichtig erachtet, davon zeitweise entpflichten bzw. sie für immer außer Kraft setzen.

Obwohl die ewig wahren Vorschriften nie miteinander in Widerstreit liegen und die Liebe, die wir Gott schulden, nie der Liebe den Eltern gegenüber widerspricht, gibt es trotzdem oft Unvereinbarkeiten in der Ausübung dieser Pflichten. Es kommt vor, dass die Liebe zu Gott Kinder zu Handlungen verpflichtet, die dem, was die Elternliebe von ihnen fordert, entgegengesetzt sind. In diesem Fall bevorzugt und führt man

---

169 Aug.: Epist. 89 – Aus all dem haben sie dieses Gebot angenommen, weil sie sonst keine Jünger Christi sein können.

den Willen Gottes aus, ohne dem Gesetz, das uns gebietet, unsere Eltern zu lieben, Abbruch zu tun. .

Ich sage, dass sie sich nur zum Schein ausschließen, weil sie es in Wirklichkeit nicht tun, da es keine wahrhaftige Liebe gibt, die nicht dem Gebot Gottes unterliegt und die nicht dem Grundzug Seiner göttlichen Absichten entspricht. So werden wir nach den Worten der Schrift als solche bezeichnet, die ihre Eltern hassen, wenn wir sie verlassen, um Jesus Christus nachzufolgen, oder wenn wir ihnen die Unterstützung und Hilfe verweigern, zu der uns das Naturgesetz und die natürliche Zuwendung drängt. Und diese nach außen so scheinende Hartherzigkeit wird, obwohl sie ganz von Liebe geprägt ist, wie eine Art Hass angesehen, weil sie so den Anschein gibt.

Tugenden können sich nicht gegenseitig außer Kraft setzen. Die Wahrheit und die Barmherzigkeit stehen stets in Einklang zueinander und gehen nie verschiedene Wege. Gerechtigkeit und Milde geben einander die Hand[169].

Trotzdem verpflichten sie uns zu Taten und Verhaltensweisen, die widersprüchlich erscheinen. (…)

Moses verlor keineswegs den Verdienst der Milde obgleich er so viele Tausende Menschen über die Klinge springen liess[170]. Die Leviten, die seine Befehle ausführten, oder eher jene des Herrn durch seinen Mund erhielten, tränkten ihre Hände im Blut ihrer Väter, ohne dieses ewige Gesetz zu verletzen, das befiehlt, sie zu ehren; und man kann sagen, dass sie im Grund ihres Herzens eine Rücksicht auf sie haben, die sie

170 Ps 84,11.
171 Ex 32, 27-29

nicht in ihren Taten auszudrücken durften. Gott war auch besorgt, ihr Verhalten durch dieses Zeugnis zu rechtfertigen, das er zu ihren Gunsten erteilen wollte: *Qui dixit patri suo et matri suœ nescio vos, et fratribus suis ignoro vos, et nescierunt filios suos; hi custodierunt eloquium tuum et pactum tuum servaverunt*.[171]

Mit umso grösserem Recht können Kinder in den Klöstern bleiben, wenn der Anruf Gottes und die Treue zu ihrem Gelübde sie dort hält, und ihren Eltern selbst in dringlichster Not ihren persönlichen Beistand verweigern, ohne dabei befürchten zu müssen, in diesem Punkte der vollkommenen Ausübung des Gebotes zuwider zu handeln. Insbesopndere gilt dies, wie wir schon sagten, weil die Klöster verpflichtet sind, für die Eltern jene Sorgen und Dienste zu übernehmen, die die Kinder aufgrund ihres Standes nicht mehr leisten können.

Frage XXII

Muss man nicht die große Anzahl Doktoren und Casuisten zu Wort kommen lassen, die die gegenteilige Meinung vertreten?

Antwort

Es gibt nicht den geringsten Anschein, dass die Autorität dieser modern Gelehrten mehr Gewicht hätte als jene des heiligen Basilius, des heiligem Gregor von Nazianz; des heiligen Hieronymus, des heiligem Johannes Klimakus, des heiligen Bernhard, des heiligen Thomas und all der anderen Heiligen, von deren Zeugnis wir berichtet haben. Sie hatten von Gott den Geist, den Charakter und die Aufgabe erhalten. Die glü-

172 Wer zu seinem Vater und zu seiner Mutter sprach: Ich kenne euch nicht; und zu seinen Brüdern: Ich weiß von euch nichts; und die nichts wissen wollten von ihren Söhnen, diese haben deine Rede bewahrt, und deinen Bund gehalten.

hende Kohle[172] des Propheten hatte ihre Lippen genauso wie ihre Herzen gereinigt; und man kann sie ohne Furcht zu Rate ziehen, ebenso wie die weltlichen Führer, Meister und Gelehrten.

Es gibt nichts von all dem, das diesen neuen Doktoren passen würde, die zum größten Teil, keinerlei Gelübde haben, heilige Gegenstände zu behandeln, außer dem, den sie sich selbst zurechtmachten, und von dem sie ganz menschlich gesprochen haben, uns ihre Gedanken als bleibende Wahrheiten verkauft haben und ebenso viel Sorge darauf verwandten, die Neigungen der Natur zu verstärken, wie die Heiligen angewendet haben, um sie zu zerstören.

Man würde gar nicht enden, wenn man sich verbreiten und über alle Gründe berichten wollte, die gegen die Meinung jener stehen, welche die Klostertore für die Ordensleute öffnen wollen, die die göttliche Vorsehung für sie auf immer geschlossen hat; und die entgegen seiner Bestimmungen und seiner Gebote behaupten, Seelen, die nach seinem Herzen gewählt wurden, seiner Hand zu entreißen oder eher gewaltsam aus seiner Brust herauszureißen, und die er vor der weltlichen Unreinheit bewahren wollte, um von ihnen Verehrung und Dienste zu erhalten, die Seiner würdig sind.

Doch wenn diese Gründe weniger gewichtig und zahlreich wären, wie sie es in der Tat sind, dann würden schon die Nachteile, die aus diesem Gefühl entstehen, ausreichen um zu beweisen oder zumindest einen berechtigten Vermutung zu erzeugen, dass es ziemlich schwierig ist, dass

173 Jes 6, 6

eine Meinung die Wahrheit auf ihrer Seite hat, die so gefährliche Wirkungen und Folgen zeitigt.

Erstens streut sie Ärger und Verwirrung in die Klöster: sie stößt das ganze Ziel mönchischen Lebens um, sie nimmt ihm weg, was sein Hauptgrund ist, die Ruhe und die Stille: sie macht aus einem Hafen und Zufluchtsort ein Zentrum des Sturmes, indem sie ihnen auferlegt, von dem Ort zu flüchten, der ihnen als Deckung dient und sich so erneut im Meer der Weltlichkeit zu finden, von dem sie behauptet hatten, sich auf immer zurückzuziehen. Schließlich tötet sie Seelen, die zu schwach sind, um die Luft der Welt zu atmen, ohne von ihr angesteckt zu werden, und die das Leben in der Stille und dem Frieden der Zurückgezogenheit weder finden, noch behalten können.

Zweitens, der Mönch, der in die Welt zurückkehrt, riskiert nicht nur seine Person und sein Heil, sondern auch das aller seiner Brüder. Denn es gibt nichts normaleres und was sich leichter ereignen kann, als diesen Ordensmannvoll aller schlechter weltlicher Grundsätze zurückkehren zu sehen, die er vergessen oder vielleicht nie gekannt hatte ; und der weil er aufgehört hatte, unter der Disziplin zu leben, weder den Geist noch die Regelmäßigkeit der Religion beibehielt, seine schlechten Empfindungen wieder aufnehmen wird, und den übrigen Brüdern die Lockerungen mitteilen wird, in die er selbst gefallen sein wird, und so eine sehr heilige Gemeinschaft in ein Haus der Unordnung und Skandale verwandeln würde.

Drittens, wenn die äußerste Armut der Eltern einen Ordensmann gezwungen hat, sein Kloster zu verlassen, gibt es viele weitere Gründe, die ihn dann in der gleichen Pflicht festhalten werden. Denn, weil sein hohes Alter, der Verlust seiner Frau und seiner Kinder, wenn er sich in einem Zustand der Hilflosigkeit und trostlos im fortgeschrittenen Alter befindet, ein wichtiger Prozess, von dem seine Ehre, seine Freiheit, Erhalt oder Verlust seines Vermögens abhängen kann; weshalb, frage ich dann, wird nicht all das zu einer gleichen Erwägung führen, und wird es nicht einen gerechten Grund abgeben für den Mönch, seine Unterstützungen den Eltern zukommen zu lassen. Welchen Grund gibt es, zu wollen, dass dieses Gebot ihn nur im Fall seiner extremen Armut zwingt, und dass er für weniger dringende Anlässe davon entbunden wird? Wer hat entschieden, dass dieses Gebot, das eine so weitreichende Bedeutung hat, auf diese einmalige Notwendigkeit zu reduzieren ist, und dass die Anweisung die Gottes Sohn den Pharisäern gibt, bezogen auf die durch Gelübde geweihten Personen, sie nur dann verpflichtet, wenn es um das Leben ihrer Eltern geht? Wer hat uns gesagt, dass diese Worte: *Honora patrem et matrem* bedeuten, dass ein Ordensmann davon befreit ist, wenn er seine Eltern nur bei jener letzten Not unterstützt und nicht auch immer dann, wenn er durch seine Besorgung ihnen große Güter verschaffen oder sie vor großen Nachteilen bewahren kann?

Viertens, wenn die Ordensleute ihr Kloster verlassen müssen, weil es ein Gebot gibt, das uns befiehlt, unsere Eltern zu ehren, müssen sie es nicht auch verlassen, weil es ein anderes gibt, das ausdrücklich sagt, dass wir unseren Nächsten wie uns selbst lieben müssen? Und obwohl es jenem gegenüber in der Liebes-Ordnung nachrangig ist, die bisher bestimmte, dass dieser Unterschied sie zwingt, eine entsprechende Ungleichheit gegenüber ihren Eltern im Verhältnis zum Rest der Menschen anzuwenden; und da man die Ersten unbedingt unterstützen muss, können sie die anderen berechtigterweise von jeder Hilfe und jeder Unterstützung ausschließen? Denn, wenn man diese Pflicht der Ordensleute hinsichtlich ihrer Eltern nur mit dem göttlichen Gebot begründet; dann findet sich dieser selbe Grund hinsichtlich des Nächsten und muss folglich zu seinen Gunsten ähnliche Pflichten verursachen.

Wenn man es darauf begründet, dass uns die Eltern das Leben gegeben haben, kann es Menschen geben, die es uns nach den Umständen in Form von Willen, Wissen und Zuneigung bewahrt haben, und die sich sogar aus Liebe zu uns einigen Gefahren ausgesetzt haben, die unseren Eltern niemals drohten, von denen wir den Vorteil der Geburt erhielten. Ebenso wenn die verschiedenen Bedürfnisse der Freunde wie jene der Eltern den Ordensleuten als Gründe und legitime Erwägungen dienen, um ihre Klöstern verlassen zu können, wird sich die Welt mit vagabundierenden Ordensleuten und Nonnen füllen, und man wird in den Klöstern nichts als Bewegungen, Unruhe und Aufregungen sehen. Schließlich, da diese Meinung die ganze Wirkung und die Frucht des zurückgezogenen Lebens verhindert, widersetzt sie sich offensichtlich den Absichten Jesu Christi und ruiniert mit ihren sicheren Folgen eins der schöpferischsten Mittel, die in der Kirche etabliert sind für die Heiligung ihrer Vertreter, seit dort das Martyrium und die Verfolgungen aufhörten.

Fünftens, jene die dieses Empfinden unterstützen, beleidigen die Majestät Gottes, egal was sie auch sagen; sie halten den Menschen von Seinem Dienst ab, und binden ihn an den für die Geschöpfe. Sie platzieren sie in sein Herz und an einen Ort, der ihnen nicht gebührt; sie nehmen Gott ein Recht weg, über das er zufolge seiner Allmacht unabhängig verfügen und das er zum beliebigen Gebrauch verwenden kann. Sie zerstören die Frömmigkeit unter dem Vorwand, sie zu bewahren; sie stellen einen falschen Kult anstelle des echten auf, indem sie sich dazu der Autorität der Schriften bedienen durch eine gemeine Illusion für die Mehrzahl derer, die den Meinungen ohne jeden Wahrheitsgehalt Farbe geben wollen. Diese produziert eine schier unendliche Anzahl von Unfällen und gefährlichen Schwierigkeiten, deren geringste schon Gründe und Motive abgeben, die einen Geist überzeugen können, der die Dinge ohne Vorurteil anschaut, und ihn dazu bringen, der Meinung der Heiligen diesbezüglich zu folgen und mit ihnen zu sagen, dass der Ordensmann mit der Welt nichts gemein habe; und dass er davon durch seinen Beruf ebenso getrennt ist, wie durch den natürlichen Tod; und um jenen zu antworten, die ihn zwingen möchten, ihre Verlegenheiten und Sorgen abzunehmen: *Quid quaeritis viventem cum mortuis*[173]. Dass es eine Täuschung ist, die Lebenden in den Gräbern zu suchen und Lebensregungen von jenen zu fordern, die dieses Prinzip nicht mehr besitzen. Schließlich mit dem Apostel auszurufen: „dass man keinesfalls die Ruhe meiner Zurückgezogenheit durcheinander bringt; die Welt hat auf mich kein Recht mehr wie früher; ich bin tot, und ich trage in meiner Person die Zeichen und Charakteristika der Kreuzigung Jesu Christi: *Nemo mihi molestus sit; ego enim stigmata Domini Jesu in corpore meo porto*[174] .

Wenn man euch die Autorität des Konzils von Gangres[175] entgegenhielte, die ein Anathema gegen jene verhängt hat, die behaupten, dass

174 Lk 24, 5 - *Was sucht ihr den Lebenden bei den Toten?*
175 Gal 6, 17 – *Niemand sei mir lästig, denn ich trage die Wundmale Jesu an meinem Leib.*
176 Konzil von Gangra, Kan.16

die Kinder die Welt verlassen und sich von ihren Vätern und Müttern trennen können, obwohl sich diese in dringenden Bedürfnissen befinden; ihr könnt antworten, dass die Tatsache, gegen die das Konzil sich erklärt, eine ganz andere ist als die, worum es sich hier handelt. Es verurteilt einen Ketzer, der neben vielen bösartigen Fehlern, die er in der Kirche verbreitete, wollte, dass die freien Personen unter dem Vorwand einer falschen und vorgetäuschten Frömmigkeit ihre Eltern verlassen und sie bar jeder Hilfe in einer Notlage zurücklassen, in der sie sich befinden.

Was uns betrifft, meine Brüder, sehen wir uns vor, nichts dergleichen zu sagen: wir sprechen nur über jene, die nach Gottes Ordnung und durch die Leitung seines Geistes bereits heilige und rechtmäßige Pflichten übernommen haben, die sie daran hindern, in die Welt zurückzukehren. Und außerdem glauben wir, dass die Klöster verpflichtet sind, Familienmitglieder zu unterstützen und bei extremer Not zu ihren Gunsten das zu tun, was ihre Kinder selbst nicht mehr können und dürfen. Ihr könnt hinzufügen, dass, wenn diese Meinung durch dieses Konzil verurteilt worden wäre, der heilige Gregor von Nazianz und der heilige Basilius es nicht gelehrt hätten, da sie die Entscheidung eines Konzils nicht ignorieren konnten, das in ihrem Land zu ihrer Zeit zusammengetreten war, und sie nicht versäumt hätten, ihm zu folgen und sich zu unterwerfen.

Frage XXIII

Habt ihr uns nichts weiter zu diesem Thema zu sagen?

Antwort

Obwohl die Schwierigkeit vollkommen geklärt sein sollte, fügen wir dennoch die folgenden Überlegungen hinzu, damit Euch kein Skrupel bei einer so wichtigen Materie verbleibt.

Erstens, wie wird ein Mönch, der in strenger Observanz und Disziplin lebt, von der Not erfahren, in der seine Eltern sich befinden, er, der mit der Welt keinen Umgang mehr hat, der jeden Handel mit den Menschen abgebrochen hat, mit seinen Angehörigen noch viel mehr als mit den anderen, weil der Umgang mit diesen für ihn besonders gefährlich ist? Erfährt er die Nachricht davon durch eine Weissagung oder besondere Offenbarung, er, der keine Briefe mehr von irgendjemandem erhält, wenn er in seinem Beruf so regeltreu ist, wie er sein muss? Man wird sagen, dass man es seinem Oberen schreiben und ihm davon die Kenntnis geben könne. Das ist wahr, und so sollte es sein. Aber ist es in diesem Fall nicht richtiger, schneller und vorteilhafter für den Sohn und für die Eltern, dass der Obere, der seinen Stand und seinen Bedarf kennt, diesen aus dem Vermögen der Kommunität unterstützt, und ihm die notwendigen Hilfen gewährt ? Den Eltern wird mit größerer Sicherheit, Schnelligkeit und reichlicher geholfen, und der Sohn kommt auch besser zu seinem Recht, weil er durch dieses Mittel mit Gott verbunden und in seinem Kloster bleibt, ohne Ablenkung, ohne Zerstreuung und bei allen körperlichen und geistigen Übungen, die sein Gelübde von ihm verlangt.

Zweitens: unter vierhundert Ordensleuten gibt es vielleicht nicht einen, der ein Handwerk kennt, noch dass er folglich seinen Eltern die Unterstützung geben kann, die man vorgibt, ihnen zu gewähren. Denn er ist ihnen nicht dadurch nützlich, dass er sie mit den Augen anschaut, sondern dass er mit seinen Händen arbeitet. Von da an, wo er ortsbeständig und dauerhaft ein Ordensmann ist, und die Eltern sich auf seine Hilfe verlassen würden, werden sie ohne Hilfe bleiben; der Mönch, der nichts vom Handwerk versteht, bleibt unfähig ihnen zu helfen und der Obere des Klosters, dem nicht der Gedanke kommen wird, dass ihn diese Verpflichtung angeht, wird ohne Skrupel die Eltern in Not und Elend Hungers sterben lassen. Und das einzige Mittel, das man anwenden kann, diesen Missstand zu verhindern, besteht darin, auf das Empfinden des heiligen Basilius einzugehen und zu befürworten, dass die Kongregation anstelle des Mönchs eintritt, beginnend vom Zeitpunkt der Profess, und dass seine Verpflichtung, den Eltern zu Hilfe zu kommen auf die Gemeinschaft übertragen wird, in der er sich engagiert.

Drittens, wenn man sagt, dass dieser Mönch, der kein Handwerk versteht, sich verdingen und als Tagelöhner arbeiten solle, ist es leicht, zu antworten: das ist eine Illusion, und dass ein Mann, der nicht an Schmerzen und Ermüdung gewöhnt ist, wie die Mehrzahl der Ordensleute, die ein zartes, bequemes, leichtes Leben führen, und die folglich nicht fähig sind, das zu verdienen, was für ihren eigenen Unterhalt notwendig wäre, dies noch viel weniger durch Annahme einer Arbeit könnten, die den Unterhalt ihrer Eltern und des eigenen ausreichend abdecken kann.

Viertens, wenn man behauptet, dass ein Ordensmann das Almosen verlangen könne, hat man nicht bedacht, dass ein so außergewöhnliches Ereignis alle Welt erstaunen würde; man würde nicht akzeptieren, dass ein Ordensmann eines reformierten Ordens durch die Straßen und von Tür zu Tür der Häuser geht, um Brot oder Geld zu erbetteln, indem er die Not seiner Eltern schildert. Und wenn es doch stattfände, gäbe es niemand, der nicht von einem solchen Schauspiel verletzt wäre, der nicht von einem so außergewöhnlichen Betragen schockiert wäre, und der nicht diesen Ordensmann als extravagant ansehen würde, oder der nicht das Kloster der Härte und Unmenschlichkeit anklagen würde, weil es Eltern und Sohn in einer so extremen Verlegenheit und erbarmungswürdigen Lage belassen würde?

Fünftens, wenn man annimmt, dass ein Ordensmann ein Handwerk versteht, das ziemlich selten ist, und man will, dass er deswegen sein Kloster verlässt, um es in der Welt auszuüben, muss man nicht sagen, dass man nicht weniger überrascht und schockiert wäre, ihn mit oder ohne Habit an Arbeitsplätzen und bei einer der standesgemäßen Erbauung so unzuträglichen Beschäftigung zu sehen, auf dem Dachfirst, die Kelle in der Hand, einen Eimer auf den Schultern ? Wenn dieser Ordensmann zum Beispiel von Beruf Rechtsanwalt war, wird er zurückkehren in die Advokatur? Wenn er Chirurg war, wird er seine Arbeit wieder ausüben? Wenn er Kaufmann war, wird er in seinen Laden zurückkehren und den Handel wieder aufnehmen?

Wenn man dem entgegenhält, dass es Berufe gibt, die man in der Verborgenheit des Hauses, von allen unbemerkt, ausüben kann, wird sich ein anderer Nachteil ergeben, nämlich zu wissen, dass diese so unentbehrliche, so wichtige ausgedehnte Verpflichtung nur die Ordensleute betrifft, die im Zimmer arbeiten können, und dass die anderen davon entbunden werden; und das bedeutet, sie zu negieren und auf eine simple Einbildung zu reduzieren.

Sechstens: kann es sich nicht ergeben, dass die Eltern in Not und jedoch der Ordensmann behindert ist? Ich möchte, dass man mir für diesen Fall sagt, was aus den Eltern werden soll, wenn das Kloster nicht für deren Unterhalt eintritt, da der Sohn außer Stande ist, dazu beizutragen?

Siebtens: wäre es etwa recht, zu sagen, dass ein Untertan seine Pflicht verletzt, der sich auf Befehl seines Fürsten in den Krieg begeben muss, der aber durch seine Geschäfte oder Krankheit an der Gestellung verhindert ist und deswegen seine Vertreter entsendet; hätte man den geringsten Anlass, sich über ihn zu beklagen? Wenn ein Mensch einem anderen Geld schuldet, und er würde sich des zu belastenden Gutes entledigen, indem er ihm eine andere viel vorteilhaftere Hypothek überlassen würde, die sicherer und abgesichert ist; hätte man Grund, dies als bösgläubig oder ungerecht anzuklagen? Es ist ein fast ähnlicher Fall, denn der Mönch, der nach dem natürlichen Recht seinen Eltern zu Hilfe kommen muss, ist daran durch die Pflichten gehindert, die er gegenüber Jesus Christus übernommen hat, und der Obere des Klosters bleibt in dieser selben Verpflichtung mit diesem Unterschied, dass die Bedingungen für die Eltern dadurch viel besser sind, weil die geringste Krankheit oder der Tod den Sohn daran hindern könnte, ihnen diese Hilfe zu gewähren, und der Obere, das heißt die Gemeinschaft, die nie krank ist oder stirbt, immer im Stand ist, diese Hilfe zu leisten.

Achtens: welche Hilfe können die Eltern von ihrem Sohn wünschen, die das Kloster ihnen nicht viel besser böte, als er es selbst könnte? Handelt es sich darum, sie während des Tages zu leiten, oder während der Nächte aufzupassen, scheint es nicht viel besser, wenn das Kloster einem Mann oder einem Wächter Geld gibt, die an diese Tätigkeiten gewöhnt sind, als einen Ordensmann darauf anzusetzen, der dafür weder das Geschick hat noch die Intelligenz, noch die Gewandtheit, und der folglich sie in ihrer Bedrängnis eher belästigen als ihnen helfen würde? Benötigen sie Brot oder Getreide, ist es nicht besser, das Kloster zweigt es aus seinen Speichern ab, als so etwas auf die Arbeit des Mönchs abzuschieben, der bei all seiner Mühe sich selbst nicht ernähren kann, oder der von da an, wo er sich dieses Werkes annimmt, nicht beides kann: arbeiten und seinen Eltern die notwendige Unterstützung bieten? Und ist es nicht offenkundig, dass es keinen Fall gibt, wo die Eltern nicht mehr Hilfe aus der Gemeinschaft erhielten, als von der Person ihres Sohnes allein?

Schließlich: zu welcher Arbeit und welcher Beschäftigung man den Ordensmann auch bestimmt, den man aus seinem Kloster abziehen will, man könnte nicht vermeiden, dort Unvereinbarkeiten, Folgen und widrige Auswirkungen auf das erwartete Ziel und Wohl festzustellen, so dass man, wenn man das beachtet, zustimmen wird, dass diese in der theoretischen Überlegung einleuchtend scheinende Ansicht in der Praxis nicht trägt; und dass die Zuwendung des Oberen zu den Bedürfnissen der Eltern all diese Verlegenheiten und Schwierigkeiten aufhebt; dass, wie man behauptet, soweit auch das Recht und die natürliche Elternliebe verletzt würden, diese seine Pflichten im Gegenteil alle vollkommen erfüllt werden. Man gibt dem Kaiser zurück, was dem Kaiser gehört und Gott, was Gott gehört[176]; denn man zieht nicht das Opfer vom Altar zurück, das ihm angeboten und geweiht worden ist, und die Eltern finden in der Barmherzigkeit jenes, der die Stelle ihres Sohns einnimmt, die Unterstützung, die dessen Beruf ihm nicht mehr erlaubt, ihnen zu geben.

In einem Wort, anstatt durch dieses Verhalten vom natürlichen Recht abzuweichen erfüllt man in Fülle und mit Übermaß alles, was ihnen gebührt, und man gibt ihnen in vollem Maß zurück, was ihnen nach diesen Schriftworten geschuldet werden kann: *Mensuram bonam, confertam, coagitatam et supereffluentem*[177].

Seien diese Wahrheiten auch sehr beständig, und dass ihnen nichts fehlt, was ihnen Glaubhaftigkeit verleiht, entweder von Seiten des Verstandes oder seitens der Schrift oder der Beispiele und der Lehre der Heiligen, dennoch überzeugen sie wenige Personen. Die Eltern tun sich schwer, auf ein Recht zu verzichten, das ihnen als einziges Zeichen der Autorität verblieben ist, die sie behaupten, über ihre Kinder zu haben, wenn sie Ordensleute sind. Die Kinder werden einer so strengen Trennung nicht weniger zustimmen. Von den Leuten, die in der Welt leben, werden die Weltmenschen sich nie in eine Bestimmung begeben, die so im Widerspruch zu allen Inspirationen des Fleisches und des Blutes steht. Und von denen, die Geist, Frömmigkeit und Erleuchtung haben, gibt es weniger als man denkt, die auch der Armut fähig sind, in der man sein muss, um derart reine und befreite Gedanken zu kosten. Die

177 Vgl. Mt 22, 21
178 *Ein gutes, voll gestopftes, zusammengerütteltes und überfließendes Maß (wird man in euren Schoß geben),* vgl. Lk 6,38.

Welt ist, egal was man sagt, eine niedrigere Region, die nie ohne Dämpfe ist, die Luft ist dort nicht ganz rein; und der Himmel ist dort nie so klar und so ruhig, dass sich dort niemals einige Schatten und Wolken bilden.

Aber was die Ordensleute unserer Zeit angeht, sind sie es in der Mehrzahl selbst, wo diese Wahrheiten die meiste Gegnerschaft erfahren. Denn da es nichts gibt, das größere und echtere Ideen der Heiligkeit ihres Standes hervorbringen kann, noch was dessen Tiefe und den Umfang besser erschließt, gibt es auch nichts, das gegen sie ein strengeres und sichtbareres Urteil spricht, indem es mit dem Finger auf das extreme Missverhältnis deutet, das sich zwischen ihren Pflichten und ihren Werken auftut. Denn, wenn Gott sie von allen weltlichen Pflichten entbindet, geschieht dies nur, damit sie sich ausschließlich mit Ihm befassen; er belädt sie mit Pflichten für sich, ebenso wie er sie hinsichtlich der Menschen davon befreit. Und es ist wahr, dass, wenn ihnen die heiligsten Tätigkeiten verboten sind, weil sie einen Bezug zur Welt haben, die sie verließen, wenn die Taten und Werke, die für die Weltlichen heiligmachend sind, für sie Unrecht sind, kann man in ihren Personen Vergnügungen, unnütze weltliche Unterhaltungen, angenehme Besuche, Geschäfte und Angelegenheiten nur als Entweihungen und kriminelles Verhalten betrachten.

So darf es nicht befremden, wenn dieser Verzicht der Kinder hinsichtlich ihrer Eltern als ein Auswuchs christlicher Moral angesehen wird. Wenn so viele Personen sich engagieren um ihn durch Interessen und andere Erwägungen zu bekämpfen, erhebt sich die Menge und zeiht jene der Unmenschlichkeit, die ihn unterstützen. Aber hinsichtlich der evangelischen Räte gilt nicht, dass Volkes Stimme die Stimme Gottes ist. Die größten Wahrheiten sind jene, die weniger im Kurs sind, und die wenig Beifall bei den Menschen finden. Und eines der günstigsten Vorurteile, die sie haben können, ist, dass sie wenig bekannt oder viel bekämpft sind. Aber trotz der Gegnerschaft der sinnlichen Menschen und der Doktoren, die ihnen schmeicheln, behalten sie immer ihre Autorität in der Kirche bei.

Diese sind in allen Zeiten zutiefst in die Herzen aller heiligen Ordensleute eingeprägt worden: und da sie sich Gott bis zur völligen Hingabe dargeboten haben und da das Feuer ihrer Liebe im Opfer nichts anerkannte, wenn es nicht völlig zerstört war, haben diese von allen natürlichen Zuneigungen reinen Seelen, die das Glück kosten, einen Vater im Himmel zu haben, ohne Schmerz den vergessen, den sie auf der Erde hatten.

Und dies werden jene prüfen, die sich Gott mit den Bestimmungen hingeben, die die Weihe ihrer Gelübde verlangt, und die Jesus Christ vollkommen rückhaltlos folgen. Sie finden so viel Nutzen, Trost und Ehre in dieser neuen Verbindung, dass ihrem Gedächtnis die Erinnerung an alles, was sie noch den Interessen der Menschen verpflichten könnte, völlig entschwindet. Und wie Gott der alleinige Gegenstand ihres Verlangens und ihrer Gedanken sein wird, der allein den ganzen Raum ihres Herzens und ihres Geistes füllen wird, so werden sie in ihm durch eine vorweggenommene Seligkeit ohne Sorgen und Eifer all jene sehen und lieben, die das heilige Gesetz ihnen zu sehen und zu lieben nicht verbietet. Und da es ihnen nicht mehr erlaubt ist, sich im Tumult der Welt zu finden, um sich vergängliche Güter und Vorteile zu verschaffen, nutzen sie ohne Unterlass die Stille der Zurückgezogenheit, um aus seiner Güte echte Reichtümer und ewigen Wohlstand zu erhalten. Die Eltern, wenn sie echte Christen sind, schätzen sich glücklich, in der Person ihrer Kinder Fürsprecher bei Gott zu haben; und werden die Hilfen vorziehen, die diese ihnen im Himmel erwerben, gegenüber allem, was sie an irdischen Diensten und Nutzen hätten erhalten können.

Frage XXIV

Die Werte und Vorteile der Zurückgezogenheit sind also so groß, dass man sie den so dringenden Erwägungen überzuordnen hat?

Antwort

Wenn die Ordensleute die Vorteile kannten, die darin liegen, ihre Tage in einer vollständigen Trennung von den Menschen zu verbringen, entweder wegen der Gefahren, die sie vermeiden, indem sie ein verborgenes Leben führen, oder wegen dieses Reichtums an Segen und Gnaden, den Gott jenen erweist, die ihm in Stille dienen, würden sie das Glück vorziehen, dort zu leben, und allen Beschäftigungen der Welt zu sterben; und ohne mindestens einen ganz offensichtlichen Befehl Gottes wäre nichts in der Lage, sie zum Verlassen ihrer Zurückgezogenheit zu bewegen.

Der heilige Gregor von Nazianz wurde von diesem Gefühl bewogen, wenn er ausruft[178]: Gefiele es doch Gott, dass ich einer leichten Taube oder einer Schwalbe gliche, um die Gesellschaft der Welt zu fliehen und mich in der Tiefe der Wüsten mit den wilden Tieren zu verstecken, wo man mehr Treue findet, als unter den Menschen und so meinen Lebens-

179 ? *Corresp. 6 ?*

lauf in einer Ruhe, frei von Schmerzen, Sorgen und Problemen zu vollenden; und dass ich nur darin mich von ihnen unterschiede, indem ich den Gebrauch des Verstandes beibehielte, dann würde ich meinen Geist zum Himmel erheben und in beständiger Ruhe diese ewige Klarheit genießen, dass ich wie vom Gipfel eines hohen Berges mit überragender donnergleichen Stimme diese große Instruktion allen Menschen gäbe: „O Sterbliche! die ihr nichts seid, und die nur leben, um zu sterben, bis wohin werdet ihr euch vergnügen an Träumen und Trugbildern wie Kinder? Bis wohin lasst ihr euch eitel durch niedrige Dinge hinwegtragen, durch die Unruhe und die Erregung eurer Gedanken?

So dachte der heilige Basilius[179], als er nach Klagen über das Elend der Welt und die Gefahren sagt, denen die ausgesetzt sind, die unter den Menschen leben: „Um sie zu meiden, habe ich mich in die Berge zurückgezogen wie ein kleiner Vogel, der den Netzen der Jäger entwich[180], und dass ich in der Wüste lebe wie es Jesus Chrisus tat. Dort findet man die Eiche von Mamre[181]; dort sieht Jakob die geheimnisvolle Leiter[182], die bis zum Himmel reichte, und wo Scharen von Engeln diesem heiligen Patriarchen erschienen. Es ist die Zurückgezogenheit, wo das israelitische Volk gereinigt wurde und Gottes Gesetz erhielt: es ist die Wüste, durch die es in das verheißene Land geführt wurde. Es ist dort, wo sich der Karmel befindet, auf dem der Prophet Elija[183] das Glück hatte, Gottes Wohlgefallen zu erlangen: Dorthin ist es, wo sich Esdras auf

---

180 *Epist ad Chil(auf Deutsch: Brief an ??)*
181 Ps 124 (123), 7
181 Gen 18, 1
182 Gen 28, 12
183 1 Kön 19

Gottes Befehl zurückzog und uns die göttlichen Schriften schenkte, die ihm vom Heiligen Geist diktiert wurden. Es ist in der Wüste, wo der glückliche Herold sich von Heuschrecken nährte und den Menschen die Buße predigte[184]; es ist dort, wo man den Ölberg sieht, der Jesus Christus diente, sich zurückzuziehen, als er dorthin ging, um zu beten und uns das Beten lehrte[185]: es ist dort, da er uns die Liebe lehrte, die er für die Zurückgezogenheit hegte; Es ist dort, wo man diese schmale und eng gezogene Spur findet, die zum Leben führt. Schließlich sind dort die heiligen Wohnungen, wo die Meister des evangelischen Lebens und die Propheten gewohnt haben, wenn die Ehre des Herrn und sein Dienst sie dazu brachten, durch Berge und Wüsten zu irren, und sich in Höhlen und Kavernen zurückzuziehen.

Wenn ihr, meine Brüder, all dies zu eurer Sache macht mit dem, was wir schon über das Empfinden der Heiligen in Bezug auf das Mönchsleben sagten, dann könnt ihr daraus nicht anders schließen, als dass Jesus Christus die Wüste stets als seinen Lieblingsaufenthaltsort angesehen hat. Sie ist der Ort, wo er alle seine segensreichen Gaben versammelt hat. Es ist der Ort, wo die Einsiedler die Wonne seines Herzens waren, wo er von Anbeginn der Welt wie über seine Engel herrschen wollte, und die Wüste war wie ein neuer Himmel, in der es ihm gefiel, sich ein Königreich zu errichten.

Und wahrhaftig, meine Brüder, können wir nicht behaupten, dass das, was sich im Himmel abspielt, auch in den Klöstern geschieht, wenn es der Geist Jesu Christi ist, der sie leitet? In der Tat, wenn die einzige Be-

---

[184] Mt 3, 4
[185] Jona 8, 1

schäftigung der Heiligen im Himmel darin besteht, Gott zu schauen, zu lieben und unablässig zu loben: *Videbimus, amabimus laudabimus*[186]; können wir dann nicht gleichermaßen sagen, dass das ganze Bestreben der Ordensleute dahin geht, Seine Gegenwart nicht zu verlieren, und dass sie bei aller Verschiedenheit ihrer asketischen Übungen nur das eine Ziel und den einen Wunsch haben, nämlich Ihm zu gefallen und Ihm ihre Liebe zu erweisen? Der Prophet sagt, dass die Heiligen keine Bedürfnisse mehr kennen, und dass sie nicht mehr zum Hunger, noch zum Durst geneigt sind, noch zu den zeitlichen Beleidigungen; *Non esuerent neque sitient et non percutiet eos aestus et sol*[187]. Und glaubte man nicht, dass die Einsiedler von sehr stabiler Natur sind, wenn man sieht wie sie sich ohne Furcht den wilden Tieren, der Wut der Barbaren, der Strenge der Jahreszeiten aussetzen; und besonders, wenn man sie betrachtet, bar aller Dinge, die für die Erhaltung des Lebens so notwendig scheinen.

Der gleiche Prophet sagt, dass die Heiligen ein Land bewohnen werden, wo es keine Anfeindung, keine Klage und keine Trauer geben wird und die Freuden von ewiger Dauer sein werden. *Gaudebitis et exultabitis usque in sempiternum... et non audietur in populo meo ultra vox fletus, et vox clamoris*[188]. Können wir nicht dasselbe über eine vollkommene Klostergemeinschaft denken? Da die Ordensbrüder dort in der Liebe zu Jesus Christus verbunden sind, kein Eigeninteresse haben, welches

---

[186] Augustinus, Sermo de Temp 153-*Wir werden sehen, lieben und loben*

[187] Jes 49, 10 *Sie werden nicht hungern noch dürsten und Hitze und Sonne werden sie nicht versengen.*

[188] *Idem 65, 18, 19 -Ihr werdet euch bis in Ewigkeit freuen und jauchzen...und man wird unter meinem Volk nicht mehr eine Stimme hören, die weint und schreit.*

sie trennt, und in Allem eine Einheit bilden, so befinden sie sich auch in einem tiefen Frieden. Die Reinheit ihres Gewissens macht ihre Ruhe unveränderlich und die Tröstungen, die sie genießen, erhalten immer wieder neue Kraft und erneuern sich ständig durch die Tränen, die sie vergießen, bei dem Gedanken, bei Gott Barmherzigkeit gefunden zu haben, und genauso bei der Erinnerung an ihre Sünden.

Schließlich, meine Brüder, gibt es auf Erden nichts, was diesem ewigen Sabbat nur annähernd gleichkommt, noch etwas, was uns lebendiger die vollendete Glückseligkeit der Heiligen vor Augen stellt, als ein Leben, welches man in einer klösterlichen Gemeinschaft bei Einhaltung der wahren Ordensregeln führt. Und man kann sagen, dass man dort die Erfüllung folgender Worte Jesajas sieht: „Der Herr wird aus der Wüste einen Ort der Wonnen machen, aus der Einöde ein Paradies, einen Garten Seiner würdig. Dort wird man nur Freude und Fröhlichkeit antreffen; alles klingt dort wieder von Danksagungen und Lobpreisungen; *Ponet desertum Sion quasi delicias, et solitudinem ejus quasi hortum Domini, gaudium et laetitia invenietur in ea, gratiarum actio, et vox laudis*[189].

Das ließ den heiligen Gregor von Nazianz[190] sagen, dass er nicht glaube, dass es irgend Vergleichbares mit dem Stand eines Menschen gibt, der die Tür seiner Sinne geschlossen hat und sich vom Fleisch und der Welt enthält, sich in sich selbst zurückzieht um mit den Dingen hienieden keinen Umgang zu haben (außer wo es unbedingt nötig ist), sich

---

[189] Jes 51,3:*Die Wüste Zions wird er gleichsam zur Wonne umgestalten und seine Öde wie zu einem Garten des Herrn. Freude und Fröhlichkeit wird man darin finden, Danksagung und Lobgesang*(Übers. aus der Vulgata)
[190] Orat. 1

einzig mit Gott unterhält, ein Leben oberhalb des Sinnlichen lebt, und in seinem Herz die lebendigen Bilder der göttlichen Mitteilungen trägt, frei von jeder Vermischung mit niederen Dingen, die immer voller Illusionen sind; dass er immer mehr zu einem sehr reinen und glänzenden Spiegel von Gottes Majestät und seiner unendlichen Vollkommenheit wird; dass sein eigenes Licht erleuchtet wird von Gottes Licht, das so vollkommen und so glänzend ist und in seinen so schattigen und dunklen Geist scheinen soll; dass er im Voraus die künftigen Güter und Seligkeiten in seinem sterblichen Zustand erntet. Schließlich, noch auf der Erde verlässt er diese durch das Wirken des Heiligen Geistes, um nur noch mit den Engeln Unterhaltung zu pflegen.

Zugegebenermaßen muß man jene beklagen, die an nichts denken, was mit dieser Gnadengabe in Beziehung steht,, anstatt so unverrückbare Wahrheiten auszukosten, sie zu lieben und deren Vorzüge zu nutzen, und dann durch ihre ganze Lebensführung bezeugen, dass die Liebe zu den weltlichen Dingen sie ganz in Beschlag nimmt und in ihren Herzen den Platz und den Rang einnimmt, den die Liebe nach einem Leben in Zurückgezogenheit einnehmen sollte.

Frage XXV

Ist die Zurückgezogenheit für die Oberen ebenso gut wie für die anderen?

Antwort

Das, meine Brüder, was wir über die Wachsamkeit der Oberen gesagt haben und über die Zuwendung, mit der sie für das Heil ihrer Brüder sorgen müssen, klärt die Frage, die ihr uns stellt, hinreichend.

Äbte müssen in völliger Zurückgezogenheit leben und in der Stille ihrer Klöster bleiben, es sei denn, dringende und legitime Notfälle zwingen sie dazu, diese zu verlassen.

Erstens haben sie bei der Ablegung ihrer Profess versprochen, zur festen Ordnung in ihrem Kloster beizutragen.

Zweitens sind sie dieselben Verpflichtungen eingegangen wie ihre Mitbrüder; in allem müssen sie ihnen ähnlich sein und sich durch nichts von ihnen unterscheiden, außer durch das, was mit ihrer besonderen Aufgabe und mit ihrer Vollmacht verbunden ist.

Drittens schulden sie ihren Mitbrüdern eine beispielhafte Lebensführung, besonders in den Dingen, die, weil am beschwerlichsten und mühsamsten, auch den größten Versuchungen unterworfen sind.

Da sie mehr als ihre Mitbrüder Ablenkungen ausgesetzt sind, ist es viertens für sie notwendiger als für jene, in der Ruhe der Zurückgezogenheit die Einbußen, die die Ausübung ihres Amtes mit sich bringt, wieder wettzumachen. Fünftens müssen sie ihren Mitbrüdern den Geist Jesu Christi vermitteln, Seine Standpunkte und Grundsätze; in Zurückgezogenheit müssen sie Ihn anrufen, auf Ihn hören und sich ganz von Ihm erfüllen lassen. Da es, sechstens, nichts gibt, wobei die Natur größere und heftigere Kämpfe führt als beim Ertragen der Zurückgezogenheit, wie der selige Guigo, Generaloberer der Karthäuser, anmerkt, *Nihil laboriosius in exercitiis, disciplinae regularis arbitramus, quam silentium solitudinis et quietem*[191]; gibt es auch keine Gelegenheit, in der ein Ordensmann die helfende Hand seines Abtes nötiger hätte. Der Abt wä-

[191] In Const. 114 – *.Nichts ist, so meinen wir, in den Übungen einer regelgetreuen Lebensweise mühseliger als die Stille und Ruhe der Einsamkeit.*

re für ihn ja auch gänzlich unnütz, wenn er nicht selbst in Zurückgezogenheit lebt, denn sein Beispiel führte ihn in Versuchung und würde ihn schwächen. Was sein Wort angeht, dient es ihm zu nichts, denn anstatt hilfreich zu sein, verliert es auf Grund seiner Lebensführung allen Nachdruck. So ist also, meine Brüder, nach all diesen Erwägungen ein Leben in Zurückgezogenheit für diejenigen, die ein Leitungsamt ausüben, eher angezeigt als für die, die ihnen untergeordnet sind.

Die Oberen schmeicheln sich fälschlicherweise einer herausgehobenen Stellung, die Gott ihnen nicht gegeben hat, und sie haben eine doppelte Verpflichtung, in ihrem Kloster zu leben, da sie dort ihren festen Standort als Ordensleute und ihren Sitz als Seelenhirt haben.

Wir lesen, dass der heilige Benedikt[192] gelobt hatte, einen Ort zu finden, um dort den Ort und die Lage für ein Kloster zu entwerfen, aber da die Liebe zu dem Wohnsitz ihn daran hinderte, sein Wort zu halten, hat Gott sein Handeln durch ein Wunder gerechtfertigt. Dieser Heilige erschien im Schlaf dem Oberen, der ihn erwartet hatte und zeigte ihm alle Dinge so, als ob er anwesend gewesen wäre.

Nachdem er Monte Cassino errichtet hatte, wählte derselbe Heilige diesen Ort zu seinem Wohnsitz, und behielt dort eine so strenge Abgeschiedenheit, dass, obwohl er mehrere Klöster in Italien gegründet hatte, wir nicht sehen, dass er jemals seins verließ, um sie zu besuchen.

Wer wird nicht am Beispiel des heiligen Bernhard finden, wie man sich im gleichen Geiste und im Verlangen nach einem zurückgezogenen Leben bestätigt? Obwohl er voller Licht war, dass er niemals aus seiner

---

[192] *Gregor der Große. lib 2 dialog in vita S Benedic cap 22 ???*

Zurückgezogenheit heraustrat, außer auf Geheiß Gottes wie eine Sonne zur Erleuchtung der Welt; und dass die in der Lehre berühmtesten Doktoren und Prälaten ihm in tiefer Stille als Apostel und Prophet lauschten; er unterließ nicht zu sagen, dass, wenn er es verließ, er sich fast genauso weit von Gott entferne, wie von seinem Kloster. Er schreibt an einen Kardinal[193], der ihn um einen Besuch gebeten hatte; er lässt ihn kommen, und wenn er ihn nicht finden wird, sei es keineswegs seine Trägheit, die ihn daran hindert, sondern dass er beschlossen habe, das Kloster niemals zu verlassen außer wegen bestimmter dringender und notwendiger Anlässe. Und durch einen anderen seiner Briefen sieht man, dass dies die Angelegenheiten seines Ordens[194], ein Befehl des Legaten des heiligen Stuhls[195] oder seines Bischofs waren.

Es gibt nichts Instruktiveres, als das was wir von diesem großen Heiligen lesen, wenn er seinen Stand bedauert, und dass er sich über diese unausweichlichen und dringenden Bedürfnisse beklagt, die ihn trotzdem zwangen, aus der Stille seiner Zurückgezogenheit herauszukommen, und sich mit weltlichen Angelegenheiten zu befassen.

Mein abscheuliches Leben, sagt dieser Gottesmann[196], und mein beunruhigtes Gewissen schreien und rufen nach eurer Hilfe; ich bin wie ein Wunder unserer Zeit, ich habe weder die Persönlichkeit eines Geistlichen, noch eines Laien; denn die des Mönches habe ich seit langem verlassen, auch wenn ich noch dessen Gewand trage: *Clamat ad vos*

---

[193] Epift. 17 Ad Petrum, Diaconum Cardinalem SBO Vol. VII p. 65 l.5-10

[194] Epist. 228 Ad Petrum Cluniacensem Abbatem ; SBO. Tom VIII, p.99 n° 2, 13-15

[195] Epift. 48 n° 2 , 21-24 Ad Haimericum ; SBO. Tom. VII p. 138

[196] Ep 250 Ad Bernardum, priorem Portarum SBO Tome VIII p.147 n°4, 1-7

monstruosa mea vita, mea aerumnoasa conscientia; Ego quœdam chimera mei saeculi, nec Clericum gero, nec Laicum; nam Monachum jam dudum exui conversationem, non habitum[197].

Dieser von Gott geleitete Heilige, nimmt durch einen so erstaunlichen Vorwurf gegenüber jenen Berufskollegen jeden Vorwand hinweg, die sein Beispiel missbrauchen möchten, die als Regel annehmen, was er als gegen die Regel bestimmt hatte; und die als ein Gesetz befolgen, was richtig verstanden eine Befreiung vom Gesetz war.

Denn die Welt ist voller Menschen, die durch die Bewegung ihrer Unruhe und ihrer Leidenschaften das tun, was die Heiligen durch eine Bewegung der Gnade taten; und die versuchen, die Unordnung ihrer Herzen durch die Taten der Gottesdiener zu rechtfertigen, die nur durch eine außergewöhnliche Vorsehung und die Wirkung ihres Gehorsams geleitet sind: Damit erreichen sie nur zu oft, dass die Kinder der Finsternis zu ihrem Schaden das nachahmen, was die Kinder des Lichtes für ihre Heiligung tun.

Frage XXVI

Kann ein Oberer das Kloster nicht verlassen, um Besuche zu erwi-

[197] *Mein monströses Leben, mein kummervolles Gewissen schreit zu euch. Ich bin in gewisser Weise die Chimäre meines Jahrhunderts; ich gebe weder den Kleriker noch den Laien ab. Denn schon lange habe ich die Lebensweise eines Mönchs abgelegt, wenn auch nicht das Ordensgewand.*

dern?

Antwort

Er kann es nicht; es ist ein Zwang, von dem sein Beruf ihn befreit, es ist eine Pflicht, um die die Welt ihn nicht mehr bitten darf, und die er ihr nicht mehr erwidern muss. Er hat sich mit der Regel einer heiligen Freiheit überantwortet, die ihn von den Geschöpfen loslöst, um ihn nur Jesus Christus zu unterwerfen. Er muss von nun an solche Besuche zur Gruppe der Unnützigkeiten zählen, die ihm auf keinen Fall erlaubt sind; und er täuscht sich, wenn er glaubt, dass sie zum Erwerb oder Erhalt von Freunden notwendig seien. Er muss wissen, dass er von den Menschen nie mehr wahrgenommen wird, da er weniger Handel mit ihnen treiben wird; und wenn sein Leben in allem eintönig ist und wenn er in den anderen Punkten der Regel ebenso treu ist wie in diesem, werden die Menschen dadurch erbaut werden und für seine Person und für sein Verhalten nur Respekt haben.

Zu diesem Thema sieht man ein Beispiel großer Erbauung in der Geschichte der Unbeschuhten Karmeliten von Spanien[198], das verdient erwähnt zu werden. Der selige Johannes vom Kreuz, Prior des Klosters von Granada, wurde von den Zuständigen seines Ordens gegen seine eigene Neigung verpflichtet, den Präsidenten der Stadt zu besuchen; und als er ihn in seiner Ansprache um Verzeihung bat, dass es so lange gedauert habe, bis er sich dieser Pflicht unterzog, da antwortete der Präsident ihm mit einer Weisheit und Erleuchtung, die Vätern und Gelehrten der Kirche würdiger war, als eines Magistraten: Vater Prior, wir sehen

---

[198] *Geschichte der Karmeliten,. Livre 1, c. 7*

Sie und ihre Ordensleute lieber in ihren Häusern, als in unseren, weil ihre Ehrfurcht uns immer erbaut, wenn wir sie in ihrer Zurückgezogenheit sehen; wenn Sie uns besuchen, ist es dagegen nur Unterhaltung für uns. Ein Mönch, der zurückgezogen lebt, bezaubert und begeistert uns das Herz, während einer, der unser Herz durch die Höflichkeit der Welt und Gebräuche des Hofes gewinnen will, uns niemals erbauen kann. Und der Historiker berichtet, dass dieser heilige Ordensmann von dieser so vernünftigen Antwort derart beeindruckt wurde, dass er sofort in sein Kloster zurückkehrte; gar ohne noch zum Palast es Erzbischofs zu gehen, obwohl er sein Kloster in der Absicht verlassen hatte, den Erzbischof aufzusuchen.

Frage XXVII

Kann die Lehre für das Kirchenvolk nicht ein legitimer Grund für einen Oberen sein, die Zurückgezogenheit zu verlassen?

Antwort

Keineswegs, denn erstens sind die Ordensleute nicht dazu bestimmt, die Menschen zu lehren, sondern dazu, ihre Sünden zu beweinen; und sie dürfen sich nicht dazu verpflichten, es sei denn, Gott bewegt sie dazu durch einen außergewöhnlichen und offensichtlichen Ruf. Das sehen wir in einem Vertrag, der dem heiligen Augustinus zugeschrieben wird, wo der Autor[199] wie folgt spricht: Erwägt, meine Brüder, weswegen ihr Euch in der Wüste zurückgezogen habt, und wisset, dass ihr nur kamt, um Euren Leib durch Fasten gefügig zu machen, um die Welt zu verachten, um Eure Sünden zu beweinen und nicht, um Ehre zu suchen, euch auf Kanzeln zu setzen, die für die Gelehrten bestimmt sind; und dass ihr unerlässlich verpflichtet seid, bis zum Tod in Sack und Asche auszuharren, und dort in Heiligkeit und vollkommener Frömmigkeit zusammen zu leben.

Considerate ad quid huc in eremum venistis, et attendite quod vestrum officium est, non solum carnem jejuniis affligere, sed etiam mundum contemnere, peccata deflere, et non doctoris cathedram appetere, sed in cinere et cilicio perseverare in eremo usque ad mortem, et in eo sancte et juste convivere[200].

Zweitens hat Jesus Christus den Mönchs-Oberen die Bewahrung eines Teiles seiner Herde aufgegeben; sie ist zwar klein, muss ihnen aber umso kostbarer sein, da sie sie als den meistgeliebten Teil ansehen können, den edelsten und bevorzugtesten *Illustrior portio gregis Christi*[201] . Sie müssen daher auf sie mit treuester Hinwendung und zartester und gewissenhaftester Sorge achten: Dazu hat die Vorsehung ihre Person, ihre Zeit und ihre Hingabe bestimmt. Und wenn sie sich zu anderen Arbeiten verpflichten, wenn nicht Gott selbst sie ganz klar und ganz sicher darauf

---

[199] Serm 24 Ad fratres in eremo

[200] *Erwägt, warum ihr hierher in die Wüste gekommen seid, und achtet darauf, was eure Aufgabe ist: Nicht nur das Fleisch durch Fasten zu peinigen, sondern auch die Welt zu verachten, die Sünden zu beweinen, und nicht den Lehrstuhl eines Gelehrten anzustreben, sondern in Sack und Asche auszuharren in der Wüste bis zum Tod, und darin heilig und gerecht zusammen zu leben.*

[201] Cyp. de disciplina et habitu virginum.- *Der am hellsten leuchtende Teil der Herde Christi*

hinleitet, dann müssen sie glauben, sie geben das ihnen Anvertraute auf, sie verlassen ihre eigene Sendung, um statt dessen eine fremde anzunehmen, die sie gar nichts angeht; und dass sie ihren Brüdern ein Gegenstand des Abfalls und des Skandals werden.

In einem Wort, wenn sie sich von sich aus einmischen, das Volk unterrichten zu wollen, ist es eine unerträgliche Vermessenheit; und wenn man sie dazu auffordert, müssen sie mit dem heiligen Bernhard antworten[202]: Ich habe mein Gewand hergegeben, wie werde ich es zurückbekommen? ich habe meine Füße gewaschen, wie werde ich sie im Staub verderben?[203] … Was ihr von mir wünscht, widerspricht meinem Beruf und übersteigt meine Kräfte[204]. Es war der wahre Geist dieses großen Heiligen, der dort im Gespräch mit einem Bischof, der ihm eine Person übermittelt hatte, um ihm eine Bußübung aufzuerlegen, diesem schreibt[205], dass er sich in keiner Weise mit den Aufgaben der Bischöfe auskenne, dass es eine große Kühnheit von ihm wäre, wenn er, sündig wie er sei, sich in Angelegenheiten einmischte, die zu dessen Dienst gehören.

Diese Einstellung war die seines ganzen Ordens, bevor man die Nachlässigkeit dort eingeführt hatte. Man liest in den alten Bestimmungen der Generalkapitel[206], dass die Ordensleute, deren richtige Wohnung das Kloster ist, den Gottesdienst keinesfalls in den Kapellen halten dürfen, die dem Orden gehören. An anderer Stelle wird den Ordensleuten unter-

---

[202] *Ep. 21, 1 SBO Tome VII, S.71*
[203] Cant 5. 3
[204] *Epist.ad Oger 89, 2 ; SBO Id. S. 236*
[205] Ep. 61 ad Episc. Tull SBO *VII , S. 154*
[206] Instit. cap. gen. *Dist. 9, c. 11*

sagt[207], den Kirchen oder Kapellen zu dienen, die nicht dem Orden gehören, und sich in der Seelsorge zu betätigen. Und die Äbte, die es erlaubt hatten, wurden zu Bußen verurteilt. Es gibt eine andere Bestimmung [208] eines Generalkapitels, die besagt: In Zukunft solle kein Ordensmann eine Pfarrkirche annehmen: Wenn das bei einem Abt vorkomme, werde er ohne Remissionsmöglichkeit abgesetzt. Wenn es ein einfacher Ordensmann tut, wird er von seinem Kloster ohne Hoffnung auf Rückkehr verjagt.

Es ist in diesem Sinne, dass Papst Eugen III. an der bereits zitierten Stelle den Äbten des Ordens von Citeaux[209] mahnend sagt, in ihrer Zurückgezogenheit zu bleiben, dass ihre Väter und Lehrer die Abgeschiedenheit erwählt haben, während andere sich auf die kirchlichen Ämter ausrichteten. Und dass, wenn die Kinder der Welt sich bemühen, sie aus ihren Häusern zu holen, um sie zur Seelsorge zu verpflichten und sie von der Ruhe der Betrachtung und Stille zu den Beschäftigungen und zu den Geschäften übergehen lassen wollen, dann verschieben sie sehenden Auges die Ordnungen ihrer Väter und wählen – wie der Prophet sagt – lieber im Haus Gottes verachtet zu werden, anstatt in den Zelten der Sünder zu bleiben[210].

Schließlich haben sich fast alle Mönchsoberen, die den Geist ihres Berufs hatten, in ihren Klöstern eingeschlossen und aller kirchlichen Funktionen enthalten, nicht nur, weil sie im Widerspruch zu ihrem

---

207 Lib ant. def. dist 4. c. 3.

208 Capit Gener. anno 1215

209 Inter Epist S. Bernardi 384 cf. note 17 ;

210 Ps. 84,11

Stand standen, und weil die religiöse Traurigkeit nach dem heiligem Bernhard die Sünden von anderen oder die eigenen beweint, sondern auch, weil sie damit ihre Brüder leicht in Verwirrung stürzen, ihnen Abneigung gegen die Abgeschiedenheit unter dem scheinbarem Vorwand einflößen, etwas Gutes zu tun, einen Dienst zu leisten, der ihnen nicht angemessen ist; schließlich in ihnen den Geist und die Frömmigkeit ihres Berufs zu zerstören; wie wir bereits gesagt haben, gibt es dort nichts, dem sich einfache Ordensleute leichter widmen können, als dem, was sie ihre Oberen tun sehen, und es wird ihnen durch deren Vorbild autorisiert.

Frage XXVIII

Bitte sagen Sie uns, bevor diese Unterweisung über die Zurückgezogenheit beendet wird, ob es angebracht ist, wenn der Ordensmann zum Tage seiner Profess Familienmitglieder und Freunde im Kloster versammelt?

Antwort

Meine Brüder, dieses Verhalten kann man nicht nur nicht billigen; sondern man kann sich nicht genug wundern darüber, dass man gewagt hat, es in den Klöstern einzuführen, und dass es Personen gibt, die dem folgen, und die es erlauben. Denn wir sehen keinen legitimen Grund, um der Welt einen Ordensmann vorzustellen und zu zeigen, der bereit ist, sein Leben nach den Worten des Apostels für immer im Leben Jesu Christi zu verbergen; aber wir sehen viele Gründe um ihn für alle Zeiten davon zurückzuhalten, und das besonders zur Zeit seiner Profess.

Wie! diese Seele, die auf Gottes Befehl ihr Vaterhaus verlassen hat, wird sich unter jenen finden, vor denen sie floh wie eine Taube vor dem

Raubvogel, dessen Beute zu werden sie fürchtete? Sie ist noch ganz wie weiches Wachs und bereit für alle möglichen Formen und Eindrücke; muss man nicht erkennen, dass sie dadurch das Gegenteil dieser vollkommenen Freiheit bekäme, in der sie leben müsste?

Kann der Anblick ihrer Verwandten nicht in ihr die Dinge wieder aufleben lassen, die sie vergessen haben müsste? Kann man gewiss sein, dass sie sich der Zärtlichkeit ihres Vaters, der Liebkosungen ihrer Mutter erwehren wird; dass sie auf die Probe gestellt wird durch die Freundschaftserweise ihrer Familienmitglieder, ihrer Verwandtschaft, ihrer Freunde und Freundinnen? Es bedarf nur eines Blicks, um eine Feuerbrunst zu verursachen, die keine Sorge und keine Anstrengung mehr löschen kann. Man erinnert sich so leicht der Zärtlichkeiten, der Vergnügen, der Geschäfte und der Freuden des früheren Lebens; und man könnte leicht bereuen, im Zuge zu sein, sie für immer aufzugeben; und es ist nur zu sicher, dass der Augenblick eines falschen und vergänglichen Trostes ein ganzes Leben voll Widerwärtigkeiten und Bitterkeit auslösen kann. Am Ärgerlichsten ist, dass man Schritt und Tritt unternommen hat, um zu verhindern, dass man sich zurückwendet; und so nimmt man oft, ohne es zu wissen, in seinem Innersten die Ursache für sein Missgeschick und seinen Verlust mit zu dem Ort und in den Stand, wo man hoffte, seine Ruhe und sein Heil zu finden.

Lassen wir dieses Missgeschick beiseite, meine Brüder, weil man es als außergewöhnlich ansehen kann. Ich frage euch, ob es ein erträgliches Verhalten ist, in der wichtigsten Entscheidungsphase des Lebens, in der Zeit, wo ein Ordensmann das Bedürfnis nach innerlichster und lebendigster Frömmigkeit hat, bei einer Gelegenheit, wo er aller Kräfte und Stärke seines Geistes, seines Körpers, seines Herzens, seines Verstandes sammeln muss-, ihn Besuchen, Gesprächen, Unterhaltungen auszusetzen; ihm unregelmäßige und manchmal locker zugehende Mahlzeiten zuzumuten, die geeignet sind, ihn in Zerstreuung zu stürzen, von Gott abzulenken, aus der Hand zu reißen, die guten Anlagen zu zerstören oder mindestens zu schwächen, die er während eines Jahres der Ruhe sammeln konnte, und zu bewirken, dass er unwürdig in eine Pflicht eintritt, die keine geringere Reinheit verlangt als jene der Engel?

Sicher ist es eine seltsame Sache, dass dieser Tag, der für ihn von einer tiefen Andacht erfüllt sein müsste, an dem er im Frieden, in der Stille und im Gefühl einer lebendigen Reue sein müsste, sein Herz in der Gegenwart Gottes zu weiten, sein Wort zu hören, und mit Ihm allein zu reden von seiner Ewigkeit, also genau von jenem Zustand, wo keine Verwirrung, Bewegung und Unruhe mehr herrscht.

Wenn das, was die Altväter und die heiligen Einsiedler der ersten Zeiten uns lehrten, echt ist, woran ihr keinesfalls zweifeln dürft, und wenn ein Mönch, der auf die Anwesenheit Gottes für einen Augenblick verzichtet, nach ihrem Empfinden geistige Unzucht begeht, in welchem Zustand wird sich diese Seele befinden, wenn sie, mitten heraus aus diesen Gesprächen und familiären Unterhaltungen ins eheliche Zimmer hineingeht und vor die Augen des Gatten tritt, voller ganz anderer Gedanken und Vorstellungen, vielleicht sogar getrennt durch Zuneigung und Begierden, entstellt durch heimliche Untreue, die er noch gar nicht bemerkt hat? Bereitet man sich so vor, macht man sich so würdig dieses geheiligten Ehebettes, würdig dieses Ehegatten von unendlicher Keuschheit, Reinheit und Schönheit? Will man nicht wahrhaben, dass dieser Ehegatte voller Eifersucht ist: *Ad invidiam concupiscit spiritus qui habitat in vobis*[211]. Dass die Freiheit, die er bei seinen Angetrauten feststellt, ihn beleidigt und ärgert; dass er alle Geschöpfe als seine Nebenbuhler ansieht; dass man sich nicht einen Augenblick lang mit denen zufrieden gibt, die dessen nicht wert sind; und dass man ihnen nichts zugesteht, damit man Ihn nicht beleidigt?

Jedoch, als ob all das gar nicht der Fall wäre, geht man ohne Skrupel von der Vertrautheit mit den Menschen über zu jener mit Gott; man geht mit den weltlichen Dingen um, so viel man nur kann, und man gibt vor, sich vom Grund der Täler auf die Gipfel der Berge zu erheben, und mit einem Schlag vom niedrigsten irdischen Niveau zum höchsten des Himmels zu gelangen.

Man konnte sich während der Zeit des Noviziats läutern, aber das war vergebens, da man sich erneut durch unnötige und profane Mitteilungen verging, die man sich für immer hätte versagen müssen. Der Heilige Geist sagt, jeder der sich wäscht, nachdem er einen Toten berührt hat, und der ihn danach wieder berührt, tut nichts, um von seinem Leiden los zu kommen: *Qui baptisatur a mortuo, et iterum tangit eum quid proficit lavatio illius?* [212]

Aus einem so erbarmungswürdigen Verhalten folgt ebenfalls, wie aus dem Mangel an Vorbereitung, die Tatsache, dass man einen engelhaften Stand unvollkommen, fehlerhaft und unrein, um nicht zu sagen profan, ergreift; alle Folgen dessen sind unglücklich oder haben nichts weniger

---

[211] Jak 4,5 – *Bis zum Neid hin begehrt der Geist, der in euch wohnt.*

[212] Eccli 34, 30. *Wer sich wäscht, wenn er einen Toten berührt hat, und diesen wiederum berührt, was nützt ihm seine Waschung?*

als den Erfolg und den Segen, die man davon erhofft hatte. Man beklagt sich das ganze Leben, weil man ohne Heiligkeit in einen ganz heiligen Beruf gegangen ist; man fühlt zwar, dass man krank ist, aber man denkt keineswegs daran, sein Übel zu heilen, und normalerweise geschieht das, weil man die Ursache dessen nicht kennt, und weil die Unterlassungen und Fehler, die man beim Eingehen der Bindung gemacht hat, sich auf den ganzen Stand ausdehnen und all seine Wege mit Finsternis und Dunkelheiten erfüllen. Die reinsten Seelen sind wie ganz klares Eis; der kleinste Atemhauch und der geringste Dampf macht sie matt, und nimmt ihnen all ihren Glanz weg. Es gibt aber einen Unterschied, da die Flecken im Eis verschwinden und es augenblicklich seine frühere Klarheit zurück erhält. Doch die Unreinheiten der Seelen verhalten sich hartnäckiger, da sie geistiger Natur sind: Die Eindrücke bleiben, bieten Widerstand und oft kommt man nie mehr ganz dahin, ihnen die verlorene Reinheit zurückzugeben, welche Mühe und Sorge man auch immer darauf verwendet.

Das liegt an dem mystischen Tod, der durch die Heiligung der Gelübde entsteht, wie der natürliche Tod, der durch das Verlöschen der Lebensgrundlagen eintritt. Man trennt sich von den Menschen ohne Wiederkehr im einen wie im anderen Fall; man verzichtet auf alle weltlichen Güter; man entledigt sich freiwillig irdischer Reichtümer, und man wendet all seine Gedanken in die himmlische Sicht, bindet sich fest an Jesus Christus, von dem sie abhängen, und der die souveräne Bestimmung dazu aus der Hand seines Vaters erhalten hat.

Die Worte, die der Geist Gottes denen in den Mund legt, die durch die Gelübde sterben, und jener, die durch den Entzug des Lichtes sterben, sind trotz unterschiedlicher Ausdrucksweisen in ihrem Geist so ähnlich, dass man nicht zweifeln kann, dass beide die gleichen Empfindungen und Bestimmungen haben. Der Mensch, der der Welt den natürlichen Tod stirbt, sagt zu Jesus Christus, bewegt durch sein Vertrauen und indem er sich ganz in seine Hände fallen lässt: *In manus tuas commendo spiritum meum*[213] und bezeugt durch diese tiefe Trennung, in die er sich begibt, dass er immer zu ihm steht, und dass er all seine Hoffnung auf ihn setzt. Und der Mensch, der der Welt durch den Gnadentod stirbt, wendet sich ebenso an Jesus Christus, wirft sich ihm in die Arme, in dem er durch eine feierliche Erklärung beteuert; dass aus seiner Sicht alles vorüber ist, und dass er von ihm allein sein Glück, sein Heil und sein Leben erwartet. *Suscipe me secundum eloqium tuum et vivam, et non confundas me ab expectatione mea*[214].

Schließlich ruft ein Mensch, der als echter Christ sterben will, nicht seine Freunde und Angehörigen zusammen, als Zuschauer seinem Tod beizuwohnen, im Gegenteil, er schließt ja die Tür seines Hauses. Er bleibt dort allein; er entlässt seine Kinder und bittet seine Frau sich zurückzuziehen, aus Furcht dass diese ihn schwächen und damit sie auf ihn keine Wirkung ausüben, die nicht zu dieser Ablösung passt, in der er sein Leben beenden muss. Er behält nur jene bei sich, die ihm bei diesem großen Übergang helfen können, um sich unmittelbarer und enger mit Jesus Christus zu verbinden, von dem er hofft, sich nie mehr zu trennen. Ein Ordensmann muss sich ähnlich verhalten, wenn er von Gott

[213] Ps 30(31), 6 – *In Deine Hände empfehle ich meinen Geist.*

[214] Ps 118(119), 116 *Nimm mich auf nach deiner Verheißung, das ich lebe, und lass meine Erwartung nicht zuschanden werden.*

so berührt ist, wie er sollte; er muss alles ablehnen, was ihn davon löst oder ihn zum Zeitpunkt des Todes ablenken könnte, das heißt von seinen Wünschen; dass er alles andere ablehnt, um sich nur ihm zu geben. Was hat er mit seinen Familienmitgliedern, seinen Freunden, den Leuten von draußen oder mit Fremden zu schaffen, da er auf dem Grund seiner Zurückgezogenheit alles findet, was ihm für die Vollendung seines Werkes notwendig ist? Er ist das Opfer und der Priester in einem; sein Oberer erlaubt sein Opfer durch seine Anwesenheit vor allen Mitbrüdern; die Heiligen und Engel des Herrn sind die Zeugen.

In einem Wort, meine Brüder, nach welcher Seite man diese Einladung an Familienmitglieder und Freunde auch wendet, man wird nichts finden, wie man sie verteidigen kann; sei es, dass man es unter den Oberen erörtert, die sie erlauben, sei es mit den Verwandten, die sie wünschen oder mit den Kindern, die darunter leiden.

Denn das Interesse der Oberen besteht darin, mit solcher Sorge auf das Seelenheil derer zu achten, die Jesus Christus ihnen anvertraut hat, dass ihre Reinheit nicht dem mindesten Angriff ausgesetzt wird; das Interesse der Väter besteht darin, Acht zu haben, dass die Ruhe ihrer Kinder nicht durch die Bezeugungen einer indiskreten und unzeitgemäßen Freundschaft gestört wird: und das Interesse der Kinder besteht darin, sich Jesus Christus anzubieten und auf diese Verbindung einzugehen mit einer so großen Zustimmung und Vorbereitung, dass nichts in ihnen ihm missfallen könnte.

Jedoch, als wären diese Erwägungen nur Schimären, halten die Oberen in dieser Zusammenkunft den Schatz, der ihnen anvertraut wurde, für unwert. Die Väter denken nicht an ihre Pflicht, das Glück ihrer Kinder zu besorgen; und die Kinder denken nicht daran, dass sie in einem irdenen Gefäß den größten und wertvollsten aller Schätze tragen, die Berufung zum Mönchsstand; und dass es nichts gibt, um das sie sich intensiver bemühen müssen, als alles zu vermeiden, was dessen Minderung oder Verlust verursachen kann.

INHALT des deutschen Teils.

Armand Jean Le Bouthillier de Rancé, OCSO

De

la Sainteté

et des

Devoirs

de la Vie

Monastique

« Über die Heiligkeit und die Pflichten des Ordenslebens »

(Das Original von 1683/1701 in aktuellem Französisch)

DE LA SAINTETÉ ET DES DEVOIRS DE LA VIE MONASTIQUE.

TOME SECOND.

A PARIS,
Chez FRANÇOIS MUGUET, Imprimeur ordinaire du Roy & de Monſeigneur l'Archeveſque, ruë de la Harpe.

M D C L X X X I I I.
Avec Approbation & Privilege.

Parate viam Domini, rectas facite semitas ejus. Matt. c.3.v.3.

CHAPITRE XVI De la RETRAITE

Dieses Kapitel enthält 28 Fragen in der Fassung von 1701 (1683: nur 25 Fragen.) Unsere Nummerierung folgt der Ausgabe von 1701.

Question Première

Après nous avoir parlé à fond de la pénitence de l'esprit, dites-nous quelque chose de celle du corps.

RÉPONSE

Les solitaires anciens ont fait consister la pénitence extérieure dans certaines vertus et dans quelques pratiques principales, par le moyen desquelles ils se rendaient les maîtres de leurs sens, et assujettissaient leurs corps à leur esprit.

C'est pour ce motif qu'ils se faisaient une guerre continuelle, qu'ils se dressaient incessamment des attaques et qu'ils ne perdaient une seule occasion d'exercer contre eux cette haine si charitable et si sainte que Jésus Christ a si expressément recommandée à ses disciples.

Vous savez ce que l'histoire sainte en rapporte et ce qu'elle nous apprend des mortifications auxquelles la grandeur de leur zèle les a portés. Mais pour ne point parler de ces travaux étonnants et de ces pénitences excessives, que quelques-uns de ces hommes inspirés de Dieu ont entreprises, plutôt pour donner au monde des marques de sa toute-puissance, et des sujets d'admiration, que non pas des règles et des modèles de conduite, je vous dirai, mes frères, que nous pouvons réduire ces vertus et ces pratique à six ou sept chefs principaux, savoir la retraite, le silence, les jeûnes, l'austérité de la nourriture, les veilles, la pauvreté, et la patience dans les maladies et les douleurs.

Nous les trouvons dans la relation de leurs vies; nous les trouvons dans celle de Jésus Christ comme dans leur source. Les saints, nos instituteurs, nous les ont ordonnées par les Règles qu'ils nous ont laissées, et nous sommes d'autant plus obligés de les pratiquer, et de les suivre, qu'elles ont une modération qui ne va point au-delà de nos forces.

Ceux qui sont encore attachés à la vie, et qui conservent dans la solitude les sentiments du monde, y formeront des difficultés, et ne manqueront point de raisons pour dire qu'on leur impose un joug qui n'est pas supportable, parce qu'ils sont toujours disposés à écouter et à faire valoir les plaintes de la nature contre les mouvements de la grâce; qu'ils sont plus touchés des révélations de la chair et du sang, que non pas de celles qui leur viennent du Saint-Esprit. Ils sont incapables d'entrer dans le sentiment de l'apôtre, qui nous enseigne[1] que ces peines si légères et si courtes produiront un poids d'une souveraine et incomparable gloire: *Id enim quod in præsenti est, momentaneum et leve tribulationis nostræ, supra modum in sublimitate æternum gloriæ pondus operatur in nobis*. Pour ménager une satisfaction de rien, ils veulent bien tomber dans cet état que déplore saint Bernard quand il dit[2]: Nous sommes les plus misérables des hommes, si pour des choses si petites, nous nous attirons de si grands dommages.

Pour ceux qui par un renoncement sincère, par une fuite véritable des biens, des douceurs, des aises, des plaisers et des consolations qui se rencontrent dans la vie du siècle, ont choisi la vie retirée, bien loin de voir rien dans ces saintes pratiques qui aille au-delà de la perfection et de la rigueur qu'ils s'étaient proposées, ils aspirent à des choses plus grandes et les règles peuvent bien borner leur conduite, mais elles ne sauraient contenter leurs désirs.

Pour suivre notre dessein, nous commencerons par vous parler de la retraite qui est la première de ces pratiques.

Souvenez-vous donc, mes frères, que le désert a toujours été le ciel des véritables solitaires. C'est là que toutes les grâces qui leur viennent de la part de Dieu se rassemblent, et que Jésus Christ prend plaisir de se donner à eux. C'est dans la solitude, que ceux qui ont gardé l'innocence du baptême reçoivent le fruit et la récompense de leur fidélité. Comme le monde n'a jamais eu place dans leur cœur, ils ne conservent aucune

---

[1] 2 Co 4, 17

[2] Ep. 385, 4 S. Bern.: Ad monachos s.Bertini. S. Bernardi Opera;. Vol VIII p.353. = Edition critique du texte latin , par J. Leclercq et H.Rochais; Romae, Editiones Cistercienses 1974; dans la suite: SBO

mémoire de ce qu'ils n'ont point aimé, et comme ils en sont entièrement séparés, il ne s'en forme pas seulement en eux la moindre idée. Ils sont inaccessibles à tous ses attraits; ils n'ont des oreilles et des yeux que pour les fermer à toutes les choses mortelles; des mains que pour les élever incessamment vers le ciel; des bouches que pour chanter les louanges de Dieu; de l'esprit et de la raison que pour méditer ses perfections infinies. Et ils n'ont de coeur que pour le laisser consumer comme une victime par le feu de son amour. Ces âmes fidèles vivent comme si elles étaient seules avec Dieu dans l'univers; elles le possèdent sans interruption, elles se reposent dans son sein avec une tranquillité profonde; elles se purifient sans cesse par des infusions du Saint Esprit qui leur sont toujours nouvelles, et c'est par ce commerce si intime, et par cette jouissance si continue qu'elles se rendent dignes de ne perdre jamais ce qu'elles aiment.

Pour ceux qui ont été assez malheureux que de s'attirer sa colère par leurs offenses, leur condition néanmoins n'en est pas moins heureuse puisque la main de sa miséricorde ne les conduit dans la solitude qu'afin que par l'éloignement des lieux et des personnes qui ont été la cause de leurs chutes, ils recouvrent la justice qu'ils avaient perdue, ils la conservent après l'avoir recouvrée, et qu'étant entièrement guéris des blessures que le péché leur avait faites, ils reprennent une vigueur qui les rende égaux à ceux de qui la santé n'a jamais reçu d'atteintes. Comme ils sont transportés du désir de se rapprocher de Dieu, aussi bien que du regret de s'en être séparés, ils se servent de tout ce qui peut satisfaire une passion si sainte; ils ne gardent aucun souvenir des choses du monde que celui de leurs péchés; ils s'en accusent les jours et les nuits en sa présence, ils les punissent par des pénitences rigoureuses. Et dans la seule pensée du malheur qu'ils ont eu de l'offenser et de le perdre, ils gémissent continuellement, ainsi que ces tourterelles sauvages qui se voyant privées de leur compagne font entendre leurs plaintes amoureuses dans le fond des forêts.

Dieu qui opère en eux ces mouvements et ces impressions différentes, et qui prend plaisir de les voir pénétrés d'amour et de douleur, ne manque jamais de joindre à leur tristesse des joies secrètes et des consolations ineffables. Il fait que ces âmes ressuscitées trouvent autant de paix, et de douceur dans leurs retraites, que ces âmes innocentes qu'il a préservées de la mort. Ainsi les unes et les autres sont unies ensemble par la participation d'un même bonheur et jouissent, autant qu'il est possible dans une chair mortelle, d'une entière félicité.

Il n'y a rien, mes frères, que vous ayez dû remarquer davantage dans tout ce que nous avons dit jusqu'à présent que l'étroite obligation dans laquelle doit être un religieux de garder la solitude et de vivre dans le repos de son cloître. Cependant comme ce devoir, quoique très important, est si peu connu et si négligé, vous ne sauriez vous fortifier de trop de raisons contre l'exemple de ce grand nombre de moines qui, au lieu de se sanctifier dans la retraite, se dissipent dans les intrigues et dans les commerces du monde comme s'ils n'étaient pas obligés par leur profession de n'y prendre plus de part.

N'est-ce pas une chose surprenante, mes frères, qu'un moine puisse ignorer des vérités si constantes, et vivre comme s'il ne savait pas que par sa profession il s'est fermé pour jamais toutes les portes du monde; qu'il a renoncé à ses soins et à ses affaires aussi bien qu'à ses richesses et à ses plaisirs; et que l'engagement qu'il a pris au service de Jésus Christ ne lui permet plus d'en avoir de légitimes pour le service des hommes; qu'il est mort à toutes les choses sensibles; que son monastère est son sépulcre et qu'il doit y attendre en repos que le Sauveur du monde l'appelle, comme autrefois il appela Lazare quand il voulut le retirer de son tombeau.

Il est comme un vase destiné au culte de Dieu, et au ministère sacré de ses autels, que l'on ne peut plus sans profanation employer à d'autres usages. Sa règle est pleine de préceptes et d'instructions qu'il ne peut accomplir que dans une exacte retraite; que les saints ne lui ordonnent rien tant que d'y vivre et d'y mourir dans une fidélité constante; que nul de ceux qui le rencontrent hors de sa solitude, quand il est assez malheureux pour en sortir, ne manque point de lui faire ce reproche, au moins dans le fonds de son cœur: *Quid tibi cum saeculo qui saeculum spreveras.*[3] Et qu'enfin cette perfection et cette pureté que Dieu demande de lui, et sur laquelle on ne peut douter qu'il ne le juge, ne se peut ni acquérir ni conserver dans le tumulte et dans les occupations du monde.

Mais peut-on concevoir, mes frères, jusqu'où va l'aveuglement des hommes, et à quel point leurs yeux sont fermés sur leurs propres misères ? Si ce religieux, par exemple, qui vit sans scrupule dans le commerce du monde, voyait un magistrat sur le théâtre, un soldat dans les fonctions du Barreau, et un manœuvre dans les exercices d'une Académie de Lettres, son étonnement serait extrême. Cependant, quoique sa situation soit beaucoup plus extravagante toutes les fois qu'il se trouve

---

[3] Bern. Epist 2, 11; SBO, Vol VII p. 21

hors de son monastère dans les conversations et dans les affaires des hommes, il ne remarque rien en lui-même qui lui donne la moindre peine. Et cet habit, cette figure si extraordinaire qui le rend si différent de ceux avec lesquels il converse, et qui l'empêche malgré lui d'oublier ce qu'il est, ne lui fait point voir que rien n'est comparable au dérèglement de sa conduite.

Car peut-on rien se figurer de plus étrange que de voir un religieux, dont la vie ne doit être qu'un gémissement perpétuel, au milieu de ceux qui ne pensent qu'à leurs plaisirs; de voir un solitaire dont la profession n'est que la pratique d'une pauvreté et d'une humiliation sans bornes, parmi des gens qui n'ont point d'autre soin que celui d'acquérir des richesses et de la gloire; de voir un homme qui par son silence doit arrêter cet effroyable débordement de paroles qui cause de si grands maux dans le monde, se répandre en discours et en conversations vaines et superflues; de voir que celui qui, comme une brillante lumière doit éclairer le monde du fonds de sa solitude, paraisse dans ce même monde comme une lampe éteinte qui ne jette plus que de la fumée: *Non quidem lucens sed fumigans*[4].

De voir que cet homme établi de Dieu comme un médiateur pour s'opposer à sa colère lorsqu'il est irrité contre les pécheurs, commette ces mêmes péchés pour lesquels il faut qu'il emploie incessamment sa médiation et sa prière. De voir enfin que celui qui doit être tout entier dans le ciel par ses pensées, par ses paroles et par ses actions, et auquel il n'est plus permis d'en descendre, s'abaisse et se retrouve dans les œu-

---

[4] Bern. Epistola 42, I, 1 ad Henr. Archiep. Senon (SBO. Vol.VII, p. 101)

vres et dans les affaires de ceux qui n'ont ni de vue, ni de sentiment que pour les choses de la terre.

Voilà, mes frères, ce que sont les moines hors de leurs monastères, et dans le commerce du monde. Voilà une peinture fidèle de ceux qui prétendent allier et mettre ensemble des choses si contraires et si incompatibles; et plût à Dieu qu'ils la voient dans toutes ses difformités et dans toutes ces conséquences, et qu'ils puissent se persuader que c'est par ces communications illégitimes que les moines sont venus à bout de chasser l'esprit de Jésus Christ de leurs cloîtres, et de les remplir de celui du démon; que c'est par-là qu'ils ont déshonoré leur profession et leurs personnes, et qu'ils se sont si justement attiré la haine de Dieu et le mépris des hommes.

Les saints ont fait ce qu'ils ont pu pour prévenir ces désordres; ils les ont annoncés avant qu'ils arrivent pour en donner de l'horreur; ils ont essayé de les étouffer et d'en arrêter le cours dans leur naissance, tantôt en nous en exprimant toutes les laideurs et les suites scandaleuses; tantôt en nous mettant devant les yeux toutes les beautés et les avantages des vertus opposées. Mais cela n'a pas été avec beaucoup de succès car depuis qu'un solitaire est devenu sourd à la voix de Jésus Christ qui lui parle dans le secret de son cœur, il n'a plus d'oreilles pour entendre les avis et les instructions des hommes.

Saint Antoine[5] donne pour règle à ses disciples de ne se mêler jamais avec les gens du monde: *Saeculari nullo modo commiscearis*. Il tenait aussi pour une maxime constante que comme un poisson ne peut vivre

[5] In sua Reg. art. 6

étendu sur le sable, de même les solitaires perdent la piété et l'esprit de retraite s'ils quittent leurs cellules pour converser avec le monde.

Saint Basile[6] dit que lorsqu'on veut mener une vie exacte et exempte des pensées inutiles, il faut s'éloigner des personnes qui vivent dans la mollesse et dans le relâchement; et que c'est s'exposer à un danger évident que de se mêler avec ceux qui ne sont pas assez appliqués à garder les commandements de Dieu. Il dit qu'il est nécessaire d'entrer dans la retraite, et qu'il n'est pas possible de s'occuper dans la méditation et dans la prière si on se laisse dissiper par les pensées et les occupations différentes qui partagent les âmes, et qui les engagent dans les affaires du siècle. Il montre la nécessité qu'il y a de rompre tout commerce avec les gens du monde par ces paroles de Jésus Christ: *Si quis vult post me venire abneget semetipsum*[7]; et il conclut qu'il faut se mettre à l'écart et loin de la société des hommes, quand on se propose de s'acquitter de ce devoir.

Si vous voulez, dit saint Jérôme[8], être solitaire d'effet comme vous l'êtes de nom; que faites vous dans les villes qui sont des habitations communes et non pas des solitudes?

Saint Jean Climaque[9] dit que celui qui s'est retiré dans la solitude ne doit plus prendre de part aux choses du monde car les passions qui ont été chassées de notre cœur n'aiment rien tant que d'y rentrer. Il dit qu'il

---

[6] in Reg. fus. Grandes Règles, q. 6 Regulae fusius tractatae = Grand Asceticon. = Grandes Règles: 55 + Petites Règles: 313) (Il s'agit des „Grandes Règles monastiques“. On les trouve – avec les „Petites Règles“ dans PG 31, 889-1305, mais je ne peux rechercher l'endroit exact, ne les ayant pas en lecture. Note de la correction)

[7] Matt c. 16, v. 12

[8] In Epist XIV, Ad Heliodorum

[9] L'Échelle Sainte, Troisème Degré, n°8, p. 48 Coll. Spiritualité Orientale, n° 24. Ed. Abbaye de Bellefontaine 1978.

n'y a rien de plus dangereux que l'affection[10] qui nous attache, soit à nos proches, soit aux étrangers, puisqu'elle peut nous attirer de la solitude dans le monde, et éteindre entièrement le feu de notre ferveur et de notre componction. Celui-là, dit-il ailleurs[11], est véritablement solitaire, qui ne voulant rien perdre des douceurs divines dont Dieu le console, ne fuit pas moins les hommes, quoi qu'il n'ait aucune aversion pour eux, que les autres les recherchent.

Il faut remarquer, mes frères, que les premiers moines n'étaient ni si rigoureux, ni si exacts à garder la solitude. Ils se rendaient des visites pour la consolation les uns des autres et pour leur édification.

Il y en avait qui, poussés du désir de s'avancer dans la perfection, cherchaient ceux qu'ils croyaient capables de les encourager et de les instruire. D'autres, étant attaqués par les démons et se sentant pressés par des tentations violentes, allaient trouver ceux qui pouvaient les soulager dans leurs peines. Mais comme il n'y a que Dieu seul qui soit invariable[12]: *Ego Deus et non mutor*, et que les choses les plus saintes tombent enfin dans l'affaiblissement et dans la décadence, cette pratique si charitable et si utile ne fut pas exempte de ces malheurs. L'on vit en peu de temps les moines, qui au commencement ne sortaient de leurs cellules que pour des motifs et des considérations saintes, aller de tous côtés par le désert dans les monastères, et même dans les villes pour contenter leur inquiétude, et par la seule curiosité de voir et d'entendre des choses nouvelles. Cette contagion ne mit guère de temps à se répandre; la fré-

[10] Id. n°31
[11] Ibid. n° 18...
[12] Malach 3. 6.

quence la porta dans les lieux les plus reculés; le désert changea de face, et l'état monastique se vit dans une désolation presqu'entière: *Luxit et elanguit terra confusus est libanus et obsorduit*[13]. La terre est toute dans les larmes et dans la langueur, le Liban est dans la confusion et dans un état affreux.

Saint Benoît, que Dieu suscita dans l'Occident pour en être le réformateur et pour en réparer les ruines, voyant que cette liberté de se voir et de communiquer ensemble était la source principale de tous ces maux, crût que pour arrêter l'inquiétude et l'inconstance des solitaires, il fallait les obliger à garder la stabilité dans le lieu de leur profession. Afin de les y lier davantage et de donner plus de force à cet engagement, il voulut qu'ils l'expriment distinctement dans la prononciation de leurs vœux. *Promitto stabilitatem meam.*[14] Et pour s'expliquer plus clairement, il ajoute que les religieux doivent savoir que par leur profession, il ne leur est plus permis de sortir de leur monastère. Enfin il ordonne, pour leur en ôter toutes les occasions, que l'on ait soin que les choses nécessaires se trouvent dans l'enceinte du monastère; en sorte qu'ils n'aient aucun sujet de quitter leur solitude; parce qu'il n'y a rien, ajoute-t-il, de plus préjudiciable au salut de leurs âmes: *Omnino non expedit animabus eorum.*[15]

C'est ce qui fut ordonné tout de nouveau dans le Concile de Trosly[16], en ces termes: „Que les moines et les religieux aient soin de vivre

---

[13] Isai c. 33 v. 9
[14] Ben. in Reg c.58
[15] Ibid c. 66
[16] Concile de Trosly (Diocèse de Reims) année 909; Canon 3 (cf. Rohrbacher (1844); *Histoire universelle de l'Église catholique*, Tome 12, p. 513...)

comme ils y sont obligés par leur profession, avec simplicité, piété et tempérance. Que leur occupation soit de prier pour la prospérité des rois, pour la paix des Royaumes, pour la tranquillité de l'Église. Qu'ils ne s'engagent point dans les affaires séculières. Qu'ils ne recherchent point le faste et la pompe du monde. Qu'ils ne troublent point les ecclésiastiques dans leurs droits mais que selon la signification de leur nom, ils vivent dans la retraite et dans le repos...et de crainte qu'ils n'aient occasion de sortir hors de leur monastère, et de courir par le monde, les abbés et les supérieurs des monastères auront soin de les pourvoir, autant que la disposition des lieux et des temps le pourra permettre, de toutes les choses nécessaires pour leurs vêtements et pour leur nourriture, comme il est prescrit par les Règles. *Ne ulla monachis evagandi, vel de talibus præsumendi quippiam detur occasio, provideant abbates, vel præpositi monasteriorum, ut secundum quod temporis vel loci fert possibilitas, omnia illis in victualibus et vestibus necessaria, sicut Regula præcipit, opportune ministrentur.*

Les Instituteurs de l'Ordre de Cîteaux[17] qui étaient remplis de l'esprit de saint Benoît, et qui entreprirent d'en observer la règle d'une manière littérale, voulant s'interdire pour jamais toute communication avec le monde; choisirent par l'inspiration que Dieu leur en donna, des déserts inaccessibles pour leur demeure. Ils firent un Statut principal par lequel ils défendirent de bâtir aucun monastère dans tout l'Ordre que dans les lieux séparés de tout commerce et de toute fréquentation des hommes.

[17] In ex Cist c 15 pag 14 (Exordium parvum cap. 15, n°13)

Le Pape Eugène[18] écrivant dans ce même sentiment aux Abbés du même Ordre: „Considérez, leur dit-il, que nos Pères qui ont institué notre saint Ordre, ont quitté le monde et méprisé tout ce qu'il contient; qu'ils ont laissé aux morts le soin d'ensevelir les morts, et qu'ils se sont envolés dans la solitude pour s'attacher comme Marie aux pieds de Jésus Christ, et recevoir la manne céleste avec d'autant plus d'abondance qu'ils s'étaient plus éloignés de l'Égypte. Il faut donc, continue-t-il, que vous preniez garde à ne point dégénérer de la vertu de vos pères afin que vous soyez dans les branches, ce que vous avez été dans la tige“.

Il n'y a rien que Saint Bernard[19] ait recommandé davantage aux moines que la retraite, et la séparation du monde. Il dit que les marques par lesquelles on reconnaît un véritable religieux sont la retraite, le travail des mains, la pauvreté volontaire, et qu'il n'y a rien de plus honteux que de voir un moine dans les bourgs et dans les villes[20], si ce n'est lorsque la charité le contraint d'y aller...Il ne parle de rien tant que des dangers auxquels on est exposé dans le commerce du siècle; il le représente comme tout plein d'écueils, de précipices et de naufrages. Il enseigne[21] que la profession d'un religieux consiste principalement dans l'obéissance au supérieur, et dans la stabilité. dans son monastère[22]... Il s'écrie dans un de ses Sermons, que l'on ne peut voir sans douleur que des solitaires, après avoir embrassé le service de Jésus Christ, s'embar-

[18] Ad cap. Cist. congreg. Inter Epist S. Bernardi 384 dans l'édition que possédait Rancé. Dans les éditions postérieures (Ravelet, Paris 1866; ou Charpentier Paris 1865), elle se situe avant la lettre 273, et n'a pas de numéro. Elle n'est pas reprise dans SBO, (sauf erreur de ma part).

[19] Epistola 42, 37 ad Henr. Archiep. Senon (SBO. Vol.VII, p. 130, linea 21)

[20] Serm. de diver. 93, 2; SBO Vol. VI,1 p. 350

[21] Ep. 7, 15; SBO. Vol VII p. 42; Serm. de diver. 93, 2; SBO Vol. VI,1 p. 350

[22] Serm. 4, 10: “Super missus“; SBO. Vol IV p. 56

rassent dans les affaires du siècle et s'engagent dans les passions et dans les intérêts des hommes; que sous des raisons spécieuses, ils flattent les riches du monde, et rendent des civilités aux dames. Est-ce ainsi, ajoute ce grand Saint, qu'ils s'imaginent que le monde est mort pour eux, et qu'ils sont morts au monde? Avant qu'ils fussent entrés dans la Religion, à peine étaient-ils connus dans un bourg ou dans un village, et on les voit se produire dans les provinces et s'empresser dans les cours auprès des rois et des princes de la terre.

Ce fut cet amour de la retraite qui porta[23] les premiers Chartreux à faire un Statut qui leur défend de posséder aucuns biens au-delà de l'enceinte de leur désert, afin sans doute, de s'ôter toute occasion de quitter le lieu de leur retraite: *Cupiditatis occasiones nobis et nostris posteris quantum Deo juvante possumus praecidentes, praesentis scripti sanctione statuimus;quatenus loci huius habitatores, extra suos terminos Eremi nihil omnino possideant, id est non agros, non vineas, non burtos, non Ecclesias, non cimeteria, non oblationes, non decimas, et qaecumque hujus modi.*

Ce fut par le même esprit que les premiers Chartreux, étant[24] inspirés de Dieu pour détourner les maux à venir et empêcher que la multiplication des religieux et l'impuissance de les faire subsister ne les retirât de la solitude et ne les jettent dans la dissipation, se réduisirent à un petit nombre de religieux, ordonnant qu'il n'excéderait pas celui de treize ou quatorze. Et il n'y a rien de plus saint, ni de plus remarquable que l'ins-

[23] Guig. stat. c. 41 (Ed. Basil. Anno 1510)
[24] Idem, stat.c. 48

truction que le bienheureux Guigues donne à tous ceux de son Ordre[25] qui devaient venir après lui: „Nous nous sommes réduits à ce petit nombre, dit ce grand homme, nous n'avons point voulu nous charger du soin des équipages de ceux qui nous viennent voir, ni même avoir des logements destinés pour recevoir les pauvres de crainte de nous engager en des dépenses que notre maison ne serait pas capable de porter, et qu'ainsi nous soyons contraints de chercher et de courir hors de notre désert; ce que nous avons en horreur: *Hanc autem numero paucitatem, eadem consîderatione delegimus qua nec hospitum equitaturas procuramus, nec domum Eleemosinariam habemus, videlicet ne ad majores quam locus iste patitur exppensas exacti, quaerere, et vagari, quod horremus, incipiamus.*

Que s'il arrivait, ajoute-t-il, pour des raisons qui nous sont inconnues, que nos successeurs ne puissent pas même avoir et entretenir ce petit nombre sans se mettre dans cette odieuse et détestable nécessité de sortir et de chercher, ils se restreindront, s'ils veulent suivre notre avis, à un petit nombre, à l'entretien desquels la maison puisse suffire sans s'exposer à de si grands dangers: car quoique présentement, nous soyons assez peu de personnes, nous aimerions mieux toutefois qu'il y en ait encore moins, que de tomber en de semblables inconvénients pour vouloir ou les conserver ou en accroître le nombre: *Quod si posteri nostri hunt ipsum tam parvum numerum, aliquibus occasionibus quod ignoramus, hoc in loco, sine quaerendi, et vagandi, odibilibus officiis procurare nequiverint: si nostris voluerint acqiescere consiliis, ad eam redibunt*

[25] Ibidem: c. 79

quantitatem, quam sine praedictis possint portare periculis. Nos enim qui in praesentiarum hic degimus quamvis pauci simus; multo pauciores esse mallemus, quam ad illa mala servata vel multiplicato numero perveniere".

Nous lisons dans Gratien qu'un religieux doit[26] être content de demeurer dans son cloître parce que, dit-il, un moine ne peut vivre hors de sa clôture, non plus que le poisson hors de l'eau. Qu'un solitaire, ajoute-t-il, se conserve dans le repos et dans le silence puisqu'il est mort au monde, et qu'il ne vit plus que pour Dieu. *Sed eat solitarius, et taceat, quia mortuus est mundi, Deo autem vivit.*

Le Pape Alexandre II commande aux moines selon la règle de saint Benoît, et conformément au Décret du Concile de Chalcédoine, de demeurer dans leur cloître, et leur défend d'aller dans les villes, dans les châteaux ou les villages: *Monachis quamvis Religiosis ad normam sancti Benedicti, intra Claustra morari praecipimus: vivos urbes, castella peragrare prohibemus: Et a populorum praedicatione omnino cessare censuimus: nisi forte quia, de sua anima salute sollicitus, ut eorum habitum assumat, eos intra Claustrum consulere voluerit.*

Question II

N'est-il donc pas permis à un religieux de sortir du monastère dans lequel il a fait profession?

RÉPONSE

Quoiqu'il n'y ait guère de précepte plus positif, ni plus important dans la règle de saint Benoît que celui de la stabilité, il faut néanmoins de-

[26] Gratian. Decreti 2. Part. Causa 16. c. 8; placuit q.t.

meurer d'accord qu'il a ses exceptions. Saint Benoît envoya saint Maur en France, et saint Placide en Sicile pour y jeter les fondements de son Ordre. Saint Bernard qui avait fait sa profession dans le monastère de Cîteaux, alla dans celui de Clairvaux pour en faire la fondation et en être l'Abbé. On voit dans la règle de S. Benoît, et dans les règles monastiques que les religieux étaient occupés hors clôture à cultiver les terres, à faire la moisson, à couper des arbres dans les forêts, et à d'autres travaux semblables. On y remarque aussi qu'on les envoyait hors du monastère pour les besoins des Frères et pour des nécessités de la communauté. Un Concile de Mayence[27] défend aux religieux de sortir de leur cloître, si ce n'est que la nécessité et le commandement du supérieur les y oblige. Et on peut dire qu'un religieux sort de son monastère sans blesser la promesse qu'il a faite à Jésus Christ d'y vivre et d'y mourir, lorsque la volonté de Dieu, qui est la maîtresse de toutes choses et de toutes les règles, l'appelle ailleurs. Mais cette volonté lui doit être déclarée par un ordre et par un commandement juste et légitime de ses supérieurs, qui ne peuvent l'obliger de sortir de son cloître que pour des nécessités véritables, et des considérations conformes à sa profession et selon sa règle. Car le vœu de stabilité n'est point dans leurs mains; il ne dépend ni de leur caprice ni de leur fantaisie. Et c'est ce que saint Bernard[28] a voulu nous apprendre quand il a dit qu'il ne fallait pas que le vœu de stabilité préjudicie à l'obéissance, ni l'obeissance à la stabilité. C'est à dire que le vœu de stabilité n'exempte point un religieux d'obéir, quand le commandement est juste, qu'il est dans l'ordre, et qu'il n'a rien de contraire;

---

[27] Mogunt. c. 12.sub. Léon. 3 anno 813
[28] Epist. 7; cf. note 21

ni aux règles, ni aux devoirs de sa profession, mais que lorsqu'il n'a pas toutes ces conditions; il ne faut pas que la stabilité lui cède.

Le même Saint explique plus nettement sa pensée[29], quand il dit que le vœu de la stabilité doit empêcher qu'un religieux ne quitte son monastère pour mener une vie plus douce et plus aisée, ou pour sa satisfaction, ou par chagrin, par humeur, par curiosité, ou par tout autre motif de légèreté, d'inquiétude et d'inconstance; mais non pas lorsqu'une autorité légitime veut disposer de lui, et l'appliquer à des emplois conformes à ses devoirs, et à sa profession: *Praescribat proinde stabilitatis pactum, omni deinceps remisso descensui contentioso discessui, vago et curioso discursui, totius denique inconstantiae levitati: non tâmen bis que in professionis serie sequuntur, morum videlicet conversioni et obedientiae quae secundum regulam fit.*

On voit un Statut dans un Chapitre Général de l'Ordre de Cîteaux[30] qui revient parfaitement à cette pensée de saint Bernard, voici ses termes: „Que personne sur sa propre instance ne soit envoyé dans une autre maison; mais qu'il se tienne dans la sienne, qu'il y meure, ou qu'il y vive". *Nemo ad propriam instantiam ad aliam domum emittatur sed in domo sua, aut moriatu, aut vivat.*

C'est si bien le sentiment de l'Antiquité, que nous voyons dans S. Basile[31], qu'il n'est permis à personne de sortir du monastère que par un commandement exprès, et par l'obligation d'une nécessité pressante. Il dit ailleurs que si un religieux n'est porté à se séparer de ses frères que

---

[29] De praec et; cap.16, n°44; SBO, Vol III p. 284 linea 7
[30] Cap. Gen. an. 1224
[31] s. Basil. Regulae fusius tractatae q. 36 cf. note 6

par la seule légèreté de son esprit, il faut qu'il travaille à guérir la maladie de son âme; et que s'il n'en vient point à bout, il faut l'exclure pour jamais de toutes les communautés monastiques.

Il faut ajouter à cela qu'un religieux peut changer de monastère lorsque le dérèglement et le mauvais exemple des frères s'opposent à son salut; ou bien que l'esprit de Dieu l'appelle à une vie plus exacte et plus parfaite que celle qui se pratique dans le lieu de son premier engagement. Ce qui est une liberté sainte des enfants de Dieu que l'Église, comme nous l'avons déjà dit, leur a toujours conservée.

Question III

Un religieux ne peut-il pas sortir de son monastère pour se délasser l'esprit, et chercher dans le monde quelque divertissement honnête et quelque récréation innocente?

RÉPONSE.

Un religieux doit savoir qu'il ne doit plus rechercher les satisfactions du monde; qu'étant mort, comme il est par sa profession, à toutes les choses de la terre, il a renoncé aux joies et aux plaisirs, comme aux biens et aux richesses. Que ces sortes de jouissances lui sont également interdites. Qu'il n'y a plus de consolations pour lui, que celles qu'il peut trouver dans son état, c'est à dire dans la paix et dans le témoignage de sa conscience; ce qui est l'effet de la pureté de son coeur, de sa soumission aux volontés de Jésus Christ, et de la fidélité qu'il lui garde dans l'observation de sa loi.

Quelle compatibilité, mes frères, pourriez- vous vous imaginer entre les divertissements du monde, et cette obligation qu'ont tous les religieux, de vivre dans les gémissements et dans les larmes, comme nous l'avons montré tant de fois ?

Question IV

Faut-il qu'un religieux vive dans l'abattement et dans la tristesse sans aucune consolation?

RÉPONSE.

Vous devez savoir, mes frères, qu'il y a deux sortes de tristesse. L'une qui est toute humaine, est méchante, inutile, et donne la mort. C'est de celle-là dont parle le livre de l'Ecclésiastique quand il[32] dit: Chassez loin de vous la tristesse, car elle a donné la mort à beaucoup de personnes, et jamais elle n'a produit aucune utilité.*Tristitiam longe repelle a te, multos enim occidît tristitia, et non est utilitas in ea.* Elle est méchante[33] parce qu'elle n'est rien qu'un dérèglement du cœur; une passion qui s'irrite par la privation d'un bien que l'on désire, ou par la présence d'un mal qu'on voudrait éviter. Elle est inutile parce qu'elle ne peut par toute la violence de ses mouvements, ni nous délivrer du mal - qui nous afflige, ni nous procurer le bien - qui nous plairait. Elle donne la mort car toutes les passions ne manquent point de nous faire des blessures mortelles lorsqu'elles ne sont ni modérées, ni réglées par la grâce. Il y a une autre tristesse qui est selon Dieu. Celle-là est sainte, elle est utile, et elle soutient les âmes au lieu de les abattre. Le Prophète a voulu nous la marquer quand il a dit: „Vos consolations ont rempli mon âme de joie à proportion des douleurs qui ont accablé mon cœur; *Secundum multitu-*

[32] c. 30 v. 24-25
[33] „méchante“: ancien français = mauvaise.

dinem[34] *dolorum meorum, in corde meo consolationes tuae laetificaverunt animam meam.*

Elle est sainte parce que Jésus Christ la produit en nous par son regard et par l'opération de son saint-Esprit. Elle est utile, puisque c'est elle qui nous fait répandre des larmes qui lavent nos âmes, et qui effacent les taches des péchés qu'elles ont contractées. On ne saurait douter qu'elle ne console et qu'elle ne donne de la joie, puisqu'un pénitent ne peut regarder ses gémissements que comme des effets sensibles de la miséricorde que Dieu lui a déjà faite, et des assurances de celle qu'il lui prépare.

Ainsi lon de là qu'un solitaire qui passe toute sa vie sans avoir part aux réjouissances de la terre, soit abattu sous le poids de la douleur, et privé de toute consolation, comme on se le figure; bien au contraire, il trouve que la douleur de la pénitence, selon saint Jean Climaque[35], enferme avec soi une allégresse et une joie spirituelle, de même que la cire enferme le miel. Elle est toujours jointe dans l'âme avec un plaisir doux et agréable, et Dieu ne manque point de consoler d'une manière secrète et invisible, ceux qui ont le cœur comme brisé par une affliction si sainte.

C'est ce qui a fait dire à ce même Saint36, qui était parfaitement instruit des conduites de la grâce, que la douleur vive et profonde de la pénitence reçoit la consolation de Dieu, comme la pureté du cœur reçoit l'illumination du ciel… Cette consolation est un rafraîchissement de l'âme affligée qui, comme un enfant, pleure et crie en elle-même avec

[34] Psal 93 v.19
[35] L'Échelle Sainte, Septième Degré, n° 54 cf. supra note 9
[36] L'Échelle Sainte, Septième Degré, n° 60 cf. supra note 9

tendresse et avec amour. Et ce rafraîchissement est un renouvellement de l'âme accablée de douleur, lequel, par un merveilleux effet, change des larmes amères et cuisantes en d'autres larmes douces et agréables.

Question V

Doit-on refuser à un religieux la liberté de sortir pour son soulagement lorsqu'il est pressé par l'inquiétude, ou qu'il est dans la tristesse?

RÉPONSE:

Nous vous dirons, mes frères, sur cet article, qu'il arrive que des religieux se trouvent privés de consolation dans leur état, que toutes choses leur paraissent dures, et qu'ils y vivent dans l'inquiétude et dans l'amertume par des causes et des raisons différentes. Il y en a pour qui Dieu se cache, et auxquels il lui plaît quelquefois de retirer cette joie intérieure, qu'il accorde d'ordinaire à ceux qui le servent, afin d'éprouver leur fidélité, en leur donnant occasion de se soutenir par la vigueur de leur foi, et par la fermeté de leur constance; lesquels se voyant dans la sécheresse et dans la privation de toutes grâces sensibles, au lieu de suivre l'ordre de Dieu, et se contenter de l'état auquel sa providence les met, se tourmentent et s'inquiètent, sans faire autre chose par tous ces mouvements irréguliers que de rendre leur joug plus pesant et d'augmenter leurs peines.

Il y en a d'autres qui par un tempérament et une disposition mélancolique, n'ont que du dégoût pour la retraite; sont accablés du poids de la solitude, et passent leurs jours dans une tristesse et dans un obscurcissement continuel.

Il s'en trouve, et plût à Dieu que le nombre n'en fut pas si grand qui, par le dérèglement de leur esprit et de leur cœur, et par l'opposition qu'ils ont à toutes les choses saintes, regardent le monastère comme une prison, et l'assujettissement à la discipline comme une servitude cruelle.Ou bien qui par le défaut de l'exactitude et de la fidélité que Dieu demande des personnes qui lui sont consacrées, se dérobent à eux-mêmes tout le bonheur de leur condition et le fruit de leurs travaux; ne moissonnant dans un champ de repos et de paix que du trouble et de la confusion.

Il faut avertir les premiers, qu'ils se conforment aux desseins de Dieu; qu'ils adorent toutes ses conduites; qu'ils profitent de ce refroidissement et de cette disgrâce qui n'est qu'est apparente et passagère. Il faut leur dire que ce nuage ne durera que peu de moments; que le Soleil se montrera plus clair et plus éclatant qu'il n'était; et que cette aridité qui les afflige leur sera salutaire, pourvu qu'ils la supportent avec patience, et qu'ils entrent dans cette sainte disposition où était le Prophète, lorsqu'il disait à Dieu: „Seigneur, j'ai rejeté toutes les satisfactions humaines, je n'ai fait que penser à vous, et je me suis vu rempli de consolation“.*Renuit consolari anima mea, memor sui Dei, et delectatus sùm*[37].

Il faut compatir à l'infirmité des seconds; soulager leur faiblesse, et s'appliquer autant qu'il est possible à l'adoucissement de leurs misères. Il faut les consoler en les élevant à Dieu, et leur donner l'avis que l'Apôtre saint Jacques donne à tous les chrétiens lorsqu'ils sont surpris de tristesse[38]. *Tristatur aliquis vestrum, oret,* et se souvenir qu'il n'est jamais permis d'aller à des fins, quelques bonnes et nécessaires qu'elles nous paraissent, par des voies qui ne sont pas légitimes.

---

[37] psal 76 v. 3

[38] Jacob c. 5 v. 13 = (Jc 5, 13)

Pour les derniers, il faut leur faire comprendre qu'ils ne sont misérables que parce qu'ils sont infidèles, que leur inquiétude et leur chagrin est l'effet de la peine de leur péché; que leur conscience n'a garde de n'être point troublée, puisqu'elle n'est pas pure; et que s'ils avaient observé fidèlement la loi de Dieu, ils jouiraient, selon l'expression du Prophète, d'une paix aussi profonde que les gouffres et les abîmes de la mer: *Utinam attendisses mandata mea, facta fuisset sicut flumen pax tua; et justitia tua sicut gurgites maris.*[39] Il faut les exciter et les mettre en état de dire du fond de leurs âmes: Malheur à nous, parce que nous avons péché, c'est pour cela que nos cœurs ont été remplis de tristesse, et nos yeux cuverts de ténèbres épaisses: *Vae nobis quia peccavimus; propterea maestumfactum est cor nostrum, ideo contenebrati sunt oculi nostri*[40], afin que, reconnaissant qu'ils sont eux-mêmes auteurs de leurs maux et que cette inquiétude et cette tristesse qui, comme une nuée ténébreuse se répand et couvre tout l'homme intérieur, ne s'est formée que de leur iniquité, ils retournent à Jésus Christ par une conversion sincère pour lui demander qu'il la dissipe, qu'il chasse ces nuages et ces obscurités qui les environnent, et qu'il ne permette pas qu'ils s'assoupissent dans les ombres d'une mort éternelle: *Illumina oculos meos ne unquam obdormitam in morte.*[41]

Ce sont là les remèdes que l'on doit employer pour soulager un solitaire, lorsque la tristesse s'empare de son cœur; ce sont les moyens dont il faut se servir pour sa guérison, au lieu de lui présenter des plaisirs et

[39] Isai c.48 v.18
[40] Jr 5, 16-17
[41] Psal 12 v. 4.

des amusements qui trompent tous ceux qui s'y arrêtent, qui ne peuvent procurer de joie qui soit véritable et solide; et par-dessus tout, qui sont contraires à la sainteté de sa profession. Jésus Christ est le seul principe de la paix qui convient à ceux qui ont la gloire de lui appartenir. Cette paix est de lui et est à lui. Il nous l'a méritée par le sang qu'il a versé pour la réconciliation des hommes; et c'est s'abuser que de l'espérer du monde puisqu'il nous a déclaré lui-même que le monde ne la connaissait point et qu'il n'était pas capable de la donner: *Pacem meam do vobis, non quomodo mundus dat, ego do vobis*[42]. S'il vous arrive quelque peine et quelque douleur, dit saint Chrysostome[43], n'allez pas chercher votre consolation chez les hommes, mais ayez recours au souverain médecin des âmes. Car celui-là seul qui a formé chacun de nos cœurs et qui en observe tous les mouvements est capable de les guérir.

Tenez pour une maxime constante, mes frères, que les plaisirs et les divertissements du monde ne sont jamais plus dangereux ni plus préjudiciables à un religieux que dans les temps et dans les cas où l'on s'imagine qu'il y a plus de raison de les souhaiter et de les permettre. Je veux dire dans les tentations et dans les maladies. Car, comme notre impénitence et notre immortification naturelle nous porte à désirer de nous voir délivrés des maux et des peines qui nous arrivent, soit qu'elles attaquent nos corps, soit qu'elles affligent nos âmes, elle fait aussi que nous nous attachons et que nous recherchons avec ardeur ce qui peut nous donner ce soulagement et nous procurer cet avantage. De sorte que si nous le trouvons dans les joies et dans les divertissements du monde, il ne faut

[42] Joan. 14, 27
[43] Homil. 54 ad pop. Antioc.

point douter qu'il ne flatte notre amour-propre, qu'il ne sollicite notre cupidité, et qu'il ne nous attire à lui; qu'il ne ruine en nous toute la vertu de notre état et qu'il ne nous sépare de Dieu, en nous séparant de nos obligations principales.

Enfin, soit que nous perdions le souvenir de nos devoirs ou le désir de nous en acquitter, nous faisons un nouveau pacte avec la mort. Nous renouons nos liens, nous faisons revivre nos premiers engagements avec le monde et par une infidélité sacrilège, nous lui remettons entre les mains les places que nous lui avions ôtées, et que Jésus Christ avait occupées dans nos cœurs depuis que nous nous étions consacrés à son service.

Ainsi, mes frères, bien loin qu'on puisse avec conscience accorder aux religieux des soulagements et des divertissements du monde dans les circonstances que nous vous avons marquées, c'est pour lors que les supérieurs doivent se rendre plus exacts et travailler avec plus de soin pour leur en donner de l'éloignement et empêcher qu'ils ne les souhaitent et qu'ils ne s'y portent.

Donnez à un homme qui n'a ni appétit ni altération, des liqueurs ou des viandes délicieuses, sa tentation ne sera pas fort grande. Il ne faut qu'une vertu très commune pour n'être pas intempérant. Mais si on le surprend lorsque la faim le presse et que sa soif est ardente, il a bien de la peine à empêcher que sa vertu ne succombe. De même quand les divertissements du monde se présentent tout seuls, et que nous n'avons ni de raison ni d'inclination à les désirer, le danger n'est pas grand. Si, au contraire, ils se rencontrent avec nos infirmités, nos besoins, nos nécessités, et que nos passions s'y joignent, tout nous parle en leur faveur; le venin en devient plus vif, leur malignité beaucoup plus pernicieuse, et il est presque impossible qu'elle ne fasse sur nos âmes de mortelles impressions.

Question VI

La maladie n'est-elle pas un sujet légitime pour sortir du monastère?

RÉPONSE

Le motif des maladies et de la conservation de la santé ne peut être considéré que de ceux qui n'ont aucune connaissance de l'état et de la vie monastique.

Premièrement, si dans l'ordre de Dieu tous les chrétiens ne vivent que pour mourir, si toute leur vie ne doit être qu'une préparation à la mort, et si, selon saint Augustin, celui-là n'est pas digne d'une mort heureuse qui n'a pas une volonté sincère de mourir: quelle ne doit point être en cela la disposition d'un solitaire; avec quelle ardeur ne doit-il pas attendre ce bienheureux passage, lui qui doit s'acquitter d'une manière parfaite des obligations qui lui sont communes avec le reste des chrétiens; et qui n'étant plus de ce monde, n'a ni affaires, ni plaisirs, ni affections qui l'y attachent ?

Sa vie n'est qu'un désir et qu'une méditation continuelle de la mort; et son occupation principale est de l'attendre incessamment, aussi bien que d'y penser. Cependant peut-on croire qu'il soit dans cette disposition, ou plutôt, peut-on douter qu'il n'en ait pas de toutes contraires, quand on le voit quitter son monastère pour aller chercher la santé parmi le monde? N'est-ce pas une extravagance pitoyable qu'un homme qui s'est enfermé dans un cloître pour se préparer à une sainte mort et pour se mettre à couvert[44] de tant d'accidents différents capables de lui en causer une mauvaise, quitte sa retraite lorsqu'il est menacé de perdre la vie et s'expose de nouveau à des occasions pareilles, et même pires, que celles qu'il avait évitées en quittant le monde ?

Il fuit les hommes, à ce qu'il dit, pour bien mourir, et il va retrouver les hommes quand il croit qu'il est près de mourir, semblable à celui qui, après s'être éloigné toute sa vie des ennemis de sa créance[45] et de sa foi de crainte de mourir malheureusement parmi eux, se voyant sur la fin de sa course et n'ayant que peu de moments à vivre, s'aviserait de les aller rechercher, et rendrait ainsi toutes ses précautions inutiles.

Secondement, un solitaire quitte le monde et s'enferme dans un monastère comme dans une prison, afin de satisfaire à la justice de Dieu pour ses péchés. Il livre son corps à une mort volontaire pour racheter la vie de son âme: tous les exercices de la religion, les veilles, les jeûnes, les travaux, la solitude et toutes les mortifications corporelles sont comme les instruments de son supplice qui affaiblissent sa santé par des impressions insensibles. Il renonce à une vie de peu de moments pour obtenir de la bonté de Dieu une vie qui soit éternelle, selon cette parole de Jésus Christ: *Qui odit animam suam in hoc mundo, in vitam aeternam custodit eam*[46].

Il ne désire rien davantage, sinon que Dieu détruise en lui tout ce qu'il y a de mortel et de périssable; qu'il exerce et qu'il épuise ses vengeances

---

[44] „se mettre à couvert“ = se protéger
[45] créance (vieux français) = foi ou croyance
[46] Joann c. 12 v. 25

dans le temps, afin que dans l'éternité il n'ait pour lui que de la miséricorde et de la clémence*: Hic ure, Hic seca, modo in eternum parcas*[47].

Que peut-on après cela s'imaginer quand un religieux, dans les maladies (qui sont les véritables effets et les suites nécessaires de son engagement) sort de son monastère pour chercher parmi les hommes les moyens de ne pas mourir, sinon qu'il rétracte la résolution qu'il avait prise, ou au moins qu'il en a perdu la mémoire; puisque se laissant aller à la crainte de la mort, et au désir de prolonger ses jours, il témoigne que sa santé lui est plus précieuse que son salut, qu'il est plus touché de la conservation de son corps que de celle de son âme, et qu'il ne fait nulle difficulté d'abandonner une vie immortelle pour une vie qui dans sa fragilité, dans son incertitude, aussi bien que dans sa durée, ne peut être regardée que comme une vapeur.

Troisièmement, si vous voyiez un martyr, lequel étant prés de la mort qui doit être tout son désir comme elle doit faire toute sa gloire, au lieu de l'attendre constamment, romprait ses fers et ses chaînes, s'enfuirait et se déroberait au supplice qui lui aurait été préparé; vous diriez sans doute qu'il n'aurait guère moins déshonoré la Majesté de Jésus Christ, par cette fuite scandaleuse, que s'il avait abandonné la foi.

C'est la pensée que l'on doit avoir d'un religieux dont la profession, dans le sentiment des saints, est un véritable martyre, lorsqu'au lieu d'apprendre au monde le cas qu'il doit faire de la vie future par le mépris qu'il a de la vie présente, et de rendre témoignage des vérités que Jésus Christ nous enseigne en persévérant dans la pénitence et dans les tra-

[47] Augustinus

vaux qui sont attachés à son état, et en achevant le sacrifice qu'il a commencé de lui offrir, par une acceptation de la mort qui soit volontaire et tranquille, il donne des marques publiques de l'envie qu'il a de l'éviter, en quittant son monastère pour chercher des remèdes et des secours dans la main des hommes, et en faisant céder toutes ses résolutions et les engagements à cette passion déréglée qu'il a de vivre.

Quatrièmement, les maladies sont les avant-coureurs de notre mort, puisqu'elles sont comme les chemins, ou les voies naturelles par lesquelles nous arrivons à la fin de notre vie. Cest par les infirmités, comme dit saint Grégoire, que Dieu frappe à nos portes. *Pulsat, cum iam per agritudinis molestias, mortem vicinam designat*[48]. Et qu'il nous avertit de nous tenir prêts, et de nous mettre dans l'état où nous devons être pour paraître à ses yeux, afin qu'il vienne sans nous surprendre, et qu'il ne rencontre rien en nous qui l'oblige de nous juger dans sa colère. Cela étant, mes frères, n'est-ce pas une conduite insupportable dans un moine qui, se voyant malade, bien loin de profiter de l'avertissement que Dieu lui donne, et de se servir pour cela de tous les moyens qu'il a reçus de sa main, abandonne son monastère, ce refuge sacré dans lequel la providence l'a renfermé comme dans un fort, quitte la société de ses frères; se prive du secours qu'il peut tirer de leur exemple, de la régularité du cloître, de son assujettissement à la conduite de son supérieur; du silence, de la solitude, et de tant d'autres avantages qui se trouvent dans l'exacte observation de sa règle ? Est-ce ainsi qu'il se tient sur ses gardes? Est-ce ainsi qu'il se prépare au jugement de Jesus-Christ en se ti-

[48] GREG HOM 13 n°3 in Evang. p. 302 Coll. Sources Chrétiennes n° 485; Éd. du Cerf, Paris, 2005

rant de l'état auquel il lui a plu de le mettre? Croit-il que ce Juge: qui ne se trompe jamais puisse regarder ce déplacement comme un effet de sa vigilance et de son soin?

Ou plutôt doute-t-il qu'il ne punisse sévèrement une licence si contraire aux dispositions qu'il demande de lui? qu'il ne le traite comme un déserteur qui a lâchement abandonné son poste par l'appréhension qu'il a eue de la mort, et qu'il ne le livre à toutes les passions et à tous les maux dont un religieux peut être digne quand il préfère le soulagement de son corps à son devoir, à la voix de Dieu et à la sanctification de son âme?

Voulez-vous savoir, mes frères, ce que deviennent ces sortes de religieux au sortir de leurs cloîtres ? Les uns courent les pays et les provinces éloignées, cherchant les eaux et les bains pour la guérison de leurs maux. Vous les voyez dans les lieux et dans les assemblées publiques parmi des personnes de toutes conditions, de tous âges, de toutes mœurs, et de tout sexe.

Ils y passent les journées en des conversations de nouvelles et d'affaires du monde, ou en des entretiens de leurs infirmités particulières, des maladies des uns et des autres; des opérations, des remèdes; ce qui seul peut rappeler les idées des choses qui doivent être oubliées pour jamais. Ils vivent dans une mollesse, dans une impénitence toute publique, vides et inoccupés des choses de Dieu autant qu'ils sont pleins d'eux-mêmes. Et leur aveuglement est si grand, qu'ils ne s'aperçoivent pas que, quand même ils éviteraient les accidents les plus grossiers auxquels ils s'exposent, leur conduite déshonore la sainteté de leur habit; et que la sainteté de leur habit condamne leur conduite.

Vous en voyez d'autres aller de monastère en en monastère sous prétexte que le changement d'air rétablira leur santé. On les y reçoit et on les y traite en qualité d'étrangers et de malades. Et comme ils vivent sans sujétion et sans régularité, ils ne manquent pas de répandre le venin de leur libertinage et de leur inquiétude, laissant dans tous les lieux où ils passent des marques et des exemples pernicieux de leur dérèglement, pour récompense de la charité que l'on a eue pour eux.

Il y en a d'autres qui vont chez leurs parents et dans la maison de leurs pères, pour prendre, à ce qu'ils disent, l'air natal; mais en fait, c'est pour y reprendre les dépouilles du vieil homme qu'ils y avaient laissées. Car c'est là qu'ils trouvent leurs anciennes habitudes, et leurs premières affections. La tendresse du père, les caresses de la mère, la douceur et le goût qu'ils reçoivent dans le commerce de leurs proches, achève d'éteindre ce qui leur restait de piété.

Leurs cœurs amollis comme de la cire, reçoivent indifféremment les impressions de tout ce qui se présente à eux; Enfin ils redeviennent ce qu'ils étaient avant leur retraite et retournent dans leurs monastère comme dans un exil insupportable. Ils y remportent le monde avec eux. Et au lieu d'y vivre et de s'y conduire par l'Esprit de Jésus Christ, ils ne connaissent plus ni de règles ni de maximes que celles que la chair et le sang leur a révélées.

Voilà les inconvénients inévitables à des religieux qui quittent leur monastère par le motif de leur santé. Il faut qu'ils sachent qu'ils se creusent des abîmes toutes les fois qu'ils le désirent; et que les supérieurs les y précipitent quand ils y consentent.

Question VII

Si un religieux ne doit pas sortir de son monastère pour le rétablissement de sa santé, le peut-il quitter pour la sollicitation des affaires et des procès?

RÉPONSE

Si dans quelques cas, pour des raisons et des nécessités importantes, il peut être permis à des moines d'avoir et de soutenir des procès, il ne leur est presque jamais permis d'abandonner leur monastère pour en faire par eux-mêmes les sollicitations et les poursuites. Cet emploi est tellement contraire à tous les devoirs de leur profession qu'on ne peut douter qu'il ne doive être mis au nombre des choses qui leur sont défendues.

L'on n'aurait sur cette vérité qu'un même sentiment, si on voulait se donner la peine de considérer ce que c'est que la vie d'un solitaire et ce que c'est que l'occupation d'un homme qui sollicite des procès. Celui qui saura qu'un religieux est destiné de Dieu à une piété toute intérieure, qu'il est obligé de vivre dans l'innocence, dans la simplicité, dans le repos, dans un recueillement continuel, dans la séparation des hommes et dans une présence de Dieu qui ne soit point interrompue, autant que l'humaine fragilité le peut permettre, ne croira jamais que l'on puisse avec conscience l'exposer à cette effroyable dissipation qui se rencontre dans la poursuite des affaires; qu'on puisse l'engager dans les déguisements et les finesses sans lesquelles souvent les prétentions les plus justes ne peuvent avoir que de mauvais succès; ni vouloir qu'il paraisse dans la foule, devant les Tribunaux et dans les Justices séculières où il n'y a que clameur, que tumulte, que confusion; qu'il s'occupe de choses qui, bien loin d'être compatibles avec la présence de Dieu qu'il doit conserver dans tous les temps, lui en ravissent la vue, et remplissent tellement toutes ses heures qu'il ne lui reste pas un moment pour donner à celui qui doit être toute sa vie l'unique objet de sa pensée.

C’est l'extrémité dans laquelle un religieux se trouve réduit lorsqu’on le charge de semblables emplois. Il n'a plus de retraite, de régularité, de silence. Les affaires dont il a le soin le demandent et le veulent tout entier, il leur donne tout son temps, son industrie, sa vigilance. C'est un torrent qui l'emporte avec d'autant plus de rapidité qu'il n'a pas le loisir de faire sur lui-même une réflexion qui lui soit utile. Il vit parmi des hommes qui suivent en toutes choses les mouvements que la haine ou l'avarice leur inspire, et il en prend l'air[49], les mœurs, et les maximes.

Il est sec dans ses discours, dissipé dans sa conduite, attaché à son propre sens, ardent dans ses intérêts, prompt à entreprendre des affaires, ennemi des accommodements; en un mot, c’est un religieux sans religion qui fait voir dans toutes ses actions et dans ses paroles le désordre et la confusion de son âme. C’est un vase brisé qui ne peut plus contenir les liqueurs de la grâce[50]. C’est cette vigne de l'Écriture qui de belle et d'abondante qu'elle était, est devenue sauvage; et dont le fruit n'a plus que de l'amertume et de l'aigreur[51].

Jugez, mes frères, si un supérieur qui n'a de charge et d'autorité que pour sauver les âmes peut, sans trahir son ministère, appliquer un religieux à des emplois purement temporels qui le tirent de son cloître, qui l'empêchent de s'acquitter de ses obligations, et qui ruinent en lui par des suites inévitables, les qualités saintes et les vertus principales de son

[49] l'aspect
[50] ? Jr 25, 34 „dissipationes vestræ, et cadetis quasi vasa pretiosa“.
[51] Is 5, 4

état. Jugez si cette conduite se peut accommoder avec l'instruction que Jésus Christ donne à tous les Pasteurs monastiques par la bouche de saint Benoît[52]: „Surtout, dit ce Saint, que le supérieur prenne garde de ne pas négliger les âmes qui lui ont été commises, et d'en faire moins de cas que des choses temporelles, terrestres, et périssables. Mais qu'il ait toujours dans la pensée qu'il s'est chargé de la conduite des âmes et qu'il doit un jour en rendre compte. Qu'il n'allègue point pour excuse la pauvreté du monastère, mais qu'il se souvienne qu'il est écrit: „Cherchez premièrement le royaume et la justice de Dieu, et tout le reste vous sera donné comme par surcroît". *Ante omnia ne dissimulans aut parvipendens salutem animarum sibi commissarum ne plus gerat sollicitudinem de rebus transitoriis et terrenis atque caducis; sed semper cogitet quia animas suscepit regendas de quibus et rationem redditurus est. Et ne causetur de minore forte substantia; meminerit scriptum: "quaerite primum regnum Dei et justitiam ejus, et haec omnia adicientur vobis*[53].

Un Concile de Mayence[54] défend aux religieux de se trouver devant les tribunaux séculiers et déclare qu'au cas où l'Abbé soit obligé d'y comparaître par quelque nécessité, il ne le fera point que du consentement et par le commandement de son Évêque. Mais qu'il prenne garde de n'y former ni contestation ni procès, et que s'il a quelque demande ou quelque réponse à faire, il se serve pour cela du ministère des avocats. *Hoc tâmen omnino volumus ut monachi nulla tenus ad secularia placita veniant, nec ipse Abbas sine consenso Episcopi sui cum necessitas exi-*

[52] RB cap 2
[53] *Matth c. 6. v.33*
[54] sub Leone 3, anno 813 can. 12

git, tunc per jussionem et consilium Episcopi illuc vadat nequaquam tâmen contentiones aut lites aliquas movere prœsumat, sèd quid quid querendum est aut respondendum, per advocatos suos hoc agat.

Que s'il y a quelques Canons qui permettent a un religieux avec la permission de son supérieur, *advocati partem gerere*, dans les affaires de sa communauté, cela ne doit s'entendre que dans les occasions légitimes et pressantes, pour informer simplement les Juges de son droit, de la justice de sa cause, de ses intérêts, et non pas pour s'engager dans la poursuite d'un procès, d'en faire les sollicitations, et de passer pour cela des temps considérables hors de son cloître.

Il faut, mes frères, que tout cède au salut des âmes depuis que Jésus Christ a bien voulu mourir pour elles et donner sa vie pour les tirer de la servitude du péché. Leur valeur est infinie; il n'y a plus rien dans les choses périssables qu'on puisse leur égaler, et c'est manquer de foi que de ne pas croire qu'il faille abandonner des mondes entiers pour la conservation d'une seule âme.

Question VIII

Il semble que vous n'approuviez pas que les religieux aient des procès, en disant: s'ils peuvent quelquefois en avoir pour des raisons et des nécessités importantes.

RÉPONSE

L'Instruction que Jésus Christ nous donne lorsqu'il nous dit: Si quelqu'un vous ôte ce qui vous appartient, ne le redemandez pas: *Qui auffert quœ tua sunt, ne repetas*[55] n'est ignorée de personne. Et s'il a pris le soin

[55] Lc *6*. v. 30.

de nous la recommander en plusieurs endroits de l'Écriture, et par tant de manières différentes; ce n'a été qu'afin de nous l'imprimer davantage, et de nous mieux apprendre le cas que nous en devons faire.

On dit assez que de ne point plaider, de quitter son bien plutôt que de le défendre par des procès et par des voies contentieuses, c'est un conseil évangélique que tous les chrétiens sont obligés d'observer comme un précepte, dans la préparation intérieure et dans la disposition du cœur. Mais c'est une chose étrange que personne ne s'aperçoive du cas et de la circonstance dans laquelle ce conseil doit avoir un effet extérieur et tenir lieu de commandement; et que ceux mêmes qui ont des maximes plus sévères et qui font profession d'une piété plus exacte, sont les premiers à trouver des raisons qui les en dispensent. Véritablement si on jugeait en cela de l'intention de Jésus Christ par ce que nous voyons faire tous les jours aux hommes, on en croirait autre chose, sinon, qu'il aurait voulu seulement nous proposer une vérité, et une perfection purement spéculative, sans avoir aucun dessein qu'elle passe dans nos actions et dans nos œuvres.

Cependant saint Paul après avoir repris les Corinthiens de ce qu'ils avaient entre eux des différends et des disputes, et qu'ils les portaient devant les tribunaux des païens, leur dit, „c'est déjà un péché parmi vous de ce que vous avez des procès les uns contre les autres. Pourquoi ne souffrez-vous pas plutôt qu'on vous fasse tort? Pourquoi n'endurez-vous pas plutôt qu'on vous prenne ce qui vous appartient ? „: *Iam quidem omnino delictum esti in vobis quod jndicia habêtis inter vos, quare non magis injuriam accipitis? quare non magis fraudem patimini*?[56]

Si nous ne pouvons pas dire que saint Paul ait estimé que tout procès et toute contestation fut par elle-même un péché et une violation de la loi de Dieu, nous pouvons au moins assurer qu'il a cru que c'était un défaut et une imperfection et qu'il était si difficile de garder les mesures d'une juste défense dans les contestations qui se forment parmi les hommes; de demeurer dans les règles de douceur et de modération que Jésus Christ nous a prescrites, et d'être tellement maîtres des mouvements de son cœur que jamais la charité ne se trouve blessée, qu'il n'a point fait de difficulté de dire à ceux qui ont des différends et des procès: „vous offensez Dieu sitôt que vous plaidez“; *Et quidem omnino delictum est*. Non pas que plaider absolument soit offenser Dieu mais parce qu'il est presque impossible de plaider que vous ne l'offensiez. C'est par ces motifs et ces considérations que Jésus Christ qui a toujours été appliqué à la sanctification de ses disciples, qui a pris soin d'aplanir toutes leurs voies, d'ôter de leur chemin tout ce qui pourrait être une occasion de chute et de scandale et de les élever à une perfection et à une sainteté qui fût digne de celle de son Père: *Estote perfecti sicut Pater vester cœlestis perfectus est*[57], nous a donné pour règle et pour maxime de notre conduite, d'éviter toutes contestations, d'offrir notre manteau à ceux qui veulent nous ôter notre robe; de ne point résister au mal qu'on nous veut faire, et de ne point intenter de procès pour ravoir ces choses que l'on nous a prises: *Ego autem dico vobis non resistere malo sed si*

[56] 1 Co 6, 7
[57] Math. c 5 v 58

quis te percuisseritt in dexteram maxillam tuam paebe illi et alteram, et qui vult tecum judicio contendere et tunicam tuam tollere, dimitte ei et pallium et qui aufert quœ tua sunt ne repetas[58].

Ces instructions, mes frères, sont générales. Jésus Christ les a proposées à tous les fidèles, et il n'y en a pas un qu'elles ne regardent et qui n'y ait part. Et afin que vous ayez en cela tout l'éclaircissement que vous demandez, je vous dirai que tout chrétien étant disciple de Jésus Christ, est obligé de recevoir ces paroles: "*Qui aufert quae tua sunt ne repetas*", dans la préparation de son coeur comme un commandement; que non seulement il doit être dans une volonté sincère d'abandonner ses biens, son honneur, et tout ce qui lui peut être ravi par l'injustice et la violence des hommes aussitôt qu'il connaît que Dieu le demande de lui, et qu'il s'y voit engagé par l'intérêt de son service et de sa gloire; mais qu'il faut encore lorsqu'il est obligé de résister au mal, et qu'il est contraint de s'opposer aux desseins de ceux qui veulent lui ôter ce qui lui appartient, qu'il soit aussi détaché de ses intérêts par les dispositions intérieures, que si réellement il en avait abandonné la conservation et la défense. Dieu qui permet aux chrétiens l'usage des biens de ce monde ne veut pas qu'ils s'y attachent; de sorte que du côté du cœur et des dispositions secrètes, il ne doit point y avoir de différence entre un chrétien qui repousse une injure, ou une injustice, et un chrétien qui la souffre.

Pour ce qui est de l'exécution et de l'effet extérieur, Dieu ne le veut pas également de tout le monde: Il propose, comme nous avons dit, la perfection à. tous les hommes; mais il n'appelle pas tous les hommes à

[58] Mt 5, 38...

la perfection. Ainsi cet enseignement, *Qui aufert quœ tua sunt ne repetas*, est un conseil pour les uns, et un commandement pour les autres. Il est un conseil, pour le commun des chrétiens, bien qu'en quelques occasions ils soient obligés de le prendre à la lettre, et de l'exécuter comme un précepte. Mais pour ceux que Dieu destine à une vie parfaite, qu'il élève à une vertu supérieure, et qu'il place dans des états qui demandent d'eux une piété éminente, il leur tient lieu d'une obligation. La volonté de Dieu est qu'ils l'accomplissent par leurs oeuvres; et il y a très peu de cas dans lesquels il leur soit permis de le regarder simplement comme un conseil.

Il est aisé de juger de là, mes frères, quel peut être le devoir des religieux en ce point, et de quelle manière il faut qu'ils s'y conduisent. Nous n'avancerons rien qui ne soit véritable, quand nous dirons que Dieu les ayant appelés à ce que la religion chrétienne a de plus grand et de plus saint, et leur profession les engageant à travailler sans cesse à se rendre parfaits, ils sont obligés de suivre en toutes rencontres les avis de Jésus Christ, et de pratiquer les conseils évangélique. Par conséquence, les contestations leur sont interdites. Il ne leur est plus licite, ni d'entreprendre, ni de soutenir des affaires et des procès, soit qu'on les attaque dans leur personne, dans leur réputation, ou dans leurs biens. Il ne leur reste de moyens innocents ou légitimes pour résister à la malignité des hommes, que leur patience, leurs prières et leur foi, si ce n'est que dans quelques rencontres extraordinaires et dans quelques occasions importantes comme l'intérêt de Jésus Christ, l'édification de l'Église, et la défense de la vérité les contraigne de sortir de cette règle générale, et de s'opposer à l'injustice des méchants. Car alors leur résistance sera sainte, et on ne peut la regarder que comme une exception du précepte, et une dispense de la loi.

Il faut demeurer d'accord mes frères, que si les religieux ne considèrent la perte des choses passagères avec un désintéressement, et une sainte indifférence; et s'ils ne sont toujours prêts de céder leurs droits, leurs biens, leurs prétention, plutôt que de perdre le sacré repos de leur retraite, il n'est pas possible qu'ils répondent aux desseins de Dieu et aux grâces qu'il leur a faites; ni qu'ils arrivent jamais à la sainteté de leur profession autant qu'ils y sont obligés. Dieu demande des religieux deux choses principales. L'une est leur propre sanctification dans un degré, et dans une mesure parfaite. L'autre est l'édification de l'Église. Mais comment pourraient-ils accomplir ces divines volontés, et acquérir une perfection si éminente et si pure parmi toutes les agitations, les mouvements déréglés, et les passions différentes ou de colère, ou d'avarice, d'envie, et de vengeance qui s'excitent, s'échauffent presque toujours entre des personnes qui contestent? Y a-t-il moyen qu'ils puissent contribuer à l'édification publique, puisque, au contraire, il n'y a rien qui fasse de plus méchants effets sur l'esprit des gens du monde, ni qui leur donne de plus mauvais sentiments de la vie et de la profession des moines, que cet attachement qu'ils ont aux biens temporels, cette ardeur avec laquelle ils les défendent, et cette application à mettre en œuvre toutes les choses qui peuvent servir à leurs desseins. Ce qui n'est pas moins éloigné de la pureté de leur état, des exemples des saints moines, et de la fin pour laquelle Dieu les a formés dans son Église, que le ciel l'est de la terre.

Ne pensez pas, mes frères, que je sois seul de mon avis. Saint Basile[59] déclare que les moines ne doivent point contester, touchant les choses temporelles, devant les tribunaux des séculiers. Il dit ailleurs et saint Grégoire de Nazianze[60] avec lui, qu'un homme du monde fait ce qu'il peut pour conserver son droit, et qu'il conteste avec opiniâtreté pour les biens de cette vie, mais qu'au contraire, un moine quitte son droit de bon cœur à ceux qui veulent plaider contre lui et obéit sans peine au précepte: *qui aufert quae tua sunt ne repetas*. Que le premier se défend si on le frappe et repousse l'injure par une autre injure, se persuadant qu'il garde en cela une justice exacte. Mais pour le religieux, qu'il porte sa patience jusqu'à ce point de souffrir que celui qui le maltraite et qui le frappe, se lasse, et se rassasie lui-même de l'outrage qu'il lui fait.

Saint Chrysostome[61] expliquant ces paroles de l'Apôtre: *Omnino delictum esti...* dit que c'est une double faute de plaider devant des infidèles. Que c'en est une d'avoir des différends; et que de les attirer au jugement des païens c'en est une seconde; que deux personnes qui plaident donnent mauvaise édification, et que l'une n'est pas meillleure que l'autre. Il ne veut pas même qu'on examine celui qui a tort ou qui ne l'a pas.

Saint Augustin[62] dit que l'on pourrait s'imaginer que ce n'est pas un péché que d'avoir des contestations les uns contre les autres, mais seulement de les soumettre au jugement des païens, si saint Paul ne s'était servi de ces termes: *et quidem delictum est.* Et que ce saint apôtre pour

---

[59] In Reg Fus q. 9 cf. note 6
[60] Const. Mon. c. 6
[61] Homil 16. in 1 Epist ad Corint
[62] Enchirid c. 12

ôter aux hommes tout sujet de s'excuser en disant: „je soutiens une affaire qui est juste, je souffre une vexation, et je ne demande rien aux Juges, sinon qu'ils la fassent cesser", n'avait ajouté: „pourquoi ne souffrez-vous pas plutôt que l'on vous fasse injustice, et qu'on vous prenne de votre bien: *Quare non magis injuriam accipitis? Quare non magis fraudem patimini*[63] qu'afin de venir à cet enseignement de Jésus Christ: plutôt que de plaider, abandonnez votre manteau à celui qui vous fera un procès devant les Juges pour avoir votre robe, *et qui vult tecum judicio contendere, et tunicam tuam tollere, dimitte ei et pallium*[64], et dans un autre endroit: „ne redemandez point ce qui vous appartient à celui qui vous l'emporte par force: *qui aufert quae tua sunt ne repetas*[65].

Saint Grégoire le Grand[66] était dans ce même sentiment, quand il demande comment un parfait chrétien peut défendre par des contestations et des procès les choses terrestres que Dieu lui ordonne de mépriser, quand il dit que „lorsque nous perdons des biens périssables, si nous suivons parfaitement Jésus Christ, nous devons nous considérer dans le chemin de cette vie comme des voyageurs déchargés d'un pesant fardeau.. Et si le besoin des choses qui sont nécessaires, nous oblige quelquefois à prendre soin de notre bien, il y a néanmoins des personnes dont il faut supporter l'injustice lorsqu'elles nous le prennent.

Saint Bernard[67], écrivant aux religieux de Marmoutiers, leur dit: Je suis étonné de ce que quelques-uns d'entre vous (Dieu me garde de vous

---

[63] 1 Cor c. 6. v. 7
[64] Matth, c. 5, v. 40
[65] Luc 6 v. 30
[66] Commentaire de Job 39 dans „Morales sur Job": Lib 31 ch. 6
[67] Epist ex 387 ed Mabillon: P.L. 182, 606-609... = Ep. 397 1-2: SBO Vol VIII p. 373-374

soupçonner tous de la même chose,) soit par simplicité soit par cupidité, se mettent si peu en peine de cette réputation si célèbre dont vous êtes en possession, qu'ils préfèrent un revenu de peu de valeur à l'estime de tout un monde. Il ne faut pas, mes frères, que vous fassiez plus d'état d'un avantage temporel, quel qu'il puisse être, que de cette reputation que vous vous êtes acquise de tout temps, et même auprès des personnes étrangères, par le mérite de votre vie. Vous direz peut-être, que vous ne faites tort à personne, que vous conservez seulement ce qui vous appartient et que vous êtes tout prêts d'en croire les Juges, si on vous le conteste. Cela est fort bien. Mais si quelqu'un vous répond: „cela même est un péché d'avoir des procès, pourquoi ne souffrez-vous pas plutôt qu'on vous fasse injustice “? *Hoc ipsum delictum est.* Si un autre vous dit qu'il est écrit: „Si on vous ôte vos biens ne les redemandez pas; si on vous frappe sur la joue droite[68], présentez encore l'autre; donnez votre manteau à celui qui vous emporte votre tunique“. Nous ajouterions à cela quantité de choses semblables; mais nous aimons mieux vous donner lieu de vous corriger, que de vous confondre. Donc nous vous disons que c'est une conduite plus assurée pour tout chrétien, principalement pour un moine, d'avoir moins de bien et de conserver la paix, que de plaider et d'en avoir davantage: car vous chantez tous les jours, *Melius est modicum justo, super divitias peccatorum multas*[69].

Le même saint Bernard reprenant l'Évêque d'Angers[70] de ce qu'il plaide, lui dit que sa conduite serait et plus glorieuse et plus sainte, qu'il

---

[68] Luc 6 v. 30, Matth 5. 39, 40
[69] Psal. 36, v. 16
[70] Epist 200 SBO Vol. VIII , p. 58

ferait beaucoup plus pour la gloire de Dieu, et pour la sienne propre, s'il souffrait l'injure en patience; qu'il ne comprend pas qu'il puisse s'imaginer que sa conscience soit en sûreté en causant un si grand scandale, et lui rapporte le passage de saint Paul, *jam quidem delictum est.*

Nous lisons que saint Jean l'Aumônier[71] étant pressé par les économes de l'Église d'Alexandrie, d'entreprendre un procès contre une personne qui lui retenait injustement de l'argent qu'il lui avait prêté (afin, à ce qu'ils disaient, de le distribuer aux pauvres) leur répondit qu'à la vérité il accomplirait un précepte de Jésus Christ en faisant l'aumône; mais qu'il en violerait deux en plaidant: le premier en causant un scandale par la croyance qu'on aurait qu'il agirait par intérêt; et l'autre en négligeant ce commandement de l'Évangile:“ ne redemandez point ce qu'on vous aura ôté“. Assurez-vous, mes enfants, continue ce grand Évêque, que c'est une conduite plus sainte de donner des marques de notre patience selon cet enseignement de l'apôtre: *Melius est modicum justo, super divitias peccatorum multas*[72].

Saint Étienne de Grandmont[73] défend à ses frères d'avoir jamais aucun procès pour conserver leurs propres biens, ou pour en acquérir de nouveaux; parce que l'apôtre[74] nous enseigne que „celui qui est enrôlé au service de Dieu, ne s'embarrasse point dans les affaires qui regardent cette vie, afin de plaire à celui à qui il s'est donné“. Il ne veut pas qu'ils se mêlent, ni qu'ils paraissent jamais dans aucune affaire. Vous êtes

---

[71] In vitis Patrum
[72] Psal. 36, v. 16
[73] In sua Reg. c. 31.
[74] 2 ad Tim. 2. 4.

morts, leur dit-il, et votre vie doit être cachée en Dieu avec Jésus Christ: *Mortui enim estis, et vita vestra abscondita est cum Christo in Deo.*[75]

Voilà des preuves constantes des vérités que nous vous avons avancées. Vous voyez, mes frères, que ce ne sont pas des imaginations que nous vous débitons mais les sentiments des saints, quand nous disons que ces paroles de Jésus Christ: „ne demandez point ce qui vous appartient à ceux qui vous le ravissent", *qui aufert quae tua sunt ne repetas...* sont un précepte pour ceux qu'il appelle à une vie parfaite; que les procès et les contestations leur sont défendus, soit à cause qu'ils les remplissent de soins et d'inquiétudes; qu'ils les empêchent de suivre et de se tenir dans les voies de la modération qu'il leur a marquées; soit parce qu'ils sont au public un sujet de scandale; et que les gens du monde, comme dit saint Basile[76], voyant ceux qui font profession d'une vertu exacte, s'écarter pour peu que ce puisse être du chemin de la piété, les accablent d'injures, et de calomnies, ou enfin parce que c'est une conduite plus parfaite, plus sainte et plus digne d'un véritable disciple de Jésus Christ, de souffrir en paix et sans résistance, les violences et les injustices, que non pas de les repousser et de se défendre.

Mais afin que vous ne puissiez pas dire que ces maximes si étroites étaient bonnes pour les siècles passés et que le vôtre n'en est plus capable, je vous rapporterai le témoignage d'un grand saint de notre temps, lequel doit trouver auprès de vous d'autant plus de créance, que tout le monde convient qu'il n'a jamais donné de conseils extrêmes, et qu'il n'avait pas moins de sagesse et de modération, que de lumière dans sa

---

[75] Ad Collos c.3. v. 3

[76] Const Mor c. 6 (= Moralia)

conduite. C'est de saint François de Sales[77] dont je parle, lequel écrivant à une dame pour l'exhorter à ne point plaider, sa lettre m'a paru si édifiante que j'ai cru devoir la mettre ici presque dans toute son étendue. „Jusqu'à quand, dit-il, sera-ce, ma très chère fille, que vous prétendrez d'autres victoires sur le monde, et sur l'affection à ce que vous y pouvez avoir, que celles que Notre Seigneur en a remportées, et à l'exemple desquelles il vous exhorte en tant de façons? Comment fit-il, ce Seigneur de tout le monde? Il est vrai ma fille, il était le Seigneur légitime de tout le monde, et plaida-t-il jamais pour avoir seulement où reposer sa tête? On lui fit mille torts, quels procès en eut-il jamais? Devant quel Tribunal fit-il jamais citer personne? Jamais en vérité: il ne voulut pas même citer les traîtres qui le crucifièrent devant le Tribunal de la justice de Dieu.

Au contraire, il invoqua sur eux l'autorité de la miséricorde. Et c'est ce qu'il nous a tant inculqué: „À qui te veut ôter en jugement ta tunique, donne-lui encore ton manteau „. Je ne suis nullement superstitieux, et je ne blâme point ceux qui plaident, pourvu que ce soit en vérité, jugement et justice. Mais je dis, je m'écrie, j'écris, et s'il était besoin j'écrirais de mon propre sang, que quiconque veut être parfait et tout à fait enfant de Jésus Christ crucifié, il doit pratiquer cette doctrine de Notre Seigneur. Que le monde frémisse, que la prudence de la chair se tire les cheveux de dépit, si elle veut, et que tous les Sages du siècle inventent tant de diversions, de prétextes, d'excuses qu'ils voudront; mais cette parole doit

---

[77] Lettre *66 éditions anciennes, dont disposait Rancé (17e s.) =Lettre 804e de l'édition de Blaise, reprise dans les OEUVRES"ŒUVRES COMPLETES" de Saint François de Sales, Paris, Vivès 1871 (= lettre 1787 des „Editions d'Annecy" ?)*

être préférée à toute prudence: „Qui te veut ôter ta tunique en jugement, donne-lui encore ton manteau“. Mais, me direz vous, cela s'entend en certains cas. Il est vrai, ma très chère fille, mais grâces à Dieu, nous sommes en ce cas-là; car nous aspirons à la perfection, et voulons suivre au plus près que nous pourrons celui qui, d'une affection véritablement apostolique, disait: „Ayant de quoi boire et manger, et de quoi nous vêtir, soyons contents de cela[78]„. Et criait après les Corinthiens[79]: „Certes déjà totalement, et sans doute il y a faute et coulpe[80] en vous de quoi vous avez des procès ensemble“. Mais écoutez, ma fille, écoutez le sentiment et le soin de cet homme qui ne vivait plus en lui même, mais Jésus Christ vivait en lui: „Pourquoi, ajoute-t-il, pourquoi n’endurez-vous pas plutôt qu’on vous dépouille?“ Et notez, ma fille, qu'il parle non à une fille qui aspire d'un air particulier et, après tant de mouvements, à la vie parfaite, mais à tous les Corinthiens. Notez qu'il veut qu'on souffre le tort; notez qu'il leur dit qu'il y a de la coulpe pour eux, de plaider contre ceux qui les trompent ou dépouillent. Mais quel péché? Péché: parce que par ce moyen, ils scandalisaient les mondains infidèles, qui disaient: „Voyez comme ces chrétiens sont chrétiens ! Leur maître dit: „À qui te veut ôter ta tunique, donne-lui encore ton manteau“. Voyez comme pour les biens temporels, ils mettent en hasard les éternels et l'amour tendre et fraternel qu'ils doivent avoir les uns pour les autres“. „Notez derechef, dit saint Augustin, la leçon de Notre Seigneur: Il ne dit

78 1 ad Tim 6. 8.
79 1 Co 6, 7
80 péché

pas à qui te veut ôter une bague, donne-lui ton carquan[81], qui sont l'une et l'autre choses superflues: mais il parle de la tunique et du manteau qui sont choses nécessaires". O ma très chère fille, voilà la sagesse de Dieu, voilà sa prudence, et qui consiste en la très sainte et très adorable simplicité, enfance; et pour parler apostoliquement, en la très sacrée folie de la Croix.

Mais, me dira la prudence humaine, à quoi nous voulez-vous réduire? Quoi, qu'on nous foule aux pieds, qu'on nous torde le nez, qu'on se joue de nous comme d'une marotte, qu'on nous habille et déshabille sans que nous disions mot? Oui, il est vrai, je veux cela; je ne le veux pas moi, mais Jésus Christ qui le veut en moi. Et l'apôtre de la Croix et du Crucifix s'écrie: „Jusqu'à présent nous avons faim, nous avons soif, nous sommes nus, nous sommes bafoués, et enfin nous sommes faits comme une pelure de pomme, la raclure du monde, ou une pelure de châtaigne, ou une coque de noix[82]. Les habitants de Babylone n'entendent point cette doctrine, mais les habitants du Mont Calvaire la pratiquent. O, me direz-vous, ma fille: „mon Père, vous êtes bien sévère, tout à coup". Ce n'est pas tout à coup certes, car dès que j'eus la grâce de savoir un peu le fruit de la Croix, ce sentiment entra dans mon âme et n'en est jamais sorti. Que si je n'ai pas vécu conformément à cela, ç'a été par faiblesse de cœur, et non par sentiment: les clabauderies[83] du monde m'ont fait faire extérieurement le mal que je haïssais intérieurement. Et j'oserai dire cette parole, à ma confusion, à l'oreille du cœur de ma fille, je ne fis

[81] du latin *carcanum*, aujourd'hui *carcan*. Signifie ici (17e siècle): collier ou chaîne d'orfèvrerie. Actuellement: tout ce qui serre; sujétion ou contrainte.

[82] 1 ad Cor. 4. 11 etc.

[83] (ou clabaudage)

jamais revanche, ni presque mal qu'à contrecœur. Je ne fais pas l'examen de conscience, mais selon que je vois en gros, je crois que je dis vrai, et tant plus inexcusable suis-je, au reste. Je le veux bien, ma fille, soyez prudente comme le serpent qui se dépouille tout à fait, non de ses habits, mais de sa peau même pour rajeunir, qui cache sa tête, dit saint Grégoire, c'est-à-dire pour nous la fidélité aux paroles évangéliques; et expose tout le reste à la merci de ses ennemis, pour sauver l'intégrité de celle là. Mais que veux-je dire? Vous avez là tant de gens d'honneur, de sagesse, d'esprit, de cordialité, ne leur sera-t-il pas aisé de réduire M.... sont-elles des tigres pour ne pas se laisser ramener à la raison…

que de duplicité, que d'artifices, que de paroles séculières, et peut-être que de mensonges, que de petites injustices et douces et bien couvertes, et imperceptibles calomnies, ou du moins que de demi-calomnies emploie-t-on en ce tracas de procès et de procédures? Direz-vous point que vous voulez vous marier, pour scandaliser tout un monde par un mensonge évident, si vous n'avez un précepteur continuel, qui vous souffle à l'oreille la pureté de la sincérité. Ne direz vous point que vous voulez vivre au monde, et être entretenue selon votre naissance? Que vous avez besoin de ceci, de cela?

Et que sera-ce toute cette fourmilière de pensées et d'imaginations, que ces poursuites produiront en votre esprit? Laissez, laissez aux mondains leurs mondes: qu'avez vous besoin de ce qui est requis pour y passer? Deux mille écus, et moins encore, suffiront très abondamment pour une fille qui aime Notre Seigneur crucifié; cent et cinquante écus de pension, ou deux cents, sont des richesses pour une fille qui croit en l'article de la pauvreté évangélique. Mais si je n'étais pas religieuse de clôture, mais seulement associée à quelque monastère, je n'aurais pas de quoi me faire appeler „Madame“, sinon, par une ou deux servantes. Et comment?

Avez-vous jamais vu que Notre-Dame en eût tant? Que vous importe-t-il qu'on sache que vous êtes de bonne maison selon le monde, pourvu que vous soyez de la maison de Dieu? O mais je voudrais fonder quelque maison de piété; ou du moins faire de grandes assistances à une maison; car étant infirme de corps, cela me ferait plus gaiement supporter. Déjà, il est vrai, ma chère fille, je le savais bien, que votre piété faisait planche à l'amour-propre, tant elle est piteusement humaine. Certes, en somme, nous n'aimons pas les croix si elles ne sont d'or emperlées et émaillées.

C'est une riche, quoique très dévote et admirablement spirituelle abjection, que d'être regardée dans une Congrégation, comme fondatrice, ou du moins grande bienfaitrice. Lucifer se fût contenté de demeurer au ciel à cette condition-là. Mais de vivre d'aumône comme Notre-Seigneur, de prendre la charité d'autrui en nos maladies, nous qui d'extraction et de courage sommes ceci, et cela: cela certes est bien fâcheux et difficile. Il est vrai: il est difficile à l'homme, mais non pas au Fils de Dieu qui le fera en vous.

Mais n'est-ce pas une bonne chose d'avoir le sien, et de l'employer à son gré au service de Dieu? Le mot, „à son gré“, fait l'éclaircissement de notre différend. Mais je dis: „à votre gré, mon Père, car je suis toujours votre fille, Dieu l'ayant ainsi voulu“. Or sus; mon gré est donc que vous vous contentiez de ce que M. M. N. aviseront, et que le reste vous le laissiez pour l'amour de Dieu et l'édification du prochain, et la paix des âmes de mesdames vos Sœurs; et que vous le consacriez ainsi à la dilection du prochain, et à la gloire de l'esprit chrétien.

O mon Dieu ! que de bénédictions, que de grâces, que de richesses spirituelles pour votre âme, ma très chère fille, si vous faites ainsi, vous abonderez et surabonderez. Dieu bénira votre peu, et il vous contentera. Non, non, il n'est pas difficile à Dieu de faire autant avec cinq pains d'orge, comme Salomon avec tant de cuisiniers et de pourvoyeurs. Demeurez en paix. Je suis..."

Cette instruction est si claire par elle-même, que je n'ai pas besoin d'en faire l'application. Et il faut que des religieux aient perdu toute mémoire et tout sentiment de ce qu'ils sont, s'ils ne s'aperçoivent pas qu'elle est particulièrement pour eux, qu'elle les touche, et qu'elle les regarde plus que personne.

Question IX

En quelles occasions est-il donc permis à un religieux de plaider?

RÉPONSE.

C'est la prudence et la charité chrétienne qui doivent déterminer les cas dans lesquels les religieux peuvent ou doivent se défendre et soutenir leurs droits et leurs intérêts devant les juges. Car bien que l'obligation de ne point plaider regarde particulièrement les parfaits, et par conséquent, les religieux et les solitaires, nous n'oserions pas dire qu'elle n'ait point d'exceptions, et qu'il n'y ait quelques rencontres extraordinaires, dans lesquelles la volonté de Dieu n'est pas qu'elle soit suivie.

Saint Basile[84] dit qu'il y a des occasions dans lesquelles étant appelés devant les tribunaux séculiers par des personnes injustes, nous devons pour éclaircir la vérité, y répondre et soumettre notre innocence à cette épreuve; qu'il ne faut pas que nous commencions les premiers, mais que nous suivions seulement ceux qui nous attaquent... Il ajoute que l'on connaîtra par cette conduite que ce n'est point par aucun motif d'animosité que nous contestons, mais pour éclaircir la vérité; que nous délivrons de beaucoup de maux et de péchés celui qui suscite des affaires injustes, et que nous ne violerons point les commandements de Dieu si, en qualité de ses ministres, éloignés de tout esprit d'avarice et de contestation, nous soutenons fortement la vérité sans passer les bornes d'une juste modération.

Saint Grégoire le Grand après avoir témoigné son étonnement sur ce qu'un chrétien ose défendre par des procès et des contestations, des choses terrestres; et après avoir dit que quand nous perdons les biens d'ici bas, si nous suivons parfaitement Jésus Christ, nous devons nous considérer dans le chemin de cette vie comme des voyageurs déchargés d'un pesant fardeau, il ajoute qu'on peut quelquefois résister à ceux qui nous veulent ravir les choses qui nous appartiennent, pourvu que cela se fasse sans blesser la charité, et que ce ne soit pas simplement dans le dessein d'empêcher qu'on ne nous prenne nos biens, mais de crainte qu'en les prenant ils ne se perdent eux-mêmes[85].

C'est ainsi qu'il peut-être permis à des religieux d'avoir quelquefois des procès pour des raisons importantes: pour éviter des dommages et

---

[84] In Regul fus q. 9 cf. note 6

[85] cf. supra note 63 (question VIII) p.51: Lib 31 ch. 6, in Job 39.

des pertes considérables, pour se tirer d'une oppression violente, et empêcher l'effet d'une entreprise capable de ruiner le bien d'une communauté, et d'en troubler le repos ou pour arrêter le cours de quelque injustice. Et comme dit le même saint Grégoire[86], pour obliger par là celui qui la commet de rentrer en lui-même, en sorte que, conservant la douceur et la charité, on ait beaucoup plus devant les yeux le salut de son prochain que non pas une utilité temporelle.

Mais il faut que des religieux avant que de faire un seul pas dans les voies de la rigueur, emploient tous les moyens possibles pour terminer leurs différends par les voies de la paix. Il faut qu'ils représentent, ou par eux-mêmes, ou par des amis communs à celui qui les maltraite, l'injustice de son procédé. Qu'ils essayent de lui faire connaître le mal qu'il y a d'usurper les biens de l'Église, ou de persécuter les serviteurs de Jésus Christ Qu'ils lui déclarent qu'elle frappe d'anathème[87] et de malédiction ceux qui osent les retenir; qu'elle les nomme des meurtriers des pauvres, „*Necatores pauperum*". Que Dieu qui prend toujours leurs intérêts en main et qui est le vengeur de leur cause, renverse souvent des familles et des races entières, pour punir ces sortes d'usurpations, d'injustices, de profanations et de sacrilèges. Et, au cas qu'ils ne puissent pas fléchir leur dureté, qu'ils offrent d'en croire des arbitres, et de se soumettre à leur jugement; qu'ils relâchent même de leurs biens et de leurs intérêts pour rendre l'accommodement plus facile. Qu'ils joignent à tout cela des prières instantes pour demander à Dieu, qu'étant contraints de se dispenser de la lettre de sa Loi, ils ne soient pas assez

---

[86] Idem.
[87] Concile de Tours (1163), 2

malheureux pour en perdre l'esprit, et pour s'écarter de ses volontés et de ses ordres. Et qu'ils se souviennent par-dessus tout, de n'avoir jamais de procès douteux, et dont la décision ne soit pas certaine, n'y ayant rien qui expose davantage leur réputation aux traits perçants de la malignité des hommes, que le méchant succès des affaires mal entreprises.

Si les religieux se gouvernent par ces maximes, et s'ils sont exacts à observer toutes ces règles, ce sera rarement que l'on entendra nommer leurs noms devant les tribunaux et les justices séculières. Ils éviteront une infinité d'embarras, de dissipations et d'assujettissements; ils jouiront d'un grand repos dans le dehors et le dedans de leur monastère; leur patience édifiera l'Église; ils auront la paix avec tout le monde; et pourront dire avec le Prophète: „Je vivais paisible avec ceux qui haïssaient la paix“: *Cum his qui oderunt pacem, eram pacificus*[88]. S'il arrive que, par des rencontres extraordinaires et des engagements indispensables, ils soient obligés de soutenir quelques affaires; le soin qu'ils auront eu de les éviter, fera qu'on n'aura pas sujet, ni de les blâmer, ni d'accuser leur conduite de cupidité et d'avarice. Leur modération donnera du respect à leurs ennemis mêmes, et peut-être touchera leur cœur. Et ils auront cet avantage de conserver en des contestations qui n'auront rien de volontaire, le mérite de la douceur, de la patience et de la charité, au jugement de Dieu, comme dans l'estime des hommes.

[88] Ps 119 (120), 7

Question X

Ne doit-on pas craindre que les biens des monastères ne se dissipent, si l'on n'apporte pas, en plaidant, toutes les précautions possibles pour l'empêcher?

RÉPONSE.

Pourriez-vous croire, mes frères, que Dieu, de la main et de la libéralité duquel vous avez reçu des biens sans y avoir travaillé et fait aucun pas pour les avoir, manque de vous les conserver s'ils vous sont utiles, ou qu'il ne vous en rende pas d'autres à la place, par des voies qui ne vous sont pas connues? Et que celui qui a excité la piété de ses serviteurs pour vous les donner, n'arrête pas la violence des méchants pour empêcher qu'ils ne vous les ravissent? Assurez-vous que comme ce n'a point été par vos soins que vous les avez acquis, ce ne sera point aussi par votre vigilance que vous les conserverez.

Saint Jean Chrysostome expliquant cette instruction, par laquelle Notre Seigneur nous apprend à donner à ceux qui nous veulent ôter; dit excellemment à celui qui répondrait: “Nous irions donc tout nus si nous voulions observer ce commandement à la lettre“. Au contraire, dit-il[89], ce serait pour lors que nous serions plus revêtus, parce qu'il n'y a personne qui voulût attaquer ceux qui seraient dans une disposition si sainte. S'il s'en rencontrait pour cela d'assez barbares et d'assez inhumains, il s'en trouverait beaucoup davantage qui nous couvriraient, non pas seulement de leurs vêtements, mais de leur propre corps, s'il était possible.

[89] Homil. 18 in Matt.

D'ailleurs, quelle apparence y a-t-il que des religieux fassent plus de cas des biens et des intérêts temporels, pour lesquels tant de saints solitaires n'ont pas donné un moment de leur application, que de l'exemple que Dieu leur commande de donner à toute son Église; qu'ils perdent cette estime et cette réputation qui doit être pour l'édification du monde, pour conserver un morceau de terre, une portion d'héritage, un droit seigneurial, une mesure de grain; et que par cette exactitude et cet attachement à ne rien relâcher de ce qu'ils croient qui peut leur appartenir, ils veuillent bien se relâcher de leurs exercices, ils avilissent leur personne et leur profession, et passent aux yeux de Dieu pour des serviteurs lâches et de peu de foi; et dans l'esprit des hommes pour des intéressés, des avares et des injustes ?

Enfin, mes frères, peut-on ne pas approuver la conduite de ceux qui, suivant l'ordre que Dieu a établi dans les choses, préfèrent celles qui sont les meilleures et les plus estimables à celles qui le sont moins, et qui par un discernement et un commerce très religieux et très saint, abandonnent des biens de peu de conséquence pour en acquérir d'autres qui sont d'une valeur incomparable ? C'est ce que font des religieux qui aiment mieux abandonner quelque partie de leur bien que d'avoir des procès, et de perdre pour y vaquer, le temps qui est si précieux et dont l'emploi, quand il est juste et raisonnable, est le prix véritable de l'éternité. Ils souffrent avec plaisir de se voir privés d'une petite utilité temporelle pour conserver le repos duquel ils tirent de si grands avantages; et ne font aucune comparaison entre ce qui peut leur revenir du gain d'un procès, quel qu'il soit, et les bénédictions qui accompagnent la tranquillité de ceux qui n'ont point d'autre affaire que celle de s'occuper de Dieu et de chercher les moyens de lui plaire.

C'est ce que nous apprend saint. Augustin quand il dit, en expliquant ces paroles de saint Paul: *Redimentes tempus quoniam dies mali sunt*[90], que lorsqu'on nous suscite un procès, et que nous perdons quelque chose afin d'avoir le temps de penser à Dieu, et de ne le pas perdre à plaider, c'est racheter le temps: *Quando aliquis tibi inscrit litem perde aliquid ut Deo vaces non litibus. Hoc est redimere tempus*[91]... Vous donnez tous les jours votre argent, ajoute ce grand saint, pour avoir les choses qui vous sont nécessaires, comme le vin, le pain, l'huile, le bois; vous donnez quelque chose pour acquérir quelque chose, c'est proprement acheter. Faites de même et donnez de votre bien pour acheter votre repos, c'est ainsi que vous rachèterez le temps: *Quomodo ergo perdis nummos ut emas tibi aliquid, sic perde nummos ut emas tibi quietem, ecce hoc est tempus redimere*[92], Hé quoi! ne croyez-vous pas que l'acquisition de votre paix, que le pouvoir de vous occuper à servir Dieu, et la délivrance de mille embarras, de mille soins et de mille occasions de pécher, vaut bien mieux que l'argent que vous pouvez gagner en plaidant?

Si l'on vous allègue comme une grande raison l'obligation dans laquelle vous êtes de conserver le bien du monastère, dites, mes frères, comme saint Jean l'Aumônier que: Dieu ne vous commande[93] pas de le conserver par toutes sortes de moyens; que les procès ne sont pas ceux

---

[90] Ad Eph c. 5, v. 16.
[91] *August. Homil. 10, int 50*
[92] ibid.
[93] in vitis Patrum

dont Il veut que vous vous serviez; et qu'encore qu'il puisse être permis d'en avoir et de les soutenir en quelques rencontres, ce sont néanmoins des voies extraordinaires, et presque toujours contraires aux instructions, aux préceptes, et aux maximes de Jésus Christ; comme au repos, au dégagement, et à la sainteté dans laquelle vous devez vivre.

On vous dira peut-être que vous faites une action de charité, lorsque vous empêchez votre prochain de se perdre en l'empêchant de retenir injustement un bien qui n'est point à lui. Il vous est aisé de répondre que cela peut être vrai en quelques cas, mais qu'il ne faut pas s'en faire une règle générale puisque bien loin qu'en lui ôtant le bien de la main, vous lui ôtiez l'avarice du cœur, il arrive qu'il s'irrite par votre résistance, que l'opposition qu'il trouve, rend sa cupidité plus ardente, soit qu'il réussisse dans ses desseins, soit qu'il y succombe. Et que comme rien n'est plus propre pour calmer l'esprit et arrêter l'emportement d'un homme violent que de souffrir patiemment l'injure qu'il veut faire: aussi rien n'est plus capable de convertir un avare que de lui faire connaître, en tenant à son égard une conduite désintéressée, le mépris qu'il doit avoir pour tout ce qui excite en lui une passion si honteuse et si injuste.

„Rien n'est plus capable“, dit saint Jean Chrysostome[94], „de faire rentrer dans lui-même celui qui fait une injure, que la „patience de celui qui la souffre. Et non seulement sa douceur en arrête les suites, mais elle fait qu'il se repent de son excès et, qu'admirant la vertu de celui qu'il a maltraité, il ne se contente pas de devenir son ami, d'ennemi qu'il était, mais il s'attache à lui, et se fait un plaisir de le servir. La résistance, au

[94] Homil. in Matth: 18, 2.

contraire, jette l'un et l'autre dans la confusion, elle les rend plus ennemis qu'ils n'étaient auparavant, et ne fait qu'enflammer leur colère.

En un mot, mes frères, que les religieux n'aient aucun scrupule d'assoupir des procès, et d'éviter des affaires en abandonnant de leurs biens. Dieu les conservera par des voies plus innocentes s'il est avantageux à leur salut. En tout cas, qu'ils soient persuadés que de s'appauvrir pour Jésus Christ c'est devenir riches, et que c'est se conduire par son ordre et par son esprit que d'acheter avec des biens périssables et de peu de durée des félicités éternelles.

Mercari propriam de re pereunte salutem, perpetuis mutare caduc,
Et vendere terram, cœlum emere.[95]

Question XI

La pauvreté et les nécessités pressantes des pères et des mères, ne sont-elles pas des motifs suffisants pour obliger des religieux à quitter leur solitude et à demeurer hors de leur monastère?

RÉPONSE.

Si les saints Pères ont cru qu'une disposition première et principale dans tous ceux qui voulaient embrasser la vie monastique, était de quitter le lieu de leur naissance et de se séparer pour jamais de leurs parents, il n'y a rien de plus opposé à leurs sentiments et à leurs maximes, que de vouloir qu'un religieux quitte son cloître et abandonne le service de Jésus Christ, auquel il doit être uniquement attaché, pour subvenir aux nécessités de ses proches.

[95] Saint.Paulinus in natal. sancti Felicis (9 mars)

Mais il ne faut pas s'étonner si ce sentiment est si général, et s'il y a tant de personnes dans toutes les conditions et dans tous les états qui le soutiennent, puisqu'il n'y a rien qui ait plus de fondement dans les inclinations de la nature; rien qu'elle enseigne et qu'elle inspire davantage; que les enfants pour la plupart ne désirent pas avec moins d'ardeur de rendre cette assistance à leurs pères, que les pères la désirent eux-mêmes. Enfin ce sentiment étant conforme selon les apparences aux lois divines et humaines tout ensemble, il n'a rien par lui-même qui ait pu jeter la moindre défiance dans les esprits, ni faire soupçonner qu'il ne fût pas véritable.

Cependant, ceux qui considéreront les choses avec application selon les règles de la vérité, et sans se laisser aller au torrent des opinions et des coutumes, remarqueront sans peine que celle-ci pour être commune, n'en est pas plus équitable; qu'elle combat la raison éclairée de la foi; qu'elle attaque les maximes des saints, la conduite de tous les anciens moines, l'exemple et la parole de Jésus Christ qui nous apprend partout où il y a eu occasion de le faire, qu'il est venu avec l'épée pour mettre des divisions saintes entre les proches, et séparer les personnes unies par les liens du sang et de la nature.

Ce qui fait que la plus grande partie du monde s'est persuadée que les religieux ne peuvent en conscience demeurer dans les cloîtres lorsque l'extrême nécessité de leurs parents semble exiger leur présence et les appeler auprès d'eux, est qu'on les croit dans l'obligation de les secourir, comme le reste des hommes; qu'on se figure que le précepte d'honorer son père et sa mère oblige en la même manière toutes sortes de personnes, dans toutes les conditions, et dans tous les temps, sans qu'il soit permis de prendre aucun engagement contraire.

Ce principe parait juste, mais il ne l'est pas en effet; car cette obligation n'est pas si étendue qu'elle ne reçoive des exceptions en quantité de rencontres.

Entre celles que nous pourrions rapporter, il y en a une dont il faut que tout le monde convienne, puisqu'elle est toute évidente dans la parole de Jésus Christ: *Dimittet homo patrem et matrem, et adherebit uxori suae.*[96] Et personne n'oserait contester que ce ne soit un droit légitime du mariage de soustraire les enfants de la dépendance des pères, et de les en séparer pour toujours; et que ceux qui se trouvent dans cet engagement ne soient unis par des liens indissolubles qui leur défendent toute séparation, et par conséquence les dispensent à l'égard de leurs pères des marques extérieures de charité, des devoirs et des services qu'ils ne peuvent leur rendre sans se quitter, et rompre cette société sainte dans laquelle Dieu les oblige de vivre. D'où l'on peut inférer que les enfants qui sont dans l'engagement du mariage, ou sont dispensés du précepte d'honorer leurs pères, ou que le précepte subsistant toujours, ils sont dans l'impuissance de l'accomplir ou bien qu'il y a d'autres moyens d'y satisfaire que ceux qui sont attachés à la présence des personnes.

On ne peut pas soutenir le premier, puisque ce commandement est indispensable et général pour tout le monde. Le second n'a pas plus de fondement, car Dieu ne nous commande jamais des choses impossibles. Il faut donc par nécessité qu'il y ait des voies pour le mettre en pratique,

[96] Matth. 19, 5.

convenables et proportionnées aux états et aux conditions différentes des enfants; et qu'elles ne se réduisent pas seulement à des secours personnels, lorsque les pères en ont besoin, et que l'extrémité dans laquelle ils se rencontrent fait qu'ils leur sont nécessaires.

C'est ce que l'on doit penser avec beaucoup plus de raison des personnes qui sont dans les liens des vœux. Cette alliance sainte les unit à Jésus Christ d'une manière plus étroite et plus relevée que celle dont nous venons de parler. Comme plus étroite elle attache, comme plus relevée elle sépare bien davantage; et toutes les différences qui les distinguent marquent évidemment que si les obligations du mariage empêchent légitimement les enfants d'aller trouver leurs pères dans leurs extrêmes besoins, il y a biens moins d'apparence de vouloir que ceux qui sont une fois consacrés à Jésus Christ et renfermés tout vivants dans les cloîtres comme en des tombeaux pour ne plus vivre qu'en lui et pour lui, s'en séparent, les quittent, et se retrouvent dans les embarras du monde pour subvenir aux nécessités de leurs parents, quelques grandes qu'elles puissent être. Cette alliance est plus étroite, puisque les engagements que les hommes contractent avec le Créateur obligent incomparablement plus que ceux que les hommes contractent avec les créatures. Elle est plus relevée, puisqu'elle exclut tout ce qui n'est point Dieu, qu'elle n'a que lui dans son principe, dans son exercice, comme dans sa fin; et qu'elle tend à nous unir uniquement à lui par une charité consommée; et pour parler selon le langage des saints: à nous rendre dès cette vie mortelle participants à l'immortalité des Anges.

Tout cela, mes frères, prouve que cette consécration ne souffre rien d'impur; qu'elle ne peut compatir avec les occupations du monde; que ceux qui l'ont quitté par les vœux de la religion s'en sont fermé les portes pour jamais; que le retour n'en est plus légitime; et que c'est une erreur de refuser aux engagements des vœux de religion ce que l'on est contraint d'accorder à ceux du mariage. Que c'est faire injure à Jésus Christ que de lui arracher ses épouses d'entre les bras, et d'exposer de saintes vierges qui lui sont consacrées aux impuretés du siècle dont elles s'étaient garanties, en se cachant dans les monastères comme dans le secret de sa face.

Question XII

Il semble que les rapports qui se trouvent entre ces alliances sont éloignés et qu'il est assez malaisé d'en tirer des conséquences qui soient justes.

RÉPONSE.

J'avoue que les différences et les disparités qui sont entre elles sont grandes; que l'une a sur l'autre des avantages presque infinis; mais plus celle que l'on contracte avec Jésus Christ surpasse en excellence et en dignité celle que l'on prend avec les hommes, plus aussi lui doit-elle être préférée. Et il n'est pas moins contre la raison que contre la piété de laisser les épouses de Jésus Christ dans un assujettissement duquel les épouses des hommes sont affranchies; de vouloir que nonobstant la profession religieuse le monde retienne sur elles un droit de servitude, que les liens du mariage lui font perdre à l'égard des autres.

Il ne servirait de rien de nous opposer que le mariage consistant dans un don réciproque, et dans un mutuel abandon des corps, suppose nécessairement la séparation des parents, puisque, encore que la consécration des vœux soit toute spirituelle et toute sainte, elle ne laisse pas d'être une oblation entière qui comprend l'engagement des corps comme celui des âmes qui établit par une conséquence certaine une nouvelle dépendance envers Dieu qui ne peut subsister avec celle dans laquelle on était à l'égard des proches.

Question XIII (1701)

Quels sont donc les moyens innocents par lesquels un religieux peut secourir son père dans son extrême nécessité ?

RÉPONSE.

Il est aisé de vous répondre, mes frères, dans l'opinion des saints, et principalement de saint Basile[97], que ce ne sera pas en lui faisant part des biens du monastère par lui-même, puisqu'ils n'appartiennent point à ce religieux en particulier. Ce ne sera pas en le faisant subsister du travail de ses mains, puisque son temps, ni ses actions, ni sa personne même ne sont plus dans sa disposition. Ce ne sera pas non plus en le consolant par ses discours et par ses lettres, puisqu'il n'a plus de commerce avec le monde, et que toute communication extérieure lui est interdite. Mais ce sera par ses exercices de mortification, par ses pratiques de pénitence, par la ferveur et l'assiduité de ses prières.

C'est ce qu'il doit offrir incessamment à Dieu, non seulement pour lui demander qu'il délivre son père de la pauvreté qu'il endure, mais afin qu'il lui donne la grâce d'en faire un saint usage, qu'il le rende patient après l'avoir rendu pauvre; et qu'il imprime dans son cœur ce que le monde ne comprendra jamais: que l'on est heureux d'être pauvre; et que la pauvreté selon l'Écriture est l'abondance même, lorsqu'elle se trouve

[97] Rcg.fulq 32 Basil..reg. fus. (Grandes Règles) q. 32 cf. note 6 supra

jointe à la grâce de Dieu, et à une soumission parfaite aux ordres de sa providence.

Voilà la manière avec laquelle un véritable solitaire s'acquittera par lui-même de ses devoirs à l'égard de ses parents et du précepte qui l'oblige de les honorer; et non pas en prenant des conduites plus humaines et plus conformes à la nature, qui ne sont propres qu'aux personnes du monde et qui, violant l'intégrité de son engagement, blesseraient sa conscience, et le retireraient de l'ordre de Dieu et de la pureté de son état.

Cependant si les religieux sont dispensés de rendre à leurs parents des secours personnels qu'ils ne pourraient pas leur refuser sans la plus grande de toutes les ingratitudes, s'ils étaient libres, la providence qui s'étend sur tout, n'a pas laissé de pourvoir à leurs besoins dans les cas et dans l'extrémité qui fait la difficulté présente. Car si les enfants, en se retirant et renonçant au monde, ont perdu les parents qu'ils y avaient selon la chair, la religion leur en a rendu d'autres selon l'esprit, auxquels ils se trouvent liés par une affinité toute nouvelle et toute sainte.

Et non seulement tous ceux qui portent avec eux le sacré joug qu'ils ont embrassé, et qui servent Jésus Christ dans une même société et dans un même engagement, leur tiennent lieu de parents et de proches, mais encore tous ceux que Jésus Christ avoue pour ses membres, lesquels étant destitués de tous les avantages de la fortune et de tous les biens de ce monde, n'y ont point d'autre partage que celui-là même que le Père Éternel a fait à son Fils, en le faisant naître parmi les hommes dans cette extrême pauvreté qu'il a voulu nous exprimer par ces paroles. *Vulpes fo-*

veas habent, et volucres caeli nidos, filius autem hominis non habet ubi caput reclinet[98].

Et comme les biens que les monastères ont reçus de la largesse et de la bonté de Dieu sont communs aux religieux et aux pauvres; qu'ils sont également le patrimoine des uns et des autres; et que c'est un héritage qui leur ayant été donné par un même Père, doit être divisé entre eux comme entre des frères, il est certain que les parents, en qualité de pauvres, y ont part; que c'est une succession à laquelle ils ont droit; et qu'ils doivent y trouver leur subsistance préférablement aux autres pauvres et tout ce qui peut être nécessaire pour la conservation de leur vie. Et parce que ce religieux ne doit plus avoir d'occupation que celle de méditer jour et nuit la loi de Dieu, d'écouter sa parole et de se sanctifier dans le fond de son cloître par les exercices de sa profession, l'application de cette charité ne le concerne point.C'est un soin, selon saint Basile[99], qui regarde le supérieur de la congrégation. L'obligation qui a cessé dans la personne de ce religieux au moment qu'il s'est consacré à Jésus Christ a passé sous un autre titre dans la personne de celui qui gouverne le monastère. C'est lui seul qui doit faire en son nom et à sa décharge la dispensation du bien qui est destiné pour ceux qui sont véritablement pauvres, sans la participation, sans l'entremise, et même sans la connaissance du religieux.

Saint Basile[100] y ajoute une condition essentielle, savoir qu'il faut que les proches soient du nombre de ceux dont Jésus Christ a parlé lors-

---

[98] Matth 8 v. 20
[99] in Reg.Fus q. 32
[100] ibid.

qu'étant averti que ses parents l'attendaient, il répondit que sa mère, son frère et sa sœur étaient ceux qui faisaient la volonté de son Père[101]: *Quicumque fecerit voluntatem patris mei qui in caelis est, ipse meus frater et soror et mater est.* C'est à dire que saint Basile veut que si les parents ne mènent une vie chrétienne et sainte, ce secours ne leur soit point donné par le monastère; n'étant pas juste que les choses saintes soient employées à des usages et distribuées à des personnes qui ne le sont pas, et que le patrimoine de Jésus Christ qui est uniquement destiné pour les nécessités et les besoins de ceux qui sont à lui, et qui lui appartiennent en qualité de ses frères, serve à ceux qui par le dérèglement de leur vie ne peuvent être regardés que comme ses ennemis.

Question XIV

Vous levez tous nos scrupules en nous donnant les moyens de servir nos proches, sans rien faire contre l'intégrité de notre profession: mais ne laissez pas de nous expliquer avec plus d'étendue, ce précepte d'aimer et de honorer nos parents.

RÉPONSE.

Il est certain, mes frères, que l'obligation d'aimer et d'honorer nos parents, est indispensable; non seulement à cause du commandement positif que nous en avons reçu de Dieu, mais parce qu'elle est conforme à la vérité éternelle, qui est toujours la même, et qui ne souffre ni changement ni vicissitude. Le titre de père fonde dans le fils un rapport nécessaire de reconnaissance; il lui en communique le principe en lui communiquant celui de la vie. Et la gratitude qu'il lui doit ne lui est pas moins essentielle que la dépendance dans laquelle il est à son égard en

[101] Matth 12 v.50

qualité d'effet et de production naturelle. Ce devoir est donc commun à tous les âges et à toutes les conditions; et personne ne peut prétendre d'en être exempt.

Mais quoique dans ce point les obligations soient égales pour tous les hommes, les manières d'y satisfaire et de s'en acquitter sont différentes. On peut dire que ce sont les emplois et les divers états des personnes, ou plutôt la destination de Dieu (car je suppose des états qui sont dans son ordre) qui règlent en cela les actions et les conduites. Un fils qui est libre doit son temps, son application et son étude aux besoins de son père. Il est obligé de le consoler dans ses afflictions, de le secourir dans ses affaires, et de le soutenir dans sa vieillesse. Et il lui doit autant de marques de son amour et de sa tendresse, qu'il a de moyens et d'occasions de lui en rendre. Mais s'il se trouve dans les engagements de la religion, ou du mariage, ou de la charge des âmes en qualité de Pasteur, il faut qu'il suive la vocation de Dieu qui le détermine; qu'il cède à une obligation supérieure; et quoiqu'il conserve pour son père le même fonds de respect et de reconnaissance, il ne lui est plus permis de lui en donner les mêmes témoignages extérieurs qu'il lui donnerait s'il n'était pas empêché par des oppositions légitimes.

C'est ce que Jésus Christ nous a appris par tant de circonstances de sa vie, et d'une manière si précise et si claire, qu'il n'y a pas lieu de douter en cela de ses intentions. Il déclare qu'il ne connaît ni sa mère, ni ses frères[102], quand il est question du service de Dieu. Mais ce qui se passa lorsque sa sainte Mère, l'ayant retrouvé dans le Temple, lui témoigna

[102] St. Matth. c. 12 v.50

l'inquiétude que son absence lui avait causée, est tout à fait remarquable. Il lui répondit: *Quid est quod me quaerebatis, nesciebatis quia in his quae Patris mei sunt, oportet me esse.*[103], comme s'il eût voulu dire, vous devez savoir que mes obligations cessent à votre égard, lorsqu'elles se trouvent contraires à ce que je dois à mon Père.

C'est sur ce principe qu'on doit régler la difficulté présente. Le précepte d'honorer les pères oblige les religieux comme les autres hommes; mais les moyens de l'accomplir leur sont particuliers. Ceux qui n'ont pas de proportion à leur état, et qui lui sont contraires, leur sont interdits, et il ne leur est pas permis d'en user. Or, comme les religieux sont consacrés à Dieu, et dans l'obligation de demeurer dans leur cloître; d'y vivre et d'y mourir, et qu'ils ont renoncé par leur profession à tout commerce, aux affaires du monde, et généralement à tout ce qui pourrait les y rengager, non seulement ils ne peuvent être obligés de quitter leur monastère pour aller secourir leurs proches dans quelque extrémité qu'ils se rencontrent, mais ils ne sauraient en avoir la pensée sans s'éloigner, pour peu qu'ils l'écoutent, de ce qu'ils ont promis à Dieu, et de ce que leur profession demande d'eux.

Il faut que tout le monde convienne, mes frères, que Dieu a établi un ordre constant et immuable dans ce qui regarde la charité. Et quoi qu'il soit l'objet unique de notre amour, et qu'il doive en être la fin comme il en est le principe; cela n'empêche pas qu'il n'y en ait de plus proches et de moins éloignés qu'il nous est permis d'aimer, et par lesquels il faut que nos affections et nos désirs passent comme par un milieu, pour re-

[103] St. Luc c. 2 v. 49

monter jusqu'à lui en qualité de fin dernière. Car si nous aimions quelque chose hors de lui, que nous n'aimions point pour lui, nous l'aimerions avec dérèglement, comme dit saint Augustin. Ainsi c'est par rapport à ces divers objets, qu'il y a un ordre certain qui ne change point, selon lequel ils occupent dans nos cœurs des places différentes et que les uns sont préférables aux autres, ce qui fait la distinction et l'inégalité dans nos devoirs. Dieu est donc ce principal objet, et tient le premier rang dans la charité. On ne parle point de ce que nous nous devons à nous-mêmes. Nos pères viennent ensuite, puis nos frères, nos proches, et le reste. Ces obligations sont universelles, rien ne les change et ne les détruit, et jamais l'une ne préjudicie à l'autre. Mais quoiqu'il ne puisse arriver que l'amour que nous portons à Dieu détruise ce que nous devons à nos pères; ni que ce que nous devons à nos pères, ruine nos obligations à l'égard de nos frères, cependant il arrive souvent que les exercices de ces devoirs et les manières de les accomplir sont contraires et incompatibles; en sorte que l'assistance que nous voudrions rendre à nos frères est empêchée par celle que nos pères exigent de nous; et que le service de Dieu nous attachant à lui, nous retire de toutes les autres obligations extérieures.

On aurait tort d'inférer de là, que le droit naturel serait détruit, et que ces obligations qui doivent être invariables souffriraient quelque atteinte. Car dans la vérité, elles sont toujours les mêmes; l'exercice en est suspendu. Les moyens ordinaires desquels nous pourrions nous servir pour y satisfaire sont arrêtés mais l'obligation subsiste dans son entier. Le droit naturel n'est donc pas violé; et dans le temps que les soins que nous devons à nos pères nous empêchent et nous dispensent de rendre à nos frères des marques sensibles de l'amour que nous leur portons, notre cœur ne laisse pas d'être tout plein de désirs de les secourir. Nous pouvons dire la même chose à l'égard de Dieu; et quand son ordre, ses intérêts, les services qu'il demande de nous, et les engagements que nous avons avec lui, nous retirent et ne nous permettent pas de leur rendre nos assistances, il faut comme dit saint Ambroise[104], que le culte de Dieu l'emporte sur la piété que nous leur devons: *Magnum pietatis officium, sed religionis uberius antefertur.*

C'est en ce cas que nous accomplissons le précepte de les haïr, c'est-à-dire, de les traiter avec une dureté extérieure, et de la manière qu'on traiterait des personnes pour lesquelles on aurait ou du mépris ou de la haine: en les quittant et en nous séparant d'eux, dans la crainte d'encourir cette terrible déclaration que le Fils de Dieu prononce contre tous ceux qui préfèrent l'attachement qu'ils ont à leurs parents aux respects et à l'obéissance qu'ils lui doivent: *Qui amàt patrem aut matrem plusquam me non est me dignus*[105].

C’est une malédiction de laquelle se garantissent tous ceux qui sans consulter la résistance, ni les besoins de leurs pères, suivent dans un détachement parfait la volonté de Jésus Christ; soit qu’il les ôte d'entre leurs bras pour les cacher dans la solitude d'un cloître; soit qu'y étant engagés ils y vivent et y persévèrent conformément à l'ordre de Dieu et au devoir de leur profession; sans que ni les prières, ni les nécessités de leurs parents, quelques pressantes qu’elles puissent être, les touchent d'une compassion fausse, et les obligent d'en sortir pour leur donner les

---

[104] S. Ambr. lib de viduis
[105] S. Mat. c. 10. 37

secours qu'il ne convient plus à l'état d'un moine de leur donner. Et bien loin que cette disposition blesse en rien cette obligation naturelle des enfants envers leurs pères, au contraire, c'est pour lors qu'ils conservent pour eux de plus vifs sentiments d'amour et de tendresse, et que souvent ils les servent d'une manière plus utile, en se rendant dignes par la fidélité qu'ils gardent à Dieu, et par les sacrifices qu'ils lui font de toutes les inclinations de la nature, d'obtenir de lui en leur faveur des biens solides et véritables qui sont infiniment au-dessus de ceux qu'on pourrait leur procurer par des assistances personnelles.

Enfin il n'y a rien, de moins raisonnable et de moins digne des chrétiens, qui doivent vivre uniquement dans la foi et dans l'attente des choses éternelles, que de vouloir qu'une âme qui, après avoir fait naufrage dans la mer de ce monde, s'est retirée dans la solitude comme dans un port, et qui s'y est liée par les vœux de la Religion comme par autant de chaînes, afin de n'en sortir jamais, se retrouve encore dans le même monde dans lequel elle s'est tant de fois perdue. Elle sait que son vaisseau est trop faible pour résister à la tempête, que le moindre coup de vent est capable de le submerger. Cet homme, par exemple qui a eu le malheur de déplaire à Dieu, et qui connaît par l'expérience qu'il en a faite, qu'il ne lui faut pas de moindres secours que ceux qu'il trouve dans la régularité des cloîtres pour se pouvoir conserver pur à ses yeux, se rengagera dans le monde; cet homme, dis-je, qui selon les paroles de saint Bernard, est comme un oiseau sans plumes[106], sans force, et sans

[106] Epist. 12 SBO Vol VII p. 62

défense, sortira de son nid, et s'exposera aux injures de l'air dont il ne peut supporter les rigueurs et les violences ?

Quel rapport y a-t-il entre ce qu'il va perdre et ce qu'il prétend conserver? Il hasarde l'éternité pour le temps; il donne la vie de son âme pour la vie du corps d'un de ses proches qu'il ne peut au plus prolonger que pour quelques moments et avec incertitude: c'est un étrange mécompte. La maison est tout en feu, l'embrasement presse de toutes parts, on se met au devant de celui qui le fuit, on l'empêche de sortir et on veut même le faire rentrer dans les flammes après les avoir déjà évitées[107]: *Mira abusio, domus ardet, ignis instat a tergo, et fugienti prohibetur egredi, evadenti suadetur regredi.*

Question XV

Qu'est-ce que les saints Pères de l'Église ont pensé sur le sujet ?.

RÉPONSE

Quoique les saints Pères n'aient pas traité cette question avec dessein, cependant l'on voit évidemment ce qu'ils en ont pensé dans les maximes et les instructions qu'ils nous en ont laissées.

Le premier que l'autorité aussi bien que l'antiquité nous présente est saint Basile. Il nous apprend en quantité d'endroits qu'un solitaire doit avoir renoncé à toutes les affections de la chair et du sang, et qu'il n'y a point de consanguinité qui puisse obliger à retourner dans le monde celui qui s'en est une fois séparé pour s'attacher au service de Jésus Christ.

Mais ce grand Docteur que Dieu a suscité dans son Église plus particulièrement qu'aucun autre pour nous donner des règles certaines de no-

[107] Bern. Epist 111, 2 SBO Vol VII, p.284

tre conduite dans l'exercice de nos devoirs, nous enseigne et saint Grégoire de Nazianze avec lui, dans les Constitutions monastiques[108], qu'un religieux ne peut pas, sans blesser la conscience et manquer à sa Profession, prendre aucun soin des affaires, des besoins et des nécessités de ses parents. Il ne pouvait nous marquer avec plus de netteté son sentiment; et nous donner moins de lieu d'en douter, qu'en nous disant, que les véritables religieux doivent être plus éloignés[109] de leurs proches, de leurs amis, de leurs pères et de leurs mères, que les morts ne sont séparés des vivants. Que tout homme qui s'est dépouillé de ses habits pour s'exercer dans les combats de la vertu, qui a renoncé au monde, et à toutes les affaires du monde, et qui pour dire davantage est crucifié au monde et à tous ceux qui sont dans le monde, doit se regarder comme entièrement mort au monde et même à l'égard de son père, de sa mère et de ses frères.

Ces deux grands docteurs passent plus avant, et afin d'ôter tout sujet d'expliquer leur pensée contre leur pensée même; ils disent que les pères des religieux ont renoncé au monde comme leurs enfants, ou qu'ils sont demeurés dans leur premier genre de vie. S'ils l'ont quitté, ajoutent-ils, c'est pour lors qu'ils sont véritablement nos parents, non plus en qualité de pères et de mères; mais de frères seulement. Et que s'ils sont encore engagés dans le siècle, ils font partie de ce monde dont nous nous sommes séparés: et n'ont plus de rapport avec nous depuis que nous avons abandonné l'homme charnel et que nous nous sommes dépouillés de l'alliance que nous avions avec eux. Ils enseignent qu'un moine n'a plus que

[108] Const Mon. Grandes Règles q. 32 (cf. note 6 supra)
[109] Const. Mon c. 20

deux pères, l'un dans le ciel qui est le père commun de tous les hommes; l'autre dans le monastère, qui est le père spirituel de la communauté. Ils appuient ce sentiment sur le commandement de Jésus Christ qui défend à ceux qu'il appelle et qu'il sépare des hommes, de s'appliquer aux affaires de leurs proches, ni d'exercer à leur égard des devoirs de charité, auxquels les personnes libres sont indispensablement obligées; et qui ne voulut pas permettre à ses disciples de le quitter un seul moment de crainte qu'ils ne commettent quelque action indigne de cette élévation toute divine que doivent avoir des âmes destinées au royaume du ciel; ou qu'en se portant aux choses terrestres et charnelles, ils ne forment quelques pensées qui n'auraient pas de rapport avec la grandeur de leur état.

Et il fait voir par cette conduite, continuent ces grands saints, qu'il n'est pas permis à ceux dont l'étude et l'application ont pour objet les choses du ciel, d'avoir aucun égard à tout ce qui se passe ici bas, parce qu'ils doivent en être déjà sortis en esprit, et être élevés au-dessus du monde.

Enfin ils objectent les endroits de l'Ecriture qui paraissent combattre leur opinion, comme celui d'Isaïe[110]: *Carnem tuam ne despexeris;* celui de saint Paul à Timothée: *Si quis autem suorum et maxime domesticorum curam non habet, fidem negavit, et est, infideli deterior*[111]. Et ils en donnent en même temps la résolution par cette réponse: que ces paroles s'adressent aux personnes qui sont dans le siècle, et non à celles qui l'ont quitté; aux vivants et non aux morts; parce que les morts ne sont obligés

---

[110] Isai. 58. 7
[111] 1 Tim. 5

à rien de cette nature. Qu'un homme consacré à Jésus Christ en qualité de mort, n'est plus dans l'obligation de contribuer à la subsistance de ses parents. Comme pauvre, il n'a rien à leur donner, non pas même son propre corps puisqu'il n'est pas à lui, et que l'ayant offert à Dieu il ne peut plus s'en servir pour le ministère des hommes, si ce n'est pour ceux de sa profession.

Ce serait sans fondement que l'on dirait que saint Basile ne parle point d'une extrémité pressante. On demeure d'accord qu'il ne l'a pas exprimée précisément; mais il faudrait qu'il en eût fait une exception particulière, pour qu'elle ne fût pas comprise dans cette instruction: car comme il la rend générale, il est évident qu'elle ne souffre nulle réserve. Et peut-on donner un autre sens à ces paroles: “Qu'un solitaire doit être plus séparé de ses proches, de ses amis, de son père, de sa mère... que les morts ne le sont des vivants; sinon, que comme les morts ne se mêlent plus des affaires des vivants; ainsi les enfants, depuis qu'ils se sont consacrés à Dieu, sont dans l'impuissance d'entrer dans les besoins de leurs pères. Cette mort mystique et spirituelle ayant fait sur eux, à l'égard de leurs pères, un effet semblable à celui que la mort naturelle fait sur les morts à l'égard des vivants.

À moins que de vouloir se fermer les yeux, on ne peut pas ne point voir que ce saint interdit aux moines toutes sortes de secours, de commerces, et d'assistances temporelles en disant qu'il n'a plus que deux pères, l'un qui est Dieu, l'autre son supérieur; ne comptant plus le troisième, et le mettant au nombre des choses dont il est séparé pour jamais. Le cas auquel il lui permet d'avoir un père étant fondé, non sur l'affinité de la chair et du sang, mais sur l'alliance de l'esprit.

C'est si bien le sentiment de saint Basile[112] que dans la réponse à la question: „Savoir en quelle disposition il faut être à l'égard de ses proches et de ses parents selon la chair“, il dit positivement que le supérieur doit empêcher de tout son pouvoir que ceux qui sont une fois entrés dans la société des Frères, ne sortent jamais de la maison, sous quelque considération que ce puisse être d'assister leurs parents. Que si leurs pères, leurs mères, et leurs frères vivent selon Dieu; il est juste que tous ceux qui composent la société des Frères, les assistent par une conspiration sainte et comme leurs pères communs; et que c'est au supérieur à prendre ce soin. Mais que si ces personnes sont encore engagées dans une vie mondaine, ils n'ont rien de commun avec elles; et ils doivent s'attacher à Dieu invariablement sans se détourner de son service par nulle distraction.

C’est dans cette même pensée que saint Jérôme exhorte son ami Héliodore[113] d'une manière si puissante, de se mettre au dessus de toutes les considérations de 1a chair et du sang, de fouler aux pieds son père et sa mère, et de passer dans la solitude sans que les résistances de l'un, ni les prières et les larmes de l'autre l'en puissent empêcher. Et il enseigne que c’est avoir de la piété que d’être cruel dans ces rencontres: *Percalcatum perge patrem, siccis oculis ad vexillum crucis evola, totum pietatis genus est, in hac re esse crudelem.*

... S'il a parlé de la sorte à un homme libre, que ne lui aurait-il pas dit s'il avait été dans l'engagement des vœux?[114]

---

[112] Basil. Quest. 32. regul. Grandes Règles: cf. supra, note 6
[113] Ep. XIV, 2
[114] ne se trouve pas dans l'édition 1701 !

Saint Arsène[115] était animé de ce même esprit, quand il répondit à celui qui lui apportait le testament d'un de ses proches „qu'il était mort avant son parent, et qu'il ne comprenait pas qu'il eût voulu choisir un mort pour son héritier“. Et lorsqu'un solitaire lui demandant un jour pourquoi il fuyait tant les hommes, il lui fît cette admirable réponse: „que Dieu savait qu'il aimait les hommes, mais qu'il ne pouvait tout ensemble converser avec Dieu et avec les hommes; que tous les esprits célestes n'avaient qu'une seule et unique volonté; et que les hommes en avaient plusieurs, et différentes les unes des autres. Ainsi il ne pouvait se résoudre à quitter Dieu pour les entretenir“, donnant ainsi une double instruction: l'une que la charité que Dieu nous commande d'avoir pour notre prochain subsiste avec le refus qu'il faisait de lui en donner des marques extérieures; l'autre qu'il est plus malaisé que l'on ne pense, qu'un religieux vive dans la fidélité qu'il doit à Dieu, qu'il réponde àla sainteté de son état, et qu'il demeure dans des commerces et des engagements avec les hommes.

Ce fut par un mouvement semblable que saint Siméon[116] Stylite souffrit sa mère pendant trois jours aux pieds de sa colonne où elle était venue pour le voir, sans que ni les plaintes ni les menaces, ni les reproches qu'elle lui fit, en lui disant qu'il voulait lui donner la mort par sa dureté, comme il l'avait donnée à son père par sa retraite, puissent émouvoir sa constance, ni l'obliger à lui accorder ce qu'elle lui demandait. Il la laissa mourir ainsi d'accablement et de tristesse: mais il priait Dieu pour elle. Et pendant que cet Ange incarné lui refusait une consolation d'un ins-

[115] Vita Patr.
[116] vita. Patr.

tant, l'attachement inviolable qu'il avait à Dieu lui en obtenait d'éternelles.

En effet elle mourut; et son corps lui ayant été apporté; il vit morte celle qu'il n'avait point voulu voir vivante, et témoigna par ses larmes, par les prières si pleines de tendresse qu'il fit publiquement à Dieu pour le repos de son âme; et par toutes les circonstances de sa conduite, que les personnes consacrées à Dieu ont d'autres voies que celles des assistances sensibles, pour s'acquitter des obligations qu'elles peuvent avoir d'honorer leurs pères et leurs mères.

Saint Fulgence[117] fit une action qui n'est guère inférieure à celle de ce grand saint, lorsque avec une constance inébranlable, il fut sourd aux cris perçants que sa mère jetait contre le ciel à la porte du monastère dans lequel il s'était retiré; et que résistant aux plaintes qu'elle lui faisait de ce que par sa retraite il laissait sa maison dont il était l'unique appui, dans une ruine certaine, et à tout ce que la douleur et la tendresse pouvaient mettre de plus touchant dans la bouche d'une mère désolée; il persista dans sa résolution, et surmonta, comme dit l'auteur de sa vie par une cruauté sainte, la piété naturelle.

Dieu inspira quelque chose[118] de plus extraordinaire, (mais qui ne doit pas aussi être tiré à conséquence) à saint Théonas lorsqu'il lui inspira de quitter sa femme malgré elle, et d'embrasser la vie solitaire. Pour justifier cette action Dieu rendit la suite de sa vie éclatante par quantité de miracles.

[117] Vit.S. Fulgent

[118] Cass. C. 1. collat. 21

Ce grand solitaire Théodore[119] pensait quelque chose de pareil lorsque sa mère l'étant venu trouver dans Tabenne où il s'était retiré, il ne la voulut point voir. Saint Pacôme l'en ayant pressé, sur l'instance que quelques Évêques lui en avaient faite, il lui demanda s'il voulait lui répondre qu'il ne rendrait point compte de cette visite au jugement de Dieu. Il lui dit que selon le précepte de Jésus Christ ayant abandonné sa mère, et tout le reste du monde, il ne pouvait se résoudre en la voyant, de déplaire à tous ceux avec lesquels il avait le bonheur de vivre dans le monastère. Que si avant la grâce de la nouvelle alliance, les fils de Lévi renonçaient à leurs parents, pour accomplir les commandements de la Loi, à plus forte raison participant à une si grande faveur, il devait préférer l'amour de Dieu à celui de ses proches, suivant cette parole de notre Seigneur: *Qui amat patrem aut matrem plusquam me, non est me dignus*[120]. Ce qui obligea saint Pacôme d'acquiescer à ses sentiments en lui disant que ce refus n'appartenait qu'à ceux qui avaient parfaitement renoncé au monde, et à eux-mêmes. Et que si quelqu'un, par l'affection qu'il avait pour les personnes qu'il avait laissées, prétendait encore qu'il devait aimer ses parents parce que c'était sa propre chair; il se souvint de cette parole de saint Pierre[121]: „On devient esclave de celui par lequel on est vaincu; ainsi celui qui est vaincu par la chair, est esclave de la chair“.

Cassien dans ses Conférences[122] rapporte qu'un frère du saint Abbé Apollon, l'étant venu conjurer dans le milieu de la nuit de sortir pour un

---

[119] Vit.Pat. in vit. S. Pachom.
[120] Matth. 10, 17.
[121] 2. Petr. 1, 19.
[122] Coll. 24 c . 9.

moment de sa cellule afin de l'aider à retirer un de ses bœufs d'un bourbier dans lequel il était tombé. Le saint Abbé lui dit qu'il s'adresse à un autre de ses frères qui n'était pas éloigné du lieu où cet accident était arrivé. Et sur ce qu'il lui répondit qu'il l'envoyait à un homme qui était mort il y avait quinze ans; il lui repartit: "et moi je suis mort aussi au monde il y a plus de vingt ans et étant, comme je suis, enseveli dans le tombeau de ma cellule je ne puis plus rien faire de tout ce qui ne regarde que cette vie. Pensez-vous que Jésus Christ souffre que je me relâche le moins du monde de cette mortification où je me suis une fois engagé pour aller retirer avec vous votre bœuf du bourbier; lorsque dans l'Évangile, il n'a pas voulu accorder un moment à celui qui lui demandait permission d'ensevelir son père, quoique cette demande qu'il lui faisait parût avoir plus de justice et de piété?

Tout le monde peut conclure de ces exemples ce qu'auraient dit ou pensé ces hommes remplis de Dieu, si on leur avait proposé de quitter leurs monastères pour des temps considérables; s'étant montrés inflexibles lorsqu'il ne s'agissait que d'accorder quelques instants, quelques paroles, ou même quelques regards pour la consolation de leurs proches.

Le même Cassien[123] nous apprend dans ses Institutions que l'on demandait, de son temps, comme une disposition principale dans ceux que l'on recevait dans les monastères de la Palestine, un entier oubli de leurs parents. „Ne laissez point, disait le saint Abbé Pynuphe, entrer en vous le souvenir de vos parents ni de vos anciennes affections, de peur que vous engageant de nouveau dans les soins et dans les embarras du

[123] Instit. lib. 4. v. 16.

monde vous ne mettiez la main à la charrue[124], et que regardant derrière vous, vous ne puissiez plus être propre au royaume de Jésus Christ.

Saint Jean Climaque qui avait pénétré plus que personne le fond des devoirs de la vie monastique, a cru cette séparation si nécessaire qu'il n'y a rien qu'il ait si fortement établi. Il dit qu'il faut imiter Loth, et non pas sa femme; qu'il vaut mieux déplaire à ses parents que de déplaire à Dieu; que le même Dieu qui est notre Créateur, est aussi notre Sauveur[125], au lieu que les parents ont souvent fait périr ceux qu'ils ont aimés, et les ont livrés aux supplices éternels. Que nous ne nous retirons pas dans la solitude par une aversion que nous aurions pour nos proches et pour les lieux que nous quittons; mais pour éviter les pertes que nous pourrait causer leur présence et leur compagnie[126]. Que Jésus Christ[127] nous a servi d'exemple et de maître en cela puisqu'on l'a vu souvent quitter ses parents selon la chair et qu'ayant entendu quelques-uns qui lui disaient[128] que sa mère et ses frères le cherchaient, il enseigna aussitôt par sa réponse l'aversion innocente et sans passion que nous devions avoir pour nos proches; que l'amour de Dieu éteint l'amour des parents. Celui qui prétend posséder en même temps ces deux amours se trompe soi-même, selon la parole du Sauveur: „Nul ne peut servir deux maîtres“; que Jésus Christ n'est pas venu apporter la paix dans la terre[129], c'est à dire l'amour des pères et des mères envers leurs enfants et envers leurs frères qui veulent se consacrer à son service; mais la guerre et

---

[124] Luc. 9. 62.
[125] S.Jean. Climaque: Degre 3. art. (10 &) 11. 13 et suivants...
[126] Degré 3, 18
[127] Ibid.
[128] Matt. 12. 50.
[129] Ibid Matth. 6. 24, idem 10, 34

l'épée, afin de séparer ceux qui aiment Dieu d'avec ceux qui aiment le monde; les charnels d'avec les spirituels, les superbes d'avec les humbles; car le Seigneur, ajoute-t-il, prend plaisir à cette division d'esprit et à cette séparation de corps qui se fait par son amour[130]. N'ayez point de pitié, dit ce Saint, des pleurs de vos parents et de vos amis, si vous ne voulez vous pleurer vous même éternellement. Comme il est impossible de tourner l'un de ses yeux vers le ciel et l'autre en même temps vers la terre, de même il est impossible qu'en ne se retirant pas tout à fait par une séparation du corps et par un éloignement de l'esprit, du commerce de ses proches et des autres personnes du monde, l'on n'expose le salut de son âme à un grand danger.

Lorsqu'après notre retraite, les démons nous attendrissent et nous échauffent le cœur par le souvenir qu'ils nous renouvellent de nos pères, de nos mères et de nos frères, recourons aux armes de la prière pour nous défendre contre eux, et embrasons-nous nous-mêmes par la pensée du feu éternel; afin que par l'idée de ces flammes nous éteignions l'ardeur indiscrète de ce feu qui s'allume dans notre cœur.

Tout cela prouve clairement combien ce grand directeur était éloigné de croire que les besoins des parents fussent des raisons légitimes à un solitaire pour quitter sa retraite puisque il l'estimait obligé d'en combattre la pensée, et d'en regarder le souvenir comme une des plus dangereuses tentations qui le pouvaient attaquer.

Saint Bernard enseigne partout la même vérité[131]. Il veut que les âmes qui se sont données uniquement à Jésus Christ par l'engagement des

---

[130] Jean Climaque: "L'échelle" Degré 3, 22
[131] Serm super Ct. 40, 5; SBO Vol II p. 27

vœux, demeurent constamment dans la solitude pour se conserver dans un état digne de la pureté de celui auquel elles se sont consacrées. Il dit, aussi bien que saint Jérôme, que ceux que Dieu appelle dans les cloîtres doivent obéir à sa voix sans se laisser toucher de celle de leurs parents, et que c'est une piété parfaite de leur témoigner de la dureté pour l'amour de Jésus Christ: *Summum pietatis genus est, in hac parte propter Christum esse crudelem*[132]. Il exhorte partout les enfants de quitter leurs pères et leurs mères sans s'arrêter à leurs résistances, pour embrasser la retraite des monastères. Il déclare que c'est un juste sujet ne leur pas obéir[133]; que le service de Jésus Christ leur doit être préféré, et que c'est pour lors que nous les devons considérer comme nos ennemis, et non pas comme nos parents. *Inimici hominis domestici ejus*[134]. Que le salut des enfants dans l'ordre de la charité doit aller, devant leurs consolations; qu'en cas qu'il y ait de l'impiété de mépriser sa mère, c'est la marque d'une piété singulière quand on ne le fait que pour plaire à Jésus Christ: *Et si impium est contemnere matrem, contemnere tâmen propter Christum piissimum est*[135]. Et que celui qui a dit: *Honora patrem, matrem*[136], a dit aussi: *Qui amat patrem aut matrem plusquam me, non est me dignus.*[137]

(de l'édition 1701) Enfin il n'a pu s'expliquer plus positivement qu'en disant que pendant que les religieux sont encore dans le monde, on ne saurait douter qu'ils ne soient dans l'obligation de secourir leurs parents.

---

[132] Epist 315 ? Jérôme: lettre IV à Héliodore
[133] Epist 111, 1 SBO Vol. VII p. 283
[134] Matth 10. 36
[135] Epist 104,3 SBO Vol VII p. 263
[136] Matth. 15. 4.
[137] Matth. 10. 17.

Mais que depuis qu'ils n'en sont plus, qu'ils se sont quittés et qu'ils ont abandonné le soin d'eux-mêmes, à plus forte raison ont-ils renoncé à celui qu'ils étaient obligés d'avoir de leurs proches. Quamdiu enim de mundo sumus, debitores nos constat esse parentibus. At postquam reliquimus nosmetipsos, multo magis ab eorum sollicitudine liberi sumus[138].

S'il venait dans la pensée de quelqu'un que saint Bernard parle à des personnes qui devaient trouver des délices dans la maison de leurs parents, on peut répondre qu'ayant parlé dans la vue des dangers qu'on court dans le monde, il a adressé la parole à toutes sortes de personnes; que l'abondance n'est pas la seule cause de la perte des âmes; qu'on n'est pas moins exposé dans la pauvreté que dans les richesses, dans les masures que dans les palais, sur le fumier que sous les lambris; que les pauvres sont incomparablement plus déréglés que les riches; que parmi eux les crimes sont plus énormes et plus fréquents; quand la piété ne retient pas les riches, l'honnêteté les arrête; mais comme elle n'est point connue parmi les pauvres, et que la religion y est très rare, les vices y règnent dans toute leur malignité, et dans toute leur étendue.

Saint Thomas parle sur ce sujet d'une manière tout à fait décisive. Traitant la question, savoir si la nécessité des pères peut empêcher les enfants d'embrasser la vie religieuse, il soutient l'affirmative; et sur l'objection qu'il se fait que comme les nécessités des parents ne peuvent obliger un religieux de sortir de son cloître après sa profession, elles ne peuvent aussi l'empêcher qu'il ne s'y engage. Il répond que les uns sont

[138] Sermo 2, 5 „post octavam Epiphaniæ“ – OSB, Tome IV, p 323

libres, et par conséquent dans l'obligation de les secourir, et que les autres étant morts au monde et comme ensevelis avec Jésus Christ dans le cloître, on ne peut plus désirer qu'ils s'engagent dans les soins et dans les inquiétudes du siècle. *Non debet occasione sustentationis parentum, exire Claustrum, in quo Christo consepelitur, et se iterum saecularibus negotiis implicare*[139]. Enfin, il n'a pu s'expliquer plus positivement qu'en disant que les religieux ne sont pas moins dispensés de tous devoirs à l'égard de leurs pères par la mort spirituelle, que par la mort naturelle: *Per spiritualem mortem deobligatur et cura impendenda parentibus, sicut deobligatur per mortem naturalem.*[140]

Voilà ce que les saints ont pensé de l'obligation qu'ont les religieux de renoncer à leurs proches. Il se trouvera peu d'opinions dans l'Église, soutenues d'une approbation si générale, j'entends celles des saints, et l'on pourrait rapporter sur ce sujet des exemples presque sans nombre. C'est ce dont il ne faut pas s'étonner, puisque les saints sont les véritables disciples d'un maître qui n'a rien enseigné davantage que la science des renoncements; et comme ils ont fait toute leur étude de connaître et de pénétrer toutes ses maximes, ils ont aussi mis toute leur gloire à les embrasser, et à les suivre, sans consulter ni les inclinations de la nature, ni les lumières de la raison.

Ce qui est cause qu'ils ont eu en cela plus d'ouverture et plus de facilité que les autres, c'est qu'étant parfaitement dégagés des choses sensi-

---

[139] Thom. 22 q 101 att 4 ad; & ad 4

[140] Id. Quodlib. 3. qu. 6.art. 2 *(q.6, art. 2 in Quaestiones de quodlibet I-XII* (ou questions universitaires disputées dont le sujet est proposé par les assistants). Quodlibet VII-XI (Paris, 1256); Quodlibet I-VI et XII (Paris, 1268-1272). (Note de la correction: semble ne jamais avoir été traduit en français)

bles, la nature qui était comme morte en eux ne formait nulles affections contraires à ces vérités; ce qui ne se rencontre pas dans ceux qui n'ont ni leur mortification ni leur vertu. Dieu a proposé les saintes Écritures, et a parlé également aux hommes; mais sa voix n'a pas été également écoutée, parce que la préparation des cœurs était différente, et qu'il en est des vérités comme des liqueurs: elles perdent toujours de leur force et de leur pureté, quand les âmes qui les reçoivent ne sont pas tout à fait pures ainsi que les liqueurs perdent de leur bonté et de leur douceur lorsque les vases dans lesquels on les met ne sont pas assez purifiés

Question XVI

De quelles sources les saints ont-ils tiré ces maximes?

RÉPONSE.

Les saints nous ont enseigné ces vérités, non pas comme les ayant tirées de leur fonds, mais après les avoir apprises de la vérité même. Et il se peut dire qu'elles sont répandues en tant de lieux dans les divines Écritures, qu'il n'y a rien qu'on y remarquerait davantage si les esprits n'étaient pas prévenus par le long usage des opinions contraires. Jésus Christ a voulu prendre un soin tout particulier de nous en instruire parce que la fin de sa mission était de sanctifier le monde, et de l'élever à une perfection qui jusqu'alors avait été ignorée ou, au moins, que très peu de personnes avaient connue; ce qui ne se pouvait faire que par la voie du renoncement et des séparations. C'est ce qui lui a fait dire dans saint Matthieu[141] qu'il n'était pas venu apporter la paix sur la terre. *Non veni pacem mittere sed gladium*, qu'il était venu séparer le fils d'avec le père,

[141] S. Matth, c. 10. 34

la fille d'avec la mère; que celui qui aimait son père ou sa mère plus que lui n'était pas digne de lui. Au chapitre 12[142]: “Qui est ma mère et qui sont mes frères ? et étendant la main vers ses disciples: „Voilà ma mère et voici mes frères; car quiconque fait la volonté de mon Père qui est dans le ciel, celui-là est mon frère, ma sœur et ma mère“. Au chapitre 19[143] que „quiconque abandonnerait pour lui sa maison, ou ses frères, ou ses sœurs, ou son père ou sa mère, ou sa femme, ou ses enfants, ou ses terres

recevrait le centuple, et aurait pour héritage la vie éternelle. *Et omnis qui reliquent domum, vel fratres, vel sorores, aut patrem, aut matrem, aut uxorem, aut filios aut agros, propter nomen meum, centuplum accipiet, et vitam aeternam possidebit.*

Au ch. 8.[144] il répondit à un de ses disciples qui le priait de lui permettre d'aller ensevelir son père avant que de le suivre: „Suivez-moi, et laissez aux morts le soin d'ensevelir les morts. *Sequere me et dimitte mortuos sepelire mortuos suos*“.

Il répliqua aussi à un autre de ses disciples, qui lui disait[145] “Seigneur, je vous suivrai; mais permettez-moi de dire auparavant adieu à ceux qui sont dans ma maison“: Quiconque ayant mis la main à la charrue regarde derrière soi n'est point propre au royaume de Dieu. Et il déclare dans le chapitre 14[146] que si quelqu'un venait à lui, et ne haïssait pas son père et sa mère, sa femme et ses enfants, ses frères et ses sœurs et même

[142] S. Matth. c 12 48, 49 & 50
[143] S. Matth. c. 19. v. 29
[144] S. Matth. c. 8. 21-22
[145] Lc 9, 61-62
[146] v. 26

sa propre vie il ne pouvait être son disciple. *Si quis venit ad me et non odit patrem suum et matrem, et uxorem et filios, et fratres et sorores, adhuc autem et animam suam, non potest meus esse discipulus.*

Peut-on donner, mes frères, une explication plus naturelle et plus sainte à ces paroles de Jésus Christ, que celle de dire que les chrétiens doivent être toujours prêts de quitter toutes choses, et de rompre toutes sortes d'engagements pour le suivre; que ses intérêts doivent tenir la première place dans nos cœurs; que les devoirs les plus indispensables doivent cesser lorsqu'il est question d'aller où nous appelle sa voix et de persévérer où son ordre nous retient. Qu'il faut même abandonner les exercices de la piété qui nous attachent à ceux dont nous avons reçu la naissance, quand il arrive qu'elle est opposée à celle que nous lui devons non seulement quand nos proches nous portent à violer sa loi; ou qu'ils nous veulent engager dans des voies contraires à notre salut; mais encore lorsqu'ils s'opposent à cet état de perfection auquel sa volonté nous élève; c'est-à-dire qu'on doit non seulement s'abstenir pour l'amour de Jésus Christ des choses qui sont mauvaises et défendues, mais encore des licites, ou même de celles qui sont bonnes et commandées dans un autre temps, lorsqu'il en exige de nous de plus parfaites et qui par conséquent leur sont préférables.

Cela posé, il faut demeurer d'accord qu'il n'y a personne à qui ces instructions conviennent davantage qu'à ceux qui, ayant renoncé au monde, se sont donnés uniquement à Jésus Christ, par la consécration des vœux; et qui par un discernement de sa grâce tout particulier, l'ont tellement pris pour leur partage, qu'ils n'ont plus d'autre occupation sur la terre que celle de s'avancer dans la sainteté; et en méditant sa Loi jour et nuit, chercher les moyens de le servir.

De sorte que s'il arrivait que le monde voulût reprendre sur eux le droit qu'il y avait autrefois et que les pères prétendent pour quelque raison que ce puisse être, ou en vertu des obligations dans lesquelles les enfants étaient à leur égard avant leur engagement, exiger d'eux des services et des assujettissements incompatibles avec la pureté de leur état et la sainteté de leur profession – comme serait de les retirer de leur solitude et de les engager dans les soins du siècle – c'est pour lors qu'ils seraient obligés de se souvenir que ceux qui préfèrent leurs parents à Jésus Christ sont rejetés de son royaume. Et que la première condition, qu'il impose aux personnes qui veulent le suivre, est de se séparer de ceux auxquels ils sont le plus étroitement unis par les liens du sang et de la nature.

Ce serait inutilement que l'on nous dirait qu'on n'a pu prendre cet engagement au préjudice (détriment) de celui dans lequel on était de secourir son père puisque, comme nous l'avons déjà montré, il y a une obligation supérieure et originaire qui forme et qui règle toutes les autres, qui met toutes les créatures dans la main de Dieu et qui fait qu'il peut, selon sa volonté et sa sagesse, les appliquer à toutes sortes d'usages dans l'ordre de la grâce comme dans celui de la nature. C'est un droit inviolable attaché à sa toute-puissance et à cette domination souveraine qu'il exerce sur toutes choses en qualité de Créateur; qui subsiste en lui de toute éternité, auquel il ne saurait déroger lui-même. Et comme il pourrait, s'il le voulait, plier, pour ainsi dire, les essieux qui soutiennent le monde, arrêter le soleil dans le milieu de sa course pour des siècles entiers, comme il fit autrefois[147] pour quelques moments; et afin de dire quelque chose qui convienne davantage à notre sujet: de même que par son ordre les Lévites[148] trempèrent innocemment leurs mains dans le sang de leurs pères. Ainsi quand il le jugera à propos pour la gloire de son nom, il peut appeler devant son trône, tout ce qu'il y a d'hommes dans le monde, pour lui rendre leurs assistances et leurs hommages faisant cesser toutes les fonctions, et tous les usages des différentes obligations qu'ils peuvent avoir les uns à l'égard des autres. Et pour lors, les pères seraient obligés de lui rendre leurs enfants, les maris leurs femmes, les maîtres leurs serviteurs, les princes leurs sujets, sans avoir aucune cause légitime de se plaindre de sa justice.

Tout cela prouve évidemment que c'est ignorer quelle est la souveraineté de Dieu sur les hommes, que de lui refuser des choses beaucoup moindres, et de ne vouloir pas qu'il puisse suspendre les règles, et changer l'exercice et l'usage de la piété des enfants à l'égard des pères en la manière que nous l'avons déjà expliqué.

D'ailleurs, il est certain que le religieux s'engage dans une perte inévitable, en prenant une vie toute opposée à celle à laquelle Dieu avait attaché sa sanctification. Or, il est sans doute que le dessein de Dieu a été de le retirer du monde pour le sanctifier dans le repos de la solitude, en l'éloignant de tout ce qui était capable de s'opposer à son salut, et en lui donnant les moyens et les secours qui pouvaient y contribuer davantage.

Les obstacles et les oppositions qu'il pouvait trouver sont: le commerce du monde, l'attachement à ses parents, l’application aux affaires

---

[147] cf. Livre de Josué 10, 13
[148] cf. Ex 32, 25-28

de sa famille, le soin de sa propre subsistance, les dissipations qui en sont des suites nécessaires; enfin toutes les occasions de se séparer de Dieu, et de tomber dans le péché, qui se rencontrent presqu'à tous les pas et à tous les instants dans la fréquentation des hommes.

Et les secours qu'il a reçus de la miséricorde de Dieu sont, la régularité du cloître, la vigueur de la discipline, la vigilance d'un supérieur, la prière et l'exemple de ses frères, l'assujettissement de sa volonté, la succession des exercices, l'austérité des jeûnes, la pratique des humiliations, et l'exactitude du silence.

Cependant il arrive que ce religieux, qui dans la vérité quitte et sa profession et son cloître pour aller secourir son père, se trouve en un moment, destitué de tous ces avantages, et au milieu de ce grand nombre d'obstacles dont la main de Dieu l'avait tiré; c'est-à-dire, environné d'ennemis et sans aucune défense. Son état est d'autant plus dangereux que celui dans lequel il voit son père fait sur son cœur de plus profondes impressions. Il est dévoré d'ennuis et d'inquiétudes; il ne connaît plus ce sacré repos qui fait toute la richesse des solitaires, son âme abattue par la continuelle application qu'il est obligé d'avoir pour sa subsistance et pour celle de son propre père, et par la crainte de l'avenir, n'a plus la liberté de s'élever, ni de goûter les choses supérieures. Le sommeil s'est retiré de ses yeux; c'est-à-dire: cette paix si sainte dont il jouissait et dans laquelle ses passions étaient comme ensevelies, s'est dissipée. Ses cupidités sont plus vives et plus animées qu'auparavant. Enfin il vit, ou plutôt il languit misérablement dans une terre étrangère, exposé à toutes les différentes tentations qui sont inséparables de l'extrême nécessité, aussi bien dans l'un comme dans l'autre sexe.

Et comme cet état est entièrement opposé a celui dans lequel Dieu l'avait mis, qu'il en ruine tous les moyens et tous les avantages, il faut aussi qu'il ait des fins et des issues contraires, et que l'un étant le chemin de la vie, l'autre soit nécessairement la voie de la mort. Ainsi il n'y a point de cas et de circonstances dans lesquels l'Écriture nous ait plus commandé d'abandonner nos pères que dans celles-ci, puisque le service que nous leur rendons nous cause de si grands dommages, et qu'il n'est pas possible de les secourir et de s'attacher à eux, sans se perdre et sans se séparer pour jamais de Jésus Christ.

Il faut donc inférer, mes frères, qu'un religieux que Dieu affranchit de ces devoirs extérieurs de justice et de charité à l'égard du monde, qui est exempt des engagements que les hommes conservent envers les autres hommes, qui remplit dans l'Église, comme nous l'avons déjà remarqué, la place que les martyrs y tenaient autrefois, qui doit succéder à leur sainteté, et qui est obligé par son état de retracer le parfait renoncement des anachorètes et des anciens solitaires, ne peut plus quitter le repos de son cloître, retourner dans le siècle, ni en reprendre les occupations et les soins sous prétexte de soulager son père, quelque extrême que soit son indigence. Que s'il sort de son monastère par cette considération, il sort en même temps de l'ordre de Dieu et ruine les desseins qu'il avait sur sa personne. Il s'oppose à la disposition qu'il en avait faite, et se tire du nombre de ceux dont il veut être adoré en esprit et en vérité. Il blesse sa profession dans ce qu'elle a de plus essentiel, il expose la pureté de son corps aussi bien que celle de son âme; il préfère une vie commune à une vie toute céleste; il descend de ce toit mystérieux de l'Évangile[149] pour rentrer dans le champ et y reprendre ses vêtements; il tourne la tête en arrière après avoir mis la main à la charrue; il préfère l'alliance de la chair à celle de la grâce, au lieu de dire avec saint Bernard: Pourquoi m'inquiétez-vous dans l'engagement où je suis de plaire uniquement au Père de toutes choses? Pourquoi me retirez-vous du service de celui duquel les vrais serviteurs sont autant de Rois[150]?

Quid me patri omnium Deo satagentem placere inquietatis? et ab ejus servitis, cui servire regnare estî, retrahere attentatis?

D'où il s'ensuit que les religieux en quittant leurs monastères, méprisent toutes les instructions que nous avons rapportées; qu'ils font une action condamnée par la parole de Jésus Christ; et qu'ils sont précisément dans le cas auquel il leur est commandé de renoncer à leurs pères, à leurs mères, et généralement à toutes choses pour l'amour de lui.

Toutes ces preuves font voir que nous n'avons rien avancé que de juste et de véritable en disant que le sentiment de ceux qui veulent que l'extrémité pressante d'un père soit une raison légitime qui oblige un religieux de sortir de son monastère, et de se rendre auprès de lui pour le secourir, n'a rien moins que la vérité et la solidité qu'on s'imagine; qu'elle est entièrement opposée à la raison éclairée et conduite par la foi, et aux maximes des saints; qu'elle déroge à la majesté de Dieu; et qu'elle est contraire à la parole de Jésus Christ.

---

[149] Mt 24, 17
[150] Epist. 111, 1 SBO Vol. VII p. 283

Question XVII

Que peut-on répondre à quantité de passages de la sainte Écriture qui semblent contraires à vos raisons?

RÉPONSE.

Il est vrai, mes frères, qu'on lit dans Isaïe[151]: Ne méprisez point vos proches. Dans saint Paul à Timothée[152]: *Si quis autem suorum et maxime domesticorum curam non habet, fidem negavit, et est infideli deterior.* Notre Seigneur dit aussi en parlant aux Pharisiens[153]: *Quare et vos transgredimini mandatum Dei propter traditionem vestram.*

Mais saint Basile répond aux deux premiers passages en disant[154] que ces paroles sont adressées à des gens qui vivent dans le siècle, et non pas à ceux qui y ont renoncé.

Et pour répondre plus succinctement, dit ce Saint, l'apôtre parle à des vivants, et non pas aux morts; parce que les morts ne sont obligés à rien de cette nature. Vous êtes morts et crucifiés au monde; vous avez embrassé une entière pauvreté en renonçant à toutes les richesses périssables: en vous consacrant à Dieu vous êtes devenus ses richesses et son

---

[151] 58. 7.
[152] 1 Tim 5. v.8.
[153] Mt 15, 3
[154] Const. Monast. c.20

trésor. Comme morts vous êtes affranchis de contribuer à la subsistance de vos proches. Et comme pauvres, vous n'avez rien à donner

Il faut ajouter à cela dans le sentiment du même saint, et selon que nous l'avons déjà remarqué, que le religieux qui ne peut plus, ni par lui même, ni par ses biens, être utile au soulagement de son père, ne laisse pas de l'assister par les soins de son supérieur et des revenus de son monastère; et qu'ainsi il n'est point de ceux sur qui doit tomber ce reproche de l'Écriture.

Pour le troisième passage, il ne faut point craindre de dire que c'est faire violence à la pensée de notre Seigneur, que de vouloir en inférer, qu'un religieux est obligé d'abandonner son cloître pour aller secourir son père. Et dans la vérité les différences et les disparités qui se rencontrent entre le fait contre lequel Notre Seigneur s'explique, et celui dont il s'agit, sont si grandes, que quiconque les regardera avec attention, n'aura pas peine à se persuader qu'il n'y a nul parallèle à tirer entre des choses si dissemblables et si éloignées, si l'on considère bien les dispositions des personnes, la qualité des choses offertes, la consécration en elle-même, les effets, et les inconvénients qui peuvent naître au cas qu'elles soient employées à d'autres usages qu'à ceux auxquels elles ont été destinées,

Premièrement, Jésus Christ condamne l'inhumanité des Pharisiens envers leurs pères; leur avarice, leur hypocrisie, leur dissimulation; parce que, comme dit saint Chrysostome[155], il n'était pas vrai qu'ils eussent consacré tous leurs biens à Dieu, comme ils le supposaient. Et non seu-

[155] Homil in Matth 52, 5

lement il n'y a rien de tout cela dans les véritables religieux, mais au contraire, leur piété est sincère, leur dépouillement est parfait, leur sacrifice est réel, leur amour pour leur père est tendre, quoi qu'il soit tempéré par les devoirs de leur profession. Et s'ils leur refusent l'assistance dont ils ont besoin, c'est par le respect qu'ils portent aux ordres de Dieu, et par la crainte qu'ils ont de lui déplaire.

Secondement, les dons que les Pharisiens refusaient à leurs pères, et qu'ils disaient avoir destinés au service de Dieu, n'étaient que quelques animaux; mais ici ce sont des âmes rachetées du sang de Jésus Christ, auxquelles il doit communiquer un jour sa divinité.

Troisièmement, cette offrande prétendue des Pharisiens

n'était qu'une sanctification extérieure mais celle qui se fait par les vœux, est une alliance toute intérieure et toute divine, par laquelle les âmes deviennent les épouses de Jésus Christ. Son Esprit Saint en est comme le nœud et le lien sacré; et quoi qu'il ne soit pas donné précisément par la vertu de cette consécration, parce que cette efficacité ne se trouve que dans les sacrements, néanmoins, il est inséparable de la piété qui la doit accompagner. Et les saints Pères ont estimé que ceux qui s'acquittaient avec la dignité nécessaire, d'une action si sainte, le recevaient avec tant d'abondance et de plénitude, qu'ils ont appelé la profession religieuse, un second baptême et un véritable martyre.

Quatrièmement, l'effet de l'une de ces oblations n'est que de séparer la chose offerte des usages ordinaires et communs; et de la destiner à être consumée ou par le feu ou par la bouche des prêtres. L'effet de l'autre, est de séparer la créature de toutes les choses passagères; d'éteindre dans son cœur tout amour de ce qui n'est point éternel, et de l'unir à Jésus

Christ d'une manière intime, en sorte que remplissant ce grand vide qu'il y rencontre, par une communication ineffable et réciproque, il soit en elle, et elle en lui; qu'il la fasse jouir dans le temps et par anticipation de cet état bienheureux, exprimé par ces paroles du Prophète[156]. *In aeternum exultabunt, et habitabis in eis.* Ce qui ne s'accomplira tout à fait que lorsque Dieu s'étant assujetti toutes les créatures, et étant tout en tous comme dit l'Apôtre[157], il reposera en elles pour jamais, et les comblera par sa présence de gloire et de consolation.

Pour ce qui est des inconvénients, on ne voit pas qu'il y en puisse avoir aucun, quand ce bœuf ou cet agneau, qui était destiné pour les choses saintes, sera employé à d'autres usages. On ne peut pas dire la même chose d'un religieux, qui après s'être lié à Jésus Christ par l'engagement de ses vœux retourne dans le siècle, et rentre dans ses soins et ses dissipations; puisque comme nous l'avons déjà montré, outre l'infidélité, qu'il commet, il s'expose à mille accidents, dont le moindre est capable de le priver pour jamais de l'effet et du fruit de sa retraite.

Ceux qui auront toutes ces vues et toutes ces réflexions présentes, comprendront aisément que cet endroit de l'Écriture n'attaque en aucune manière notre sentiment; et qu'il n'y a rien de moins juste, et de moins raisonnable, que de vouloir conclure du reproche que Notre Seigneur fait aux Pharisiens de ce que, contre le précepte divin, par la dureté de leur cœur, et par l'attachement qu'ils avaient aux biens de la terre, sous des prétextes d'une piété fausse, et d'une offrande imaginaire, ils déniaient à leurs pères une assistance que leur était due, de vouloir, dis-je,

[156] Psal 5 v. 12
[157] 1. Corinth. 15. v. 18

conclure qu'un religieux qui a renoncé au monde, et qui s'est donné à Dieu par un engagement aussi réel, aussi légitime, et aussi saint qu'est celui des vœux, soit obligé de retourner dans le siècle pour subvenir aux besoins et à l'indigence de son père.

Question XVIII

Ne pourrait-on pas opposer qu'un religieux ne peut contracter une nouvelle obligation avec Dieu, contraire à celle qu'il a déjà d'honorer et de secourir ses parents?

RÉPONSE.

Cette objection, mes frères, n'a rien de solide; et quoi qu'elle soit suffisamment détruite, il est néanmoins nécessaire, pour ne laisser aucun doute en une matière aussi importante, de remarquer que nous sommes à Dieu d'une manière et avec une dépendance incomparablement plus intime et plus engageante que n'est pas celle que nous avons à l'égard de nos pères. Nous lui appartenons par tant de titres et de qualités différentes, ou de nature, ou de grâce, qu'il est vrai de dire que l'homme est un composé de rapports et de relations à sa miséricorde et à sa toute-puissance. C'est lui qui est le véritable père, puisqu'il donne la vie au corps et à l'âme; qu'il conserve l'un et l'autre par un regard et une influence continuelles et qu'il est, comme nous l'apprenons de saint Paul, la source de toute paternité dans la terre aussi bien que dans le ciel[158]: *Ex quo omnis paternitas in caelis et in terra nominatur.* C'est ce qui fait

[158] Eph c. 3 v 15

que nous lui devons nos biens, notre temps, notre travail, notre industrie, notre liberté, notre santé, notre vie; enfin toute notre personne, et tout ce qui concerne la chair et l'esprit, le sens et la raison. De sorte qu'à le bien considérer[159], quand nous nous consacrons à lui par les vœux de la Religion nous ne contractons à son égard aucune obligation nouvelle. Nous ne faisons que lui rendre ce qui lui appartient, et dont il nous avait seulement permis l'usage, lequel il nous redemande par la vocation, c'est à dire, par le mouvement de son esprit qui nous fait connaître que sa volonté est que nous renoncions aux soins que nous avions des créatures pour nous donner entièrement à lui.

Ainsi il reprend seulement le temps, l'assiduité, et toutes les assistances que nous aurions données à nos pères, et que nous lui devons préférablement à eux. Il ne détruit pas pour cela l'obligation que nous avions de les honorer; mais il en règle l'exercice, et ne nous permet plus de leur en donner de certaines marques parce qu'elles se trouvent contraires au service qu'il veut que nous lui rendions. Et au lieu d'anéantir ce droit et naturel et divin, il ne fait simplement qu'en changer l'usage et les fonctions.

En un mot, ce devoir subsiste dans le cœur des enfants après leur profession comme auparavant. Ils aiment et honorent leurs pères comme ils étaient obligés, puisqu'ils les aiment dans l'ordre de Dieu; et que c'est lui seul qui les empêche de leur en donner des témoignages sensibles, suivant cette parole de saint Augustin: *Amandus genitor, sed praeponendus creator*. Et de même qu'un pasteur chargé du soin des peuples,

---

[159] à le bien considérer

n'en quittera pas la conduite pour subvenir aux nécessités de son père parce que le devoir qui l'attache à son troupeau est le premier dans l'ordre de la charité; et cependant ne blessera pas celle qu'il doit à son père: ainsi le religieux demeurera dans son cloître, sans qu'on ait aucun sujet de blâmer sa conduite, et de la regarder comme le violation d'un droit et d'une obligation naturelle et divine.

Enfin, celui qui a dispensé Abraham du soin qu'il devait prendre de la conservation de son fils; qui lui a même commandé de le priver de la vie et de lui en faire un sacrifice, et qui d'un parricide énorme en a pu faire une action d'une vertu héroïque, peut bien appeler les enfants à un état, dans lequel ils seront dispensés de subvenir aux nécessités de leurs pères. Et de même que par son ordre le père sans manquer à la piété naturelle a pu lever l'épée sur la tête de son fils, ainsi le fils, quand il voudra lui ordonner, sans offenser les mêmes lois, s'élèvera contre son père. Dieu ne ruinera jamais dans les pères ni dans les enfants, les sentiments de la nature qu'il y a mis. Il ne leur inspirera point de la haine et de l’aversion les uns contre les autres, parce que ce serait détruire des devoirs essentiels, dont sa justice et sa vérité sont le fondement et le principe.

Mais il peut commander des actions que la nature défend, en empêcher d'autres qu'elle inspire, suspendre ses mouvements, arrêter ses inclinations, sans causer aucun dérèglement dans l'ordre et dans la disposition des choses qu'il a établies. Dieu a sur toutes les créatures une domination absolue, sa sagesse et sa volonté toutes seules en déterminent l'usage; et ce n'est point à l'homme à donner des bornes à sa toute-puissance.

Question XIX

Ne semble-t-il pas que l'obligation des vœux doit céder à l'obligation de secourir son père, puisque le vœu est une action libre, l'autre un devoir de nécessité; et que les choses nécessaires doivent l'emporter par dessus celles qui ne le sont pas?

RÉPONSE

Il est aisé de répondre à cela, que véritablement cet homme duquel l'Écriture sainte nous parle dans saint Matthieu[160], était obligé d'ensevelir son père, et qu'il lui était libre de suivre Jésus Christ, et de s'attacher à sa personne, avant qu'il lui en ait fait un commandement exprès. Mais depuis qu'il lui avait déclaré que sa volonté était qu'il le suive, ce qui lui avait été indifférent, lui devint nécessaire.

Son obligation changea; ce lui en fut une beaucoup plus considérable d'abandonner le corps de son père pour suivre Jésus Christ, que de lui donner la sépulture, et ce qui aurait été en lui une impiété punissable devint une action de piété digne de récompense. Il était libre à Abraham de demeurer ou d'abandonner son pays, ses proches, et la maison de son père, avant que la volonté de Dieu lui fût connue; mais depuis qu'elle lui avait été signifiée par ces paroles[161]: *Egredere de terra tua, et de cognavione tua, et de domo patris tui...* Ce lui fût un commandement auquel il n'aurait pu désobéir sans crime.

Il faut penser la même chose de ceux que le choix de Dieu retire de la corruption du monde. Ils sont libres avant qu'il leur ait parlé; mais depuis que sa voix s'est fait entendre et a frappé l'oreille de leur cœur, il faut qu'ils suivent et qu'ils regardent comme un état de nécessité, ce qui

---

[160] Matth. 8, 21-22

[161] *Gn 12, 1*

leur était une condition indifférente. Et pour expliquer la chose positivement, la religion est un conseil pour tous les hommes en général; mais ce conseil devient en particulier un précepte, lorsqu'il y a vocation, et l'on est dans l'obligation de l'embrasser. À plus forte raison, doit-on dire de ceux qui ont été, non seulement appelés et prévenus de la vocation à l'état religieux, mais qui l'ont accepté par la profession qu'ils en ont faite, qu'ils sont liés par leurs promesses; et qu'ils ne sauraient sans prévarication se dispenser des devoirs auxquels elles les engagent.

Ce qui était volontaire, dit saint Bernard[162], une fois qu'on s'est obligé de le garder, a changé de nature et est devenu nécessaire; et c'est désormais une nécessité de demeurer invariablement dans l'engagement que notre liberté nous a fait prendre. *Hoc ipsum quod dico voluntarium, si quis ex propria voluntate semel admiserit et promiserit, deinceps tenendum; profecto in necessarium sibi ipse convertit; nec tam liberum habet dimittere, quod ante tâmen non suscipere liberum habuit; ideoque quod ex voluntate suscepit, ex necessitate jam tenebit: quia omnino necesse est eum reddere vota sua, quae distinxerunt labia sua, et ex ore suo, aut condemnari jam, aut justificari.*

Question XX

Comme la profession religieuse ne consiste essentiellement, selon quelques-uns, que dans les vœux de pauvreté, de chasteté, et d'obéissance – qu'on peut garder également partout – il semble que rien n'empêche les religieux de quitter leur monastère, puisqu'ils peuvent en toutes sortes de lieux conserver le fonds et l'essence de la religion.

RÉPONSE.

[162] Bern. De praecept. et dispen. nr I, 2; SBO Vol III p. 255

La première chose qu'on peut répondre à cela, mes frères, est que ces trois vœux ne se gardent pas si facilement que l'on pense et que, selon le sentiment des saints, les religieux ne sortent jamais de leurs cloîtres, et surtout pour des affaires qui ne sont pas de leur profession, qu'ils ne se trouvent en d'extrêmes dangers par le commerce et les habitudes qu'ils sont obligés de reprendre avec les hommes, et par une privation générale de tout ce qui leur servait de défense dans leur monastère. Et l'on pourrait assurer que la plus grande partie de ceux qui vivent saintement dans les retraites seraient incapables de se soutenir dans l'observation de ces trois vœux, si on les tirait de la régularité et de la discipline des cloîtres.

La seconde et la principale, c'est que la vie religieuse ne consiste pas dans la pratique des trois vœux de pauvreté, chasteté, et obéissance, si on les entend d'une manière grossière, commune et littérale; mais bien si on leur donne l'intégrité, la perfection et l'étendue qu'ils doivent avoir, comme nous l'avons déjà expliqué. Et qu'en ce cas, ils enferment une occupation de Dieu si continuelle, une pureté de cœur si consommée, un détachement de toutes les choses du monde si entier et si parfait, qu'il n'est pas possible qu'ils se rencontrent, ni qu'ils subsistent avec ses affaires, ses dispositions, ses assujettissements et ses devoirs.

Si quelqu'un vous disait qu'on voit des religieux dans le monde pour les affaires des communautés, qu'on les envoie même dans des lieux éloignés pour des temps considérables, il est aisé de répondre avec saint Basile[163], que comme ils sortent en ces cas de leurs cloîtres pour les be-

[163] Basil..reg. fus. (Grandes Règles) q. 36 cf. note 6

soins et les nécessités de leurs frères, ils se rencontrent dans le monde en qualité de membres et de partie du corps qu'ils composent, et auquel ils appartiennent, en exerçant des fonctions qui sont naturelles à leur profession. Ainsi ils sont dans leur état, et reçoivent de Dieu la protection qu'il a accoutumé de donner à ceux qui se tiennent dans son ordre. Mais le même Saint[164] dit, que si le religieux sortant pour les affaires de la communauté, se trouve trop faible pour résister aux tentations, qui ne sont que trop vives et trop fréquentes dans les occupations extérieures, le supérieur doit le retenir dans le monastère, et qu'il n'y a point de nécessités qu'on ne soit obligé de souffrir, quand même elles conduiraient les frères à la mort, plutôt que d'exposer le salut d'aucun d'entre eux.

Ce grand Docteur qui regardait les choses des yeux de la foi, et les voyait dans leur vérité, n'avait garde de se laisser surprendre comme ceux qui les envisagent avec des vues moins justes, et moins pures. Il savait que la vie du temps doit être comptée pour rien, que le premier pas qu'a dû faire celui qui s'est engagé dans la vie solitaire, a été d'étouffer le désir de la conserver, aussi bien que la crainte de la perdre, et que celle de l'éternité doit être l'objet unique de tous les mouvements de son coeur, comme celui de toutes ses pensées.

Question XXI

N'est-ce pas un précepte divin d'aimer et d'honorer son père, et par conséquent l'obligation n'en est-elle pas indispensable?

RÉPONSE.

[164] Basil..reg. fus. (Grandes Règles) q. 44 cf. note 6

Encore que nous ayons répondu par avance à cette objection, mes frères, nous ne laisserons pas de dire précisément et en peu de paroles, que s'il y a un précepte divin qui nous commande d'aimer nos pères, il y en a aussi un qui nous commande de les haïr, et celui-ci ne doit pas être observé avec moins de religion que l'autre. Dieu qui a dit[165]: *Honora patrem tuum matrem tuam*, a dit aussi: *Si quis venit ad me, et non odit patrem suum, et matrem suam, et uxorem, et filios, et fratres, sorores, adhuc autem et animam suam non potest meus esse discipulus.*

Saint Augustin dit[166], qu'il est commandé aux chrétiens de haïr pour l'amour de Jésus Christ, les richesses, leurs parents, et leur propre vie: *De his omnibus mandatum acceperunt quod aliter discipuli Christi esse non possint.*

Cela parait une contradiction. Cependant il est aisé de concilier ces deux volontés de Dieu, qui dans la vérité ne sont point contraires, en distinguant ce qui est immuable dans le précepte, de ce qui ne l'est pas. Il est constant que le commandement d'aimer, d'honorer et de secourir son père, ne peut changer dans le fond ni dans ce qu'il a d'essentiel; et Dieu ne détruira jamais cette disposition dans les enfants, ni ce regard de tendresse et de reconnaissance envers leurs pères. Mais pour l'exercice de cette obligation, il le peut changer; il dépend des rencontres et des circonstances; et Dieu peut, quand il le jugera important pour sa gloire, ou le suspendre pour quelque temps ou l'arrêter pour toujours.

Quoique les préceptes d'éternelle vérité ne se combattent jamais et que l'amour que nous devons à Dieu ne puisse être contraire à celui que

[165] Lc 14 , 26
[166] Aug.: Epist. 89

nous devons à nos pères, il se trouve néanmoins souvent de l'incompatibilité entre les exercices de ces devoirs, et il arrive que la charité de Dieu oblige les enfants à des actions qui semblent opposées à ce qu'exige d'eux la charité qu'ils ont pour leurs pères. Pour lors on préfère et on exécute la volonté de Dieu sans donner la moindre atteinte à la loi qui nous commande de les aimer.

Je dis qu'elles semblent opposées, parce qu'elles ne le sont pas en effet; n'y ayant point de charité véritable qui ne soit soumise aux ordres de Dieu et qui ne suive les pentes de ses dispositions divines. Ainsi, nous sommes estimés haïr nos pères – selon le langage de l'Écriture – quand nous les quittons pour suivre Jésus Christ, ou que nous leur refusons des secours et des assistances auxquelles les lois et les inclinations de la nature nous portent. Et cette dureté extérieure, quoi qu'elle soit pleine de charité, est regardée comme une espèce de haine, parce qu'elle en a les apparences.

Les vertus ne sauraient se détruire les unes les autres; la vérité et la miséricorde, selon l'expression du Prophète, sont toujours d'accord, et marchent toujours ensemble; la justice et la douceur se donnent la main[167]: *Misericordia et véritas obviaverunt sibi, justitia et pax osculatae sunt.* Et néanmoins elles nous obligent à des actes et à des conduites apparemment contraires. Moïse ne perdit point le mérite de la mansuétude lors même qu'il fit passer tant de milliers d'hommes par le fil de l'épée[168]. Les Lévites qui exécutèrent ses ordres, ou plutôt ceux de Dieu qu'ils reçurent par sa bouche, trempèrent leurs mains dans le sang de

---

[167] Psal 84 V 11
[168] Ex 32, 27-29

leurs pères sans violer cette loi éternelle qui ordonne de les honorer; et il se peut dire qu'ils avaient dans le fonds de leur cœur à leur égard, ce qui ne leur était pas permis d'exprimer dans leurs actions. Dieu prit aussi soin de justifier leur conduite par ce témoignage qu'il voulut rendre en leur faveur[169] *Qui dixit patri suo et matri suœ nescio vos, et fratribus suis ignoro vos, et nescierunt filios suos; hi custodierunt eloquium tuum et pactum tuum servaverunt.*

À plus forte raison, les enfants pourront-ils demeurer dans les cloîtres lorsqu'ils y seront retenus par l'ordre de Dieu, et par la fidélité de leurs promesses, et refuser à leurs pères, leur personne et leur présence dans les besoins même les plus pressants, sans crainte de contrevenir en ce point à l'intégrité du précepte. Et particulièrement les monastère étant obligés, comme nous l'avons déjà dit, de s'acquitter à l'égard des parents de ces soins et de ces services, que les enfants ne sont plus en état de leur rendre.

Question XXII

Ne doit-on pas déférer à ce grand nombre de Docteurs et de Casuistes qui soutiennent l'opinion contraire?

RÉPONSE

Il n'y a point d'apparence que l'autorité de ces Docteurs modernes ait plus de poids que celle de saint Basile, de saint Grégoire de Nazianze; de saint Jérôme, de saint Jean Climaque, de saint Bernard, de saint Thomas, et de tant d'autres saints dont nous avons rapporté les témoignages. Ils avaient reçu de Dieu l'esprit, le caractère et la mission. Le

[169] Dt 33, 9.

charbon ardent[170] du Prophète avait purifié leurs lèvres aussi bien que leurs cœurs; et on peut les considérer sans rien craindre, comme les guides, les maîtres et les docteurs du monde.

Il n'y a rien de tout cela qui convienne à ces docteurs nouveaux, lesquels pour la plus grande partie, n'ayant point eu de vocation pour traiter les choses saintes, que celle qu'ils se sont faites eux-mêmes, en ont parlé d'une manière toute humaine, nous ont débité leurs pensées pour des vérités constantes et ont pris autant de soin de fortifier les inclinations de la nature, que les saints ont eu d'application à les détruire.

On ne finirait point si on voulait s'étendre et rapporter toutes les raisons qui combattent l'opinion de ceux qui veulent ouvrir les portes des cloîtres aux religieux sur qui la divine Providence les a fermées pour toujours; et qui prétendent contre ses dispositions et ses ordres, tirer de sa main., ou plutôt arracher violemment de son sein, des âmes choisies selon son cœur, et qu'il a voulu préserver de l'impureté du monde pour en recevoir des hommages et des services dignes de lui.

Mais quand ces raisons ne seraient pas ni si considérables, ni si nombreuses qu'elles le sont en effet, les inconvénients seuls qui naissent de ce sentiment seraient suffisants pour prouver, ou au moins pour donner de justes défiances, qu'il est bien difficile qu'une opinion ait la vérité de son côté, lorsqu'elle a des effets et des conséquences si dangereux.

Premièrement, elle jette le trouble et la confusion dans les cloîtres: elle renverse toute la fin de la vie Religieuse, elle lui ôte ce qu'elle a de principal, qui est le repos et la tranquillité: elle fait d'un port et d'un asile

[170] Isai 6.6.

un lieu de tempête en imposant des nécessités d'en sortir à ceux qui s'y sont mis à couvert, et ainsi de se retrouver dans cette mer du siècle de laquelle ils avaient prétendu se retirer pour jamais. Enfin, elle tue des âmes qui sont trop faibles pour respirer l'air du monde, sans être frappées de sa contagion, et qui ne peuvent trouver et conserver la vie que dans le silence et la paix de la retraite.

Secondement, le religieux qui retourne dans le monde ne hasarde pas seulement sa personne et son salut, mais aussi celui de tous ses frères. Car y a-t-il rien de plus naturel et qui puisse arriver plus facilement que de voir revenir ce religieux rempli de toutes les mauvaises maximes du monde qu'il avait oubliées, ou peut-être qu'il n'avait jamais sues; et qui pour avoir discontinué de vivre sous la discipline, ne conservera plus ni esprit ni régularité de religion, reprendra ses mauvais sentiments, et communiquera au reste de ses frères les dérèglements dans lesquels il sera tombé lui-même, et ainsi changera une communauté très sainte et très réglée en une maison de désordre et de scandale.

Troisièmement, si l'extrême indigence d'un père contraint un religieux de sortir de son monastère, il y a quantité d'autres raisons qui le mettront dans la même obligation. Car pourquoi son extrême vieillesse, la perte de sa femme et de ses enfants, lorsqu'il se trouve en état de manquer de secours et de consolation dans un âge fort avancé, un procès important duquel peut dépendre son honneur, sa liberté, la conservation ou le renversement de sa fortune; pourquoi dis-je, tout cela ne sera-t-il pas d'une égale considération, et ne donnera-t-il pas un juste sujet à un religieux de venir rendre ses assistances à son père? Quelle raison a-t-on de vouloir que ce précepte ne l'oblige qu'au seul cas de son extrême indigence, et qu'il en soit dispensé pour des occasions moins pressantes?

Qui a décidé que ce commandement qui est d'une si grande étendue doive se réduire à cette unique nécessité, et que l'instruction que le Fils de Dieu donne aux Pharisiens, posé qu'elle regarde les personnes consacrées par les vœux, ne les engage que quand il est question de la vie de leurs pères? Qui nous a dit que ces paroles: *Honora patrem et matrem* signifie, qu'un religieux en est quitte, pourvu qu'il assiste son père dans cette dernière extrémité, et non pas toutes les fois qu'il peut par ses soins lui procurer de grands biens, ou le préserver de grands maux ?

Quatrièmement, si les religieux doivent quitter leur monastère, parce qu'il y a un précepte qui nous commande d'honorer nos pères, ne doivent-ils pas aussi le quitter parce qu'il y en a un autre qui porte expressément qu'il faut aimer notre prochain comme nous-mêmes ? Et quoiqu'il lui soit inférieur dans l'ordre de la charité, qui jusqu'ici a déterminé que cette différence les oblige de se conduire avec tant d'inégalité envers leurs pères et le reste des hommes; et qu'étant indispensablement obligés d'assister les premiers, ils puissent justement exclure les autres de tout secours et de toute assistance? Car, si l'on fonde ce devoir des religieux à l'égard de leurs pères uniquement sur le précepte divin; cette même raison se trouve à l'égard du prochain, et doit par conséquent produire en sa faveur de pareilles obligations.

Que si on l'établit sur ce que les pères nous ont donné la vie, il peut y avoir des hommes qui nous l'ont conservée avec des circonstances de volonté, de connaissance, et d'affection, et même de quelques périls auxquels ils se seront exposés pour l'amour de nous, qui ne se sont jamais rencontrés dans les pères lorsque nous avons reçu d'eux le bienfait de la naissance. Ainsi les différentes nécessités des amis, comme celles des pères, servant aux religieux de motifs et de considérations légitimes pour pouvoir sortir de leurs monastères, le monde se remplira de religieuses et de religieux vagabonds, et l'on ne verra plus dans les cloîtres que mouvements, que troubles, qu'agitations. Enfin cette opinion empêchant tout l'effet et le fruit de la vie retirée, s'oppose manifestement aux desseins de Jésus Christ, et ruine par des conséquences certaines un des plus puisants moyens qu'il ait établi dans son Église pour la sanctification de ses élus, depuis qu'il y a fait cesser le martyre et les persécutions.

Cinquièmement, ceux qui soutiennent ce sentiment offensent, quoi qu'ils puissent dire, la Majesté de Dieu; retirent l'homme de son service et l'attachent à celui des créatures. Ils les placent dans son cœur et dans un lieu qui ne leur est point dû; ils ôtent à Dieu un droit, que sa toute-puissance lui donne d'en disposer d'une manière indépendante, et de les employer à toutes sortes d'usages. Ils ruinent la piété sous prétexte de la conserver; ils établissent un faux culte en la place du véritable en se servant pour cela de l'autorité des Écritures par une illusion ordinaire à la plupart de ceux qui veulent donner des couleurs aux opinions qui n'ont point de vérité. Celle-ci produit un nombre presque infini d'accidents et de difficultés dangereuses, dont les moindres peuvent être des raisons et des motifs capables de convaincre un esprit qui regardera les choses sans prévention et de le porter à suivre en cette matière le sentiment des saints et à dire avec eux que le religieux n'a rien de commun avec le monde et qu'il en est autant séparé par sa profession que par la mort naturelle; à répondre à ceux qui voudraient le contraindre d'en reprendre les embarras et les inquiétudes[171]: *Quid quaeritis viventem cum mortuis;* que c'est se tromper que de chercher des vivants dans les sépulcres, et d'exiger des actions de vie de ceux qui n'en ont plus le principe. Enfin à s'écrier avec l'apôtre: “que l'on ne trouble point le repos de ma solitude; le monde n'a plus sur moi le droit qu'il y avait autrefois; je suis mort, et je porte dans ma personne les marques et les caractères du crucifiement de Jésus Christ“[172]: *Nemo mihi molestus sit; ego enim stigmata Domini Jesu in corpore meo porto.*

Si on vous opposait l'autorité du Concile de Gangres[173] qui a prononcé anathème contre ceux qui soutiennent que les enfants peuvent quitter le siècle, et se séparer de leurs pères et de leurs mères, quoiqu'ils se trouvent dans des nécessités pressantes, vous pouvez répondre que le fait contre lequel le Concile s'explique est bien différent de celui dont il s'agit. Il condamne un hérétique qui, entre beaucoup d'erreurs pernicieuses qu'il répandait dans l'Église, voulait que les personnes libres, sous le prétexte d'une piété fausse et simulée, abandonnent leurs pères, et les laissent destitués de tout secours dans quelque nécessité qu'ils se trouvent.

Pour nous, mes frères, nous n'avons garde de rien dire de semblable: nous parlons seulement de ceux qui selon l'ordre de Dieu et par la conduite de son Esprit ont déjà contracté des engagements saints et légitimes, qui les empêchent de retourner dans le monde. Et outre cela nous

[171] Luc. c. 24. v. 5.
[172] Ad Galat.c.6 v. 17
[173] Concil Gangrense Can 16

estimons que les monastères sont obligés d'assister les parents et de faire en leur faveur dans un besoin extrême ce que leurs enfants ne doivent et ne sauraient plus faire par eux-mêmes. Vous pouvez ajouter, que si cette opinion avait été condamnée par ce Concile, saint Grégoire de Nazianze, et saint Basile ne l'auraient pas enseignée, puisque ne pouvant ignorer la décision d'un Concile qui s'était tenu dans leur pays et de leur temps, ils n'auraient pas manqué de le suivre et de s'y soumettre.

Question XXIII (1701 p 157)

N'avez-vous rien de plus à nous dire sur ce sujet ?

Réponse

Quoique la difficulté soit parfaitement éclaircie, néanmoins afin qu'il ne vous reste aucun scrupule sur une matière si importante, nous y ajouterons encore les réflexions suivantes.

Premièrement, comment est-ce qu'un religieux, s'il vit dans une observance et sous une discipline exacte, saura la nécessité dans laquelle son père se rencontre, lui qui n'a plus de relations[174] avec le monde, qui a rompu tout commerce avec les hommes, et beaucoup plus avec ses proches qu'avec les autres, parce que la communication lui en est plus dangereuse ? En apprendra-t-il la nouvelle par une divination ou par une révélation particulière, lui qui ne reçoit plus de lettres de personne, s'il est autant régulier dans sa profession qu'il le doit être ? On dira qu'on peut l'écrire à son supérieur et lui en donner l'avis. Cela est vrai et cela doit être ainsi. Mais en ce cas-là, n'est-il pas plus juste, plus expédient, et plus avantageux pour le fils et pour le père, que le supérieur qui

---

[174] Rancé emploie le terme „habitude“ dans le sens qu'il avait au 17e siècle.

connaît l'état et le besoin dans lequel il se trouve, l'assiste du bien de la communauté, et lui rende les secours qui peuvent lui être nécessaires ? Le père sera secouru avec plus de sûreté, de promptitude et d'abondance, et le fils y trouvera mieux son compte, demeurant par ce moyen uni à Dieu, et persévérant dans son cloître, sans divertissement, sans distraction et dans tous les exercices corporels et spirituels que sa profession demande de lui.

Secondement, entre quatre cents religieux, il n'y en a peut-être pas un qui sache un métier, ni qui puisse par conséquent donner à son père l'assistance qu'on prétend qu'il lui donne. Car ce n'est pas en le regardant de ses yeux qu'il peut lui être utile, mais en travaillant de ses mains. Ainsi depuis qu'il sera établi et qu'il passera pour constant que c'est au religieux à le secourir, il demeurera sans secours; le religieux qui ne saura point de métier sera dans l'impuissance de l'assister, et le supérieur du monastère auquel il ne viendra pas dans la pensée que cette obligation le regarde, laissera mourir le père de faim, de nécessité, de misère, sans aucun scrupule. Et l'unique moyen qu'on puisse prendre pour prévenir cet inconvénient, c'est d'entrer dans le sentiment de saint Basile et de soutenir que la Congrégation se trouve substituée en la place du religieux dès le moment qu'il a fait sa profession, et que l'obligation qu'il avait de secourir son père est transférée à la communauté dans laquelle il s'engage.

Troisièmement, si on dit que ce religieux qui ne sait point de métier, peut se louer et travailler comme un homme de journée, il est aisé de répondre que cela même est une illusion, et qu'un homme qui n'est point accoutumé à la peine et à la fatigue, comme sont la plupart des moines qui mènent une vie douce, commode, aisée, et qui par conséquent n'est point capable de gagner ce qui serait nécessaire pour sa propre subsistance, l'est beaucoup moins de s'acquitter d'un travail qui puisse suffire à la subsistance de son père et tout ensemble à la sienne.

Quatrièmement, si on prétend qu'un religieux peut demander l'aumône, on ne fait pas de réflexion qu'un événement si extraordinaire surprendrait tout le monde; on ne pourrait s'accoutumer à voir qu'un religieux d'un Ordre réformé aille par les rues et par les maisons de porte en porte, demander ou du pain ou de l'argent, en alléguant l'extrémité de son père. Et si cela était, y aurait-il personne qui ne soit blessé d'un tel spectacle, qui ne soit scandalisé d'une conduite si extraordinaire, et qui ne considère le religieux comme un extravagant, ou qui n'accuse de dureté et d'inhumanité le monastère qui laisserait le père et le fils dans un embarras si extrême et dans une situation si pitoyable ?

Cinquièmement, si on suppose qu'un religieux sait un métier, ce qui est bien rare, et qu'on veuille que par cette raison qu'il sorte du monastère pour l'aller exercer dans le monde, ne peut on pas dire qu'on ne sera pas moins surpris, ni moins scandalisé de le voir avec son habit, ou sans son habit, dans des emplois et dans des occupations si peu convenables à l'édification que son état demande, comme sur le haut d'un toit, une truelle à la main, une hotte sur les épaules ? Si ce religieux, par exemple, a été avocat de profession, retournera-t-il dans le Barreau ? s'il a été chirurgien, reprendra-t-il son exercice ? S'il a été marchand, se remettra-t-il en boutique et rentrera-t-il dans le trafic ?

Si on oppose à cela qu'il y a des métiers auxquels on peut s'appliquer dans le secret des maisons sans être vu de personne, il s'ensuivra un autre inconvénient, savoir que cette obligation si indispensable, si importante et si étendue ne regarde plus que les seuls religieux qui peuvent travailler en chambre et que les autres en seront dispensés; et qui est l'anéantir et la réduire à une simple imagination.

Sixièmement, ne se peut-il pas faire que le père sera à l'extrémité et le religieux infirme ? Je voudrais bien qu'on me dise en ce cas-là ce que deviendra le père si le monastère n'est point chargé de sa subsistance, puisque le fils est hors d'état d'y contribuer ?

Septièmement, aurait-on raison de dire qu'un sujet qui est obligé de se rendre à la guerre au commandement de son prince, et que étant empêché par ses affaires, ou par sa maladie de s'y trouver, y envoie des gens qui tiennent sa place, ne fit pas son devoir; et aurait-on le moindre fondement de se plaindre de lui ? Si un homme devait de l'argent à un autre et qu'il se défit de son bien qui lui serait hypothéqué en lui laissant une autre hypothèque beaucoup plus avantageuse, plus certaine et plus assurée, aurait-on lieu de l'accuser de mauvaise foi ou d'injustice ? C'est un cas presque semblable, car le religieux qui doit, selon le droit naturel, secourir son père, en est empêché par l'engagement qu'il a pris au service de Jésus Christ, et le supérieur du monastère demeure dans cette même obligation, avec cette différence que la condition du père en devient beaucoup meilleure, parce que la moindre maladie ou la mort pourrait empêcher le fils de lui rendre ce secours, et que le supérieur, c'est-à-dire la communauté qui n'est jamais malade et qui ne meurt point, est toujours en état de s'en acquitter.

Huitièmement, quel secours le père peut-il désirer de son fils, que le monastère ne lui rende beaucoup mieux qu'il ne le peut faire lui-même ?

Si c'est pour le gouverner pendant les jours, ou pour le veiller pendant les nuits, n'y a-t-il bien plus d'apparence que le monastère donne de l'argent à un homme ou à une garde accoutumée à ces sortes d'emplois, que d'y appliquer un religieux qui n'a pour cela ni adresse ni intelligence, ni dextérité, et qui sera par conséquent plus capable de l'incommoder dans son mal que de le secourir ? Si c'est du pain ou du blé dont il a besoin, ne vaut-il pas mieux que le monastère le tire de ses greniers, que de s'en remettre au travail du religieux qui par tous ses soins ne pourra pas se nourrir lui-même, ou qui, dès là qu'il faudra qu'il s'applique à son ouvrage, ne pourra pas tout ensemble et travailler et rendre à son père les assistances nécessaires ? Et n'est-il pas évident qu'il n'y a point de cas dans lequel le père ne trouve plus de secours dans la communauté, que dans la seule personne de son fils ?

Enfin, à quelque travail et quelque emploi qu'on destine le religieux qu'on veut tirer de son cloître, on ne saurait s'empêcher d'y remarquer des incompatibilités, des suites, des conséquences si opposées à la fin et au bien qu'on se figure, que si on y fait attention, on tombera d'accord que cet avis qui paraît soutenable dans la spéculation, est insoutenable dans la pratique; que l'application du supérieur aux nécessités du père, retranche tous ces embarras et toutes ces difficultés; que, bien loin que le droit et la piété naturelle soient blessés, comme on le prétend, au contraire, toutes ses obligations seront parfaitement remplies. On rendra à César ce qui appartient à César, et à Dieu ce qui appartient à Dieu[175]; car on ne retirera point de dessus ses autels la victime qui lui a été of-

[175] cf. Mt 22, 21

ferte et consacrée, et le père trouvera dans la charité de celui qui lui tient la place de son fils, les assistances que sa profession ne lui permet plus de lui rendre.

En un mot, au lieu de déroger au droit naturel par cette conduite, on s'acquitte avec plénitude et avec usure de toute ce qui lui appartient, et on lui rend à mesure comble ce qui lui peut être dû, selon ces paroles de l'Écriture: *Mensuram bonam, confertam, coagitatam et supereffluentem.* [176]

Encore que ces vérités soient très constantes et qu'il ne leur manque rien de ce qui peut leur donner de la croyance, soit du côté de la raison, soit de la part de l'Écriture ou des exemples et des enseignements des saints, néanmoins elles persuaderont peu de personnes. Les pères auront peine de renoncer à un droit qui est comme la seule marque qui leur reste de cette autorité qu'ils prétendent encore conserver sur leurs enfants lorsqu'ils sont religieux. Les enfants n'en auront pas moins de consentir à une séparation si rigoureuse. Entre les gens qui vivent dans le siècle, les mondains n'entreront jamais dans une disposition si contraire à toutes les inspirations de la chair et du sang. Et parmi ceux qui auront de l'esprit, de la piété et de la lumière, il y en a moins qu'on ne pense qui soient capables du dénuement dans lequel il faut être pour goûter des maximes si dégagées et si pures. Le monde, quoi que l'on dise, est une région inférieure qui n'est jamais sans vapeurs, l'air n'y saurait être tout à fait pur; et le ciel n'y est jamais si clair ni si serein, qu'il ne s'y forme toujours, quelques ombres et quelques nuages.

[176] (Suite: 1701 p 164 = 1683 question 23)

Mais pour ce qui est des moines de notre temps, ce sont eux-mêmes pour la plupart en qui ces vérités trouvent plus d'oppositions. Car comme il n'y a rien qui puisse donner de plus grandes et de plus véritables idées de la sainteté de leur état, ni qui en découvre mieux la profondeur et l'étendue, il n'y a rien aussi qui porte contre eux une condamnation plus sévère et plus évidente, en leur faisant toucher au doigt l'extrême disproportion qui se rencontre entre leurs obligations et leurs oeuvres. Car si Dieu les détache de tous les soins du monde, ce n'est qu'afin qu'ils soient uniquement occupés de lui; il les charge de devoirs à son égard autant qu'il les en dispense à l'égard des hommes. Et il est vrai que si les occupations les plus saintes leur sont interdites, parce qu'elles ont du rapport au monde qu'ils ont quitté, si les actions et les œuvres qui sanctifient les gens du siècle, sont pour eux des iniquités, on ne peut regarder dans leurs personnes les amusements, les entretiens inutiles avec le monde, les visites agréables, les commerces et les affaires, que comme des profanations et des conduites criminelles.

Ainsi, il ne faut pas trouver étrange si ce renoncement des enfants à l'égard de leurs pères, est considéré comme un excès dans la morale chrétienne; si tant de personnes étant engagées à le combattre par des intérêts et des considérations différentes, la multitude s'élève et condamne d'inhumanité ceux qui le soutiennent. Mais ce n'est pas en matière de maximes évangéliques que la voix du peuple est la voix de Dieu. Les plus grandes vérités sont celles qui ont moins de cours et qui trouvent moins d'approbation parmi les hommes. Et l'un des plus avantageux préjugés qu'elles puissent avoir, est qu'elles sont ou peu connues ou beaucoup contredites. Mais malgré les oppositions des hommes sensuels et des Docteurs qui les flattent, elles conservent toujours leur autorité dans l'Église.

Celle-ci a été dans tous les temps profondément gravée dans le cœur de tous les saints moines: et comme ils se sont offerts à Dieu en holocauste, et que le feu de leur charité n'a rien rencontré dans la victime qu'il n'ait entièrement détruit, ces âmes purifiées de toutes les affections naturelles, venant à goûter le bonheur qu'il y a d'avoir un Père dans le ciel, ont oublié sans peine celui qu'elles avaient sur la terre. Et c'est ce qu'éprouveront ceux qui se donneront à Dieu avec les dispositions que demande la consécration des vœux, et qui suivront Jésus Christ dans une nudité parfaite. Ils trouveront tant d'avantage, de consolation, et de gloire dans cette nouvelle alliance, qu'ils perdront pour jamais la mémoire et le sentiment de tout ce qui pourrait les engager encore dans les intérêts des hommes. Et comme Dieu sera l'unique objet de leurs désirs et de leurs pensées, qu'il remplira seul toute la capacité de leur cœur et de leur esprit, ils verront et aimeront en lui, par une béatitude anticipée, sans inquiétudes et sans empressement, tous ceux que la loi sainte ne leur défendra point de voir et d'aimer. Et ne leur étant plus permis de se trouver dans le tumulte du monde pour leur procurer des biens et des avantages périssables, ils s'emploieront incessamment dans le repos de la solitude pour leur obtenir de sa bonté des richesses véritables et des prospérités éternelles. Les pères, s'ils sont véritablement Chrétiens, s'estimeront heureux d'avoir en la personne de leurs enfants des protecteurs auprès de Dieu; et préféreront les assistances qu'ils leur rendront dans le ciel, à tout ce qu'ils en auraient pu recevoir, de services et d'utilités sur la terre.

Question XXIV

Les biens et les avantages de la solitude sont donc bien grands, pour l'emporter par dessus des considérations si pressantes?

RÉPONSE.

Si les religieux connaissaient les avantages qu'il y a de passer leurs jours dans une entière séparation des hommes, soit à cause des périls qu'ils évitent en se tenant dans une vie cachée, soit à cause de cette abondance de bénédictions et de grâces que Dieu verse sur ceux qui le servent dans la retraite, ils préféreraient le bonheur d'y vivre et d'y mourir à toutes les occupations du monde; et à moins d'un ordre de Dieu tout évident, rien ne serait capable de leur faire quitter leur solitude.

Saint Grégoire de Nazianze était transporté de ce sentiment, lorsqu'il s'écrie[177]: Plût à Dieu que je sois semblable à une colombe légère ou à une hirondelle, pour fuir la société du monde, et me cacher dans le fond des déserts avec les bêtes sauvages, où l'on trouve plus de fidélité que parmi les hommes, et achever ainsi ma carrière dans une tranquillité exempte de douleurs, de soins et d'ennuis. Et que je sois en cela seulement différent d'elles, que conservant l'usage de la raison, je puisse élever mon esprit dans le ciel et jouir dans une sérénité invariable de cette clarté immortelle en sorte que comme du sommet d'une haute montagne, je donne d'une voix éclatante comme le tonnerre, cette grande instruction à tous les hommes: “O mortels ! qui n'êtes rien, et qui ne vivez que pour mourir, jusqu'à quand vous amuserez-vous comme des enfants à des songes et à des imaginations trompeuses ? Jusqu'à quand vous lais-

[177] ? Corresp. 6 ?

serez-vous emporter vainement sur les choses d'ici-bas, par le mouvement et par l'agitation de vos pensées ?“

C'est ce que pensait saint Basile[178], lorsqu'après avoir déploré les misères du monde, et les périls auxquels sont exposés ceux qui vivent parmi les hommes, il dit: „C'est pour les éviter que je me suis retiré dans les montagnes comme un petit oiseau qui s'est échappé des filets des chasseurs[179], et que je vis dans le désert comme Jésus Christ y a vécu. C'est là que l'on trouve ce chêne de Mambré[180]; c'est là que Jacob vit cette échelle[181] mystérieuse qui allait jusqu'au ciel, et que les armées des Anges apparurent à ce saint Patriarche. C'est dans la solitude que le peuple d'Israël fut purifié et reçût la Loi de Dieu; c'est par le désert qu'il fut conduit dans la terre qui lui avait été promise. C'est là que se trouve ce Carmel, où le Prophète Élie[182] eut le bonheur de plaire à Dieu. C'est là qu'Esdras se retira par l'ordre de Dieu, et nous donna les divines Écritures qui lui furent dictées par le saint Esprit. C'est dans le désert que le bienheureux Précurseur se nourrissait de sauterelles, et prêchait la pénitence aux hommes[183]; c'est là que l'on voit la montagne des Oliviers qui servait de retraite à Jésus Christ quand il y allait pour faire ses prières et pour nous apprendre à prier[184]: c'est là qu'il nous a fait connaître l'amour qu'il avait pour la solitude. C'est là qu'on trouve cette voie étroite et resserrée qui mène à la vie. Enfin, ce sont là les saintes demeures que les

[178] Epist ad Chil
[179] Ps 124 (123), 7
[180] Gn 18, 1
[181] Gn 28, 12
[182] 1 Rois 19
[183] Mt 3, 4
[184] Jn 8, 1

maîtres de la vie évangélique et les Prophètes ont habitées lorsque la gloire et le service du Seigneur les ont obligés d'errer par les montagnes et par les déserts, et de se retirer dans les antres et dans les cavernes.

Si vous joignez tout cela, mes frères, avec ce que nous avons déjà dit des sentiments des saints touchant la vie monastique, vous ne pouvez en conclure autre chose, sinon que Jésus Christ a toujours regardé le désert avec préférence; que c'est le lieu où il a rassemblé toutes ses grâces; que les solitaires ont été les délices de son cœur; qu'il a voulu régner sur eux dès ce monde même, comme il règne sur ses Anges, et que le désert a été comme un nouveau ciel, dans lequel il a pris plaisir à s'établir un royaume.

Véritablement, mes frères, ne pouvons-nous pas dire que ce qui se passe dans le ciel, se passe dans les monastère, lorsque c'est l'Esprit de Jésus Christ qui les gouverne ? En effet, si les saints n'ont qu'une occupation dans le ciel, qui est de contempler, d'aimer, et de louer Dieu par des actions qui ne soient point interrompues: *Videbimus, amabimus laudabimus*[185]*;* ne peut-on pas dire de même que toute l'application des solitaires tend à n'en perdre jamais la présence, et que dans la diversité de leurs exercices, ils n'ont qu'un but et un désir qui est celui de lui plaire, et de lui donner des marques de leur amour ?

Le Prophète dit que les saints ne connaissent plus de nécessités, et qu'ils ne sont plus sujets ni à la faim, ni à la soif, ni aux injures du temps; *Non esuerent neque sitient et non percutiet eos aestus et sol*[186]. Et ne croirait-on pas que les solitaires seraient d'une nature impassible

[185] Augustin. sermon de Temp 153
[186] Isai c 49 v 10

quand on les voit sans crainte s'exposer aux bêtes farouches, à la fureur des barbares, à la rigueur des saisons; et surtout, quand on les considère dans la privation de toutes les choses qui paraissent si nécessaires pour la conservation de la vie.

Le même Prophète dit, que les saints habiteront un pays où il n'y aura ni contestation, ni clameur, ni tristesse, et où les joies seront d'une éternelle durée: *Gaudebitis et exultabitis usque in sempiternum... et non audietur in populo meo ultra vox fletus, et vox clamoris*[187]. N'est-ce pas ce qu'on peut penser d'une communauté sainte? Comme les frères y sont liés par la charité de Jésus Christ; qu'ils n'ont aucun intérêt propre qui les sépare, et qu'ils sont unis en toutes choses; ils sont aussi dans une profonde paix. La pureté de leur conscience rend leur tranquillité inaltérable, et les consolations dont ils jouissent se rafraîchissent et se renouvellent sans cesse par les larmes qu'ils répandent dans le sentiment qu'ils ont des miséricordes de Dieu, aussi bien que dans le souvenir de leurs péchés.

Enfin, mes frères, il n'y a rien sur la terre qui approche davantage de ce jour du Sabbat éternel, ni qui nous retrace d'une manière plus vive cette félicité consommée des bienheureux, que la vie qu'on mène dans une congrégation monastique, quand on y observe les véritables règles. Et on peut dire que c'est là qu'on voit l'accomplissement de ces paroles d'Isaïe: le Seigneur changera le désert en un lieu de délices, et fera de la solitude un Paradis et un jardin digne de lui. On n'y verra que joie et qu'allégresse; tout y retentira d'actions de grâces et de louanges *;Ponet*

---

[187] Idem 65, v. 18, 19

desertum Sion quasi delicias, et solitudinem ejus quasi hortum Domini, gaudium et laetitia invenietur in ea, gratiarum actio, et vox laudis[188].

C'est ce qui a fait dire à saint Grégoire de Nazianze[189] qu'il ne croit pas qu'il y ait rien de comparable à l'état d'un homme qui, ayant fermé la porte de ses sens et s'étant séparé de la chair et du monde, pour se retirer en lui-même et n'avoir avec les choses d'ici-bas aucun commerce que celui auquel une véritable nécessité l'engage, s'entretient seul avec Dieu, mène une vie élevée au-dessus de tout ce qui est sensible, et porte dans son cœur les vives images des communications divines, exemptes de tout mélange des choses inférieures qui sont toujours pleines d'illusions, en sorte qu'il devienne de plus en plus un miroir très pur et très éclatant de la majesté de Dieu, et de ses perfections infinies; qu'il reçoive sa lumière dans sa propre lumière, c'est-à-dire celle de Dieu qui est si parfaite et si brillante, dans celle de son esprit si obscur et si ténébreux; qu'il moissonne par avance dans cette condition mortelle, les biens et les félicités futures. Enfin, que par l'opération du Saint-Esprit, il quitte la terre, étant encore sur la terre, pour n'avoir plus de conversation qu'avec les Anges.

Il faut avouer que ceux-là méritent bien qu'on les plaigne, qui au lieu de goûter ces vérités si constantes, de les aimer, et d'en ménager tous les avantages, ne pensent à rien qui ait rapport à une grâce si relevée mais qui témoignent par toute leur conduite que c'est l'amour du monde qui les possède et qui occupe dans leur cœur le rang et la place que l'amour de la retraite y devrait tenir.

---

188 Ibid. c 51, v. 3
189 Orat. 1

Question XXV

La solitude est-elle pour les supérieurs aussi bien que pour les autres?

RÉPONSE

Ce que nous avons dit, mes frères, en vous parlant de la vigilance des supérieurs, et de l'application avec laquelle ils doivent procurer le salut de leurs frères, éclaircit assez la question que vous nous faites. C'est pourquoi nous ne vous montrerons en peu de mots, que les supérieurs doivent vivre dans la solitude et demeurer dans le silence de leurs cloîtres, à moins que des nécessités très pressantes et légitimes ne les obligent d'en sortir.

Premièrement, parce qu'en faisant profession ils ont promis la stabilité dans leurs monastères.

Secondement, qu'ils ont les mêmes obligations que leurs frères; qu'ils doivent leur ressembler en tout, et n'avoir rien qui les distingue si ce n'est ce qui est attaché à leur charge et à leur autorité.

Troisièmement, ils leur doivent l'exemple, particulièrement dans les choses qui, étant les plus pénibles et les plus laborieuses, sont sujettes à de plus grandes tentations.

Quatrièmement, comme ils sont plus exposés à la dissipation que leurs frères, ils ont encore plus besoin qu'eux de réparer dans le repos de la solitude, les pertes qui leur arrivent dans l'exercice de leur emploi.

Cinquièmement, ils doivent communiquer à leurs frères l'esprit de Jésus Christ, ses sentiments et ses maximes et c'est dans la retraite qu'il faut qu'ils l'invoquent, qu'ils l'écoutent, et qu'ils s'en remplissent.

Sixièmement, comme il n'y a rien en quoi la nature sente de plus grands et de plus rudes combats, qu'à supporter le poids de la solitude, comme le remarque le bienheureux Guigues, Général des Chartreux.- *Nihil laboriosius in exercitiis, disciplina regularis arbitramus, quam silentium solitudinis et quietem*[190] - il n'y a. point aussi d'occasion dans laquelle un solitaire ait plus besoin que la main de son supérieur le soutienne. Cependant il lui est entièrement inutile lorsqu'il ne vit pas lui-même dans la retraite; car son exemple le tente et l'affaiblit: et pour sa parole elle ne lui sert de rien: au lieu de lui être de quelque secours, elle perd toute sa force par sa conduite. Ainsi, mes frères, après avoir tout considéré, la solitude est encore plus pour ceux qui gouvernent, que pour ceux qui leur sont soumis.

Les supérieurs se flattent faussement d'une exemption que Dieu ne leur a point donnée, et ils ont une double obligation de vivre dans leur monastère puisqu'ils y doivent leur stabilité comme religieux, et leur résidence en qualité de Pasteurs.

Nous lisons que saint Benoît[191] avait promis de se trouver en un lieu pour y désigner la place et la disposition d'un monastère, mais que l'amour de la résidence l'ayant empêché de tenir sa parole, Dieu justifia son action par un miracle. Ce Saint apparut dans le sommeil au supérieur qui l'avait attendu, et lui marqua toutes choses comme s'il eût été présent.

Le même Saint après avoir établi le Mont Cassin, choisit ce lieu pour sa demeure, et y garda une retraite si exacte, que bien qu'il eût fondé

[190] In Const. 114
[191] Grcg. lib 2 dialog in vitaS Benedic cap 22

plusieurs monastères dans l'Italie, nous ne voyons pas qu'il soit jamais sorti du sien pour les aller visiter.

Qui ne trouvera dans l'exemple de saint Bernard de quoi se confirmer dans le même esprit, et dans le désir d'une vie retirée? Quoiqu'il fut rempli de lumières, qu'il ne sortit jamais de sa solitude que par l'ordre de Dieu, que comme un soleil pour éclairer le monde; et que les docteurs et les prélats les plus célèbres en doctrine l'écoutaient dans un profond silence – comme un Apôtre et comme un Prophète – il ne laissait pas de dire qu'il s'éloignait presque autant de Dieu qu'il s'éloignait de son monastère lorsqu'il en sortait. Écrivant à un Cardinal[192] qui l'avait prié de l'aller voir; il lui mande que s'il ne va pas le trouver, ce n'est point sa paresse qui l'en empêche, mais qu'il avait résolu de ne sortir jamais de son monastère que par de certaines raisons pressantes et nécessaires.

Et l'on voit par une autre de ses lettres que ces raisons étaient les affaires de son ordre[193], un commandement du Légat du saint Siège[194], ou de son Évêque

Il n'y a rien de plus instructif que ce que nous lisons de ce grand Saint quand il déplore son état, et qu'il se plaint de ces nécessités inévitables et pressantes, qui l'obligeaient malgré lui de sortir du repos de sa solitude, et de s'engager dans les affaires du monde.

Ma vie monstrueuse, dit cet homme de Dieu[195], et ma conscience inquiète, crient et demandent votre secours; je suis comme un prodige de

---

[192] Epift. 17 Ad Petrum, Diaconum Cardinalem SBO Vol. VII p. 65 l.5-10
[193] Epist. 228 Ad Petrum Cluniacensem Abbatem; SBO. Tom VIII, p.99 n° 2, 13-15
[194] Epift. 48 n° 2 , 21-24 Ad Haimericum; SBO. Tom. VII p. 138
[195] Ep 250 Ad Bernardum, priorem Portarum SBO Tome VIII p.147 n°4, 1-7

notre temps, je ne fais ni le personnage d'un ecclésiastique, ni celui d'un laïque; car pour celui de moine il y a longtemps que je l'ai quitté, quoique j'en conserve encore l'habit: *Clamat ad vos monstruosa mea vita, mea aerumnoasa conscientia; Ego quœdam chimera mei saeculi, nec Clericum gero, nec Laicum; nam Monachum jam dudum exui conversationem, non habitum.*

Ce saint, inspiré de Dieu, ôte par un reproche si étonnant, tout prétexte à ceux de sa profession qui voudraient abuser de son exemple, de prendre pour une règle ce qu'il a fait contre la règle; et suivre comme une loi ce qui, à proprement parler, était une dispense de la loi.

Car le monde est plein de gens qui font, par le mouvement de leurs inquiétudes et de leurs passions, ce que les saints ont fait par un mouvement de la grâce; et qui essaient de justifier les dérèglements de leur cœur, par les actions des serviteurs de Dieu, qui ne sont que des conduites d'une providence extraordinaire, et des effets de leur obéissance: n'arrivant que trop souvent que les enfants de ténèbres imitent pour leur perte, ce que les enfants de lumière ont fait pour leur sanctification.

Question XXVI

Un supérieur ne peut-il pas sortir du monastère pour rendre des visites?

RÉPONSE:

Il ne le peut. C'est un assujettissement duquel sa profession le délivre, c'est un devoir que le monde ne doit plus lui demander, et qu'il ne doit plus lui rendre. Il a embrassé la règle d'une sainte liberté qui le dégage des créatures pour l'assujettir uniquement à Jésus Christ. Il faut qu'il mette désormais les visites au nombre des inutilités qui ne lui sont point permises; que s'il croit qu'elles lui sont nécessaires pour acquérir ou pour conserver des amis, il se trompe.

Il doit savoir qu'il ne sera jamais plus considéré des hommes que lorsqu'il aura moins de commerce avec eux; et que si sa vie est uniforme en tout, et qu'il soit aussi exact pour les autres points de la règle qu'il le sera dans celui-ci, les hommes en seront édifiés et n'auront que du respect pour sa personne et pour sa conduite.

On voit sur ce sujet un exemple d'une grande édification dans l'histoire des Carmes Déchaussés d'Espagne[196], et qui mérite d'être remarqué. Le bienheureux Jean de1a Croix étant prieur du couvent de Grenade fut obligé par les instances de ses religieux, contre ses propres inclinations, d'aller rendre visite au Président de la Ville, et lui ayant dit dans son compliment qu'il lui demandait pardon de ce qu'il avait été si longtemps à lui rendre ce devoir, le Président lui répondit avec une sagesse et une lumière plus digne d'un Père et d'un Docteur de l'Église que d'un Magistrat: Père Prieur, nous vous voyons plus volontiers vous et vos religieux, dans vos maisons que dans les nôtres, parce que vos révérences nous édifient toujours quand nous les voyons dans leurs retraites, et elles nous entretiennent seulement quand elles nous viennent visiter

[196] Hist. des Car. Livre 1, c. 7

chez nous. Un religieux qui est retiré nous charme et nous ravit le cœur, au lieu que celui qui nous veut gagner le cœur par les civilités du monde et des cérémonies de la Cour, ne saurait jamais nous édifier. Et l'historien rapporte que ce saint religieux fut tellement pénétré d'une réponse si judicieuse, qu'il s'en retourna aussitôt à son monastère; sans même aller jusqu'au Palais Archiépiscopal, quoi qu'il fût sorti de sa maison dans le dessein d'aller voir l'Archevêque.

Question XXVII

L'instruction des peuples ne peut-elle pas être un sujet légitime à un supérieur pour quitter sa solitude?

RÉPONSE.

Nullement, car premièrement les moines ne sont pas institués pour enseigner les hommes mais pour pleurer leurs péchés; et à moins que Dieu ne les y appelle par une vocation extraordinaire et évidente, ils ne doivent pas s'y engager. C'est ce que nous voyons dans un traité attribué à saint Augustin, où l'auteur parle de la sorte[197]: Considérez, mes frères, pourquoi vous vous êtes retirés dans le désert, et sachez que vous n'y êtes venu que pour macérer vos corps par les jeûnes, pour mépriser le monde, pour pleure vos péchés, et non pas pour rechercher l'honneur, et

[197] Serm 24 Ad fratres in eremo

vous arsseoir dans des chaires destinées aux docteurs; et que vous êtes indispensablement obligés d'y persévérer jusqu'à la mort dans le cilice et dans la cendre, et y vivre ensemble dans une sainteté et une piété parfaite. *Considerate ad quid huc in eremum venistis, et attendite quod vestrum officium est, non solum carnem jejuniis affligere, sed etiam mundum contemnere, peccata deflere, et non doctoris cathedram appetere, sed in cinere et cilicio perseverare in eremo usque ad mortem, et in eo sancte et juste convivere.*

Secondement, Jésus Christ a donné aux supérieurs monastiques la garde d'une partie de son troupeau; elle est petite véritablement, mais elle leur doit être d'autant plus précieuse qu'ils peuvent la considérer comme la portion la plus chérie, la plus noble et la plus favorisée: *Illustrior portio gregis Christi*[198]. Ils doivent donc veiller sur elle avec une application plus fidèle, et des soins plus tendres et plus exacts. C'est là que la Providence a destiné leurs personnes, leur temps et leurs sollicitudes. Et s'ils s'engagent en d'autres emplois, si ce n'est que Dieu les y applique d'une manière toute claire et toute certaine, il faut qu'ils croient qu'ils abandonnent celui qui leur avait été commis; qu'ils quittent leur propre mission pour en prendre une étrangère, qui ne les regarde point; et qu'ils deviennent à leurs frères un sujet de chute et de scandale.

En un mot, s'ils s'ingèrent d'eux-mêmes de vouloir instruire les peuples, c'est une présomption insupportable; et si on les y convie, ils doivent répondre avec saint Bernard[199]: J'ai dépouillé ma robe, comment la reprendrai-je? j'ai lavé mes pieds, comment irai-je les gâter dans la

---

[198] Cyp. de discip. et habitu virg.
[199] Ep. 21, 1 SBO Tome VII p 71

poussière[200]?... Ce que vous désirez de moi est contraire à ma profession et surpasse mes forces[201].

C'était là le véritable esprit de ce grand Saint, qui parlant à un Évêque qui lui avait adressé une personne pour lui imposer une pénitence lui écrit[202], qu'il ne se connaît point aux fonctions qui regardent les Évêques; que ce serait une grande témérité à lui, si étant pécheur comme il l'était, il se mêlait des affaires, qui appartiennent à leur ministère.

Ce sentiment a été celui de tout son Ordre avant que le relâchement s'y fut introduit. On lit[203] dans les anciennes définitions des Chapitres Généraux, que les moines dont la propre habitation est le cloître ne doivent point desservir les chapelles qui appartiennent à l'Ordre. Il est défendu dans un autre endroit aux moines[204] de servir les églises ou les chapelles qui ne sont point de l'Ordre, et de s'engager, dans la conduite des âmes. Et les Abbés qui l'avaient permis devaient être mis en pénitence. On voit un autre Statut[205] d'un Chapitre Général, qui porte qu'à l'avenir aucun religieux n'acceptera les églises paroissiales: que si cela arrive à un Abbé, il sera déposé sans aucune rémission. Si c'est un simple religieux, il sera chassé de son monastère sans aucune espérance de retour.

C'est dans cette pensée que le Pape Eugène III dans l'endroit que nous avons déjà cité, dit aux Abbés de l'Ordre de Cîteaux[206] en les exhortant à

---

[200] Cant 5. 3
[201] Epift.ad Oger 89, 2; SBO Id. p. 236
[202] Ep. 61 ad Episc. Tull SBO VII p. 154
[203] Instit. cap. gen. distin 9 ch 11
[204] Lib ant. def. dist 4. c. 3.
[205] Capit Gener. anno 1215
[206] Inter Epist S. Bernardi 384 cf. note 17;

demeurer dans leur solitude, que leurs Pères et leurs Instituteurs ont embrassé la retraite pendant que les autres s'appliquaient aux fonctions ecclésiastiques. Et que lorsque les enfants du siècle s'efforceront de les tirer de leurs maisons pour les engager dans la conduite de leurs âmes, et voudront les faire passer du repos de la contemplation et du silence aux occupations et aux affaires, ils se remettent devant les yeux les Institutions de leurs Pères et choisissent, à l'exemple du Prophète d'être plutôt méprisés dans la maison de Dieu, qu'à demeurer dans les tentes des pécheurs (Ps. 83, 11).

Enfin presque tous les supérieurs monastiques, qui ont eu l'esprit de leur profession, se sont enfermés dans leurs cloîtres, et se sont abstenus de toutes fonctions ecclésiastiques, non seulement parce qu'elles étaient contraires à leur état, et que la tristesse religieuse selon saint Bernard[207], pleure les péchés d'autrui ou les siens propres, mais encore parce qu'elles étaient très capables de jeter leurs frères dans la dissipation, de leur donner du dégoût pour la retraite et sous prétexte spécieux de pratiquer une charité, exercer un ministère qui ne leur convient point; enfin de détruire en eux l'esprit et la piété de leur profession; n'y ayant rien, comme nous l'avons déjà dit, à quoi de simples religieux puissent se laisser aller plus aisément qu'aux choses qu'ils voient pratiquer à leurs supérieurs, et qui sont autorisées de leur exemple.

QUESTION XXVIII

Dites-nous avant que de finir cette instruction touchant la solitude,

---

[207] Bernard in Serm de S. Magdalena n° 3. N'est pas repris dans SBO. L'auteur est Nicolas de Clairvaux. On le trouve dans les éditions de Charpentier Tome VII p. 576 et Ravelet Tome V p. 819

s'il est à propos d'assembler dans le monastère les parents et les amis d'un religieux le jour de sa profession?

RÉPONSE

Non seulement, mes frères, on ne peut pas approuver cette conduite; mais on ne saurait assez s'étonner de ce que l'on a osé l'introduire dans les cloîtres, et de ce qu'il y a des personnes qui la suivent et qui l'autorisent. Car nous ne voyons aucune raison légitime pour exposer et faire voir au monde, un religieux qui est prêt à cacher pour jamais sa vie, selon les paroles de l'apôtre, dans la vie de Jésus Christ. Mais nous en voyons beaucoup pour l'en retirer dans tous les temps, et particulièrement dans celui de sa profession.

Quoi! cette âme qui a quitté par l'ordre de Dieu, la maison de son père, se trouvera parmi ceux, dont elle s'était éloignée comme la colombe qui a fui devant l'oiseau donc elle craignait de devenir la proie? Elle est encore toute de cire, et susceptible de toutes sortes de formes et d'impressions; ne doit-on pas appréhender qu'elle n'en reçoive de contraires à ce dégagement parfait dans lequel elle doit vivre?

La vue de ses proches, et des personnes de sa connaissance ne peut-elle pas faire renaître en elle les choses dont elle devrait avoir perdu la mémoire? Comment sait-on si elle se défendra des tendresses de son père, des caresses de sa mère; si elle sera à l'épreuve des marques qu'elle recevra de l'amitié de ses parents, de ses parentes, de ses amis et de ses amies? Il ne faut qu'un regard pour causer un embrasement que nul soin et nulle application ne pourra plus éteindre. Il est aisé qu'on se ressouvienne des douceurs, des amusements, des commerces et des plaisirs de la vie passée; et qu'on regrette ce qu'on est sur le point d'abandonner pour jamais; et il n'est que trop certain qu'un moment d'une consolation fausse et passagère, peut causer une vie toute entière de tribulation et d'amertume. Ce qui est le plus fâcheux, est qu'on a fait des pas et des démarches qui empêchent qu'on ne retourne en arrière; ainsi on porte souvent dans son sein, et sans le savoir, la cause de son malheur et de sa perte, dans le lieu et dans l'état on l'on espérait de trouver son repos et son salut.

Mettons à part, mes frères, cet inconvénient, parce qu'on peut le regarder comme quelque chose d'extraordinaire. Je vous demande si c'est une conduite supportable que dans l'action la plus importante de la vie, dans le temps auquel un religieux a besoin de la piété la plus intérieure et la plus animée, dans une occasion où il devrait rassembler et appeler à soi toutes les forces et les puissances de son esprit, de son corps, de son cœur, de sa raison, on l'expose à des visites, des entretiens, des conversations; à des repas irréguliers, et quelquefois licencieux, et propres à le jeter dans la dissipation, à le distraire de Dieu, à le tirer de sa main, à ruiner, ou au moins à affaiblir les bonnes dispositions qu'il a pu contracter pendant une année de retraite, et à faire qu'il entre avec indignité dans un engagement qui ne demande pas une pureté moindre que celle des Anges?

C'est assurément une chose étrange, que ce jour qui devrait être pour lui d'un profond recueillement, auquel il devrait dans la paix, dans le silence et dans le sentiment d'une componction vive, répandre son cœur en la présence de Dieu, écouter sa parole, et traiter avec lui seul à seul de son éternité, soit précisément celui qu'il passe avec plus de mouvement de confusion, et de trouble.

Si ce que les anciens Pères et les saints solitaires des premiers temps nous ont appris, est véritable, comme vous n'en devez point douter et si un moine qui se prive de la présence de Dieu pour un moment, commet dans leur sentiment, une fornication spirituelle; en quel état se trouvera cette âme, lorsqu'au sortir de ces entretiens et de ces conversations familières, elle entrera dans la chambre nuptiale, et paraîtra aux yeux de l'Époux toute remplie de pensées et d'imaginations différentes, peut-être même partagée par des affections et des désirs, et défigurée par des infidélités secrètes qui lui sont échappées? Est-ce ainsi qu'on la prépare, et qu'on travaille à la rendre digne de cette couche sacrée, digne de cet Époux d'une chasteté, d'une pureté, et d'une beauté infinie? Ignore-t-on que cet Époux est plein de jalousie: *Ad invidiam concupiscit spiritus qui habitat in vobis*[208]. Que la liberté qu'il voit dans ses épouses l'offense et l'irrite; qu'il considère toutes les créatures comme ses rivales; qu'on ne s'arrête point un instant avec elles qu'il n'en ait de la peine; et qu'on ne leur accorde rien à son préjudice, qu'on ne lui fasse un outrage.

Cependant comme si tout cela n'était point, on passe sans scrupule de la familiarité des hommes dans celle de Dieu; on ménage des choses du monde tout ce qu'on en peut ménager, et on prétend s'élever du fond des vallées sur le sommet des montagnes, et de monter tout d'un coup du plus bas de la terre au plus haut du ciel. On a pu se purifier pendant le temps du noviciat; mais ç'a été inutilement, puisqu'on se salit de nouveau par des communications inutiles et profanes qu'on aurait dû s'interdire pour toujours. Celui, dit le saint Esprit, qui se lave après avoir

[208] Ep Jac. c. 4 v. 5

touché un mort, et qui le retouche ensuite, ne fait rien que perdre sa peine[209]: *Qui baptisatur a mortuo, et iterum tangit eum quid proficit lavatio illius?*

Ce qui arrive aussi d'une conduite si pitoyable, est que comme le manque de préparation fait qu'on embrasse d'une manière imparfaite, défectueuse et impure, pour ne pas dire profane, un état angélique, toutes les suites en sont malheureuses, ou elles n'ont rien moins que le succès et la bénédiction qu'on en avait espérés. On se plaint toute sa vie, parce qu'on est entré sans sainteté dans une profession toute sainte; on sent bien qu'on est malade, mais on ne pense point à guérir son mal, et d'ordinaire c'est parce qu'on n'en connaît pas le principe, et que le vice et le défaut qui s'est trouvé dans l'engagement, se répand sur l'état tout entier, et remplit toutes ses voies d'obscurités et de ténèbres. Les âmes les plus pures sont comme des glaces très claires; la moindre haleine et la moindre vapeur les ternit, et leur ôte tout leur éclat. Il y a néanmoins cette différence que les taches des glaces s'effacent, et que dans un instant leur première pureté leur est rendue. Mais pour les taches des âmes, comme elles sont spirituelles, elles sont opiniâtres, les impressions en demeurent, elles résistent, et souvent, quelque peine que l'on prenne et quelque soin qu'on y apporte, on ne vient point à bout de leur donner la pureté quelles ont perdues.

Il en est de la mort mystique qui arrive par la consécration des vœux, comme de la mort naturelle qui arrive par l'extinction des principes de la vie. On se sépare des hommes et sans retour, dans l'une comme dans

[209] Eccl.34. v.30.

l'autre; on renonce à tous les biens du monde; on se dépouille volontairement des richesses de la terre, et on tourne toutes ses pensées du coté de celles du ciel en s'attachant à Jésus Christ duquel elles dépendent, et qui en a reçu la souveraine dispensation de la main de son Père.

Les paroles que l'Esprit de Dieu met dans la bouche de ceux qui meurent par les vœux, et de ceux qui meurent par la privation de la lumière sont tellement les mêmes dans leur sens, quoique les expressions soient différentes, qu'on ne peut douter que les uns et les autres ne doivent avoir les mêmes sentiments, et les mêmes dispositions. L'homme mourant dans le monde de la mort de la nature, dit à Jésus Christ dans le mouvement de sa confiance, en s'abandonnant entre ses mains: *In manus tuas commendo spiritum meum*[210], et témoigne dans cette profonde séparation où il entre, qu'il lui tient lieu de tout, et qu'il met en lui toutes ses espérances. Et l'homme mourant au monde de la mort de la grâce, s'adresse de même à Jésus Christ, il se jette entre ses bras en lui protestant par une déclaration solennelle que tout est passé à son égard, et que c'est de lui seul qu'il attend son bonheur, son salut et sa vie. *Sujcipe me secundum eloqium tuum et vivam, et non confundas me ab expectatione mea*[211].

Enfin un homme qui veut mourir en véritable chrétien, ne s'avise pas de convoquer ses amis et ses proches pour être les spectateurs de sa mort, puisqu'au contraire il ferme la porte de sa maison. Il y demeure seul; il congédie ses enfants et fait retirer sa femme, de crainte que ces objets ne l'affaiblissent, et ne fassent sur lui des effets qui ne convien-

---

[210] Ps 30(31), 6
[211] Ps 118(119), 116

nent pas à ce détachement dans lequel il doit finir sa vie. Il ne garde auprès de sa personne que ceux qui peuvent le secourir dans ce grand passage, afin de s'unir d'une manière plus immédiate et plus intime à Jésus Christ, duquel il espère qu'il ne se séparera jamais. Il faut aussi qu'un religieux tienne une conduite semblable s'il est autant touché de Dieu qu'il le doit être. Il doit rejeter tout ce qui pourrait l'en détacher ou l'en distraire dans le moment de sa mort, c'est à dire de ses vœux, qu'il se refuse à tout pour se donner uniquement à lui. Qu'a-t-il à faire de ses parents, de ses amis, des gens du dehors ou des personnes étrangères, puisqu'il trouve dans le fond de sa solitude tout ce qui lui est nécessaire pour la consommation de son œuvre ? Il est la victime et le sacrificateur tout ensemble; son supérieur autorise son sacrifice par sa présence devant tous ses Frères; les saints et les Anges du Seigneur en sont les témoins.

En un mot, mes frères, de quelque côté qu'on tourne cette convocation de parents et d'amis, on ne trouvera rien par où l'on puisse la défendre; soit qu'on la considère dans les supérieurs qui la permettent, soit dans les parents qui la désirent, soit dans les enfants qui la souffrent. Car l'intérêt des supérieurs est de veiller avec tant de soin sur les âmes que Jésus Christ leur a confiées, que leur pureté ne reçoive pas la moindre atteinte; l'intérêt des pères est de prendre garde à ne point troubler le repos de leurs enfants par les témoignages d'une amitié indiscrète et à contretemps et l'intérêt des enfants est de s'offrir à Jésus Christ et d'entrer dans cette alliance, avec tant d'agrément et de préparation, qu'il n'y ait rien en eux qui soit capable de lui déplaire.

Cependant comme si ces considérations n'étaient que des chimères, les supérieurs comptent pour rien dans cette rencontre le dépôt dont ils sont chargés. Les pères oublient l'obligation qu'ils ont de procurer le bonheur de leurs enfants; et les enfants ne pensent point qu'ils portent dans un vase de terre le plus grand et le plus précieux de tous les trésors, qui est la vocation à l'état monastique; et qu'il n'y a rien à quoi ils doivent s'étudier davantage qu'à éviter tout ce qui peut en causer ou la diminution ou la perte.

Im gleichen Verlag erscheinen demnächst die weiteren Kapitel von Abbé de Rancé: „Über die Heiligkeit und die Pflichten des Ordenslebens“ Band II

XVI	De la Retraite	Zurückgezogenheit
XVII	Du Silence	Stille
XVIII	De l'abstinence et de l'austerité dans la nourriture	Enthaltsamkeit und Mäßigung bei der Nahrung
XIX	Du travail des mains	Handarbeit
XX	Des Veilles	Nachtwachen
XXI	De la Pauvreté	Armut
XXII	De la Patience dans les infirmitez et les maladies	Geduld bei Siechtum und Krankheiten
XXIII	Des Mitigations	Erleichterung

Danach werden die Kapitel des ersten Bandes folgen:

I	Chapitre Premier	Erstes Kapitel
II	De l'institution de la vie Monastique	Ordensleben als Institution
III	De l'origine de la vie Solitaire	Ursprung des Eremitenlebens
IV	Des differentes manières de vie qui se sont formées parmi les anciens Solitaires	Verschiedene Lebensweisen, die sich unter den frühen Einsiedlern bildeten
V	De l'Essence et de la perfection de la vie Coenobitique	Wesen und Vollkommenheit des Zönobitenlebens
VI	Des principaux moyens par lesquels les Religieux peuvent s'elever à la perfection de leur état	Verschiedene Mittel für Ordensleute, sich in ihrem Stand zu vervollkommnen
VII	De l'amour de Dieu	Liebe zu Gott
VIII	De l'amour et de la confiance des Superieurs	Liebe und Vertrauen der Oberen
IX	De la Charité et des devoirs des Superieurs	Nächstenliebe und Pflichten der Oberen
X	De la Charité que les Religieux doivent avoir les uns pour les autres	Nächstenliebe der Ordensleute untereinander
XI	De la Prière	Beten
XII	De la Penitence. Des Humiliations	Buße. Demütigung
XIII	De la Meditation de la Mort	Betrachtung des Todes
XIV	Des Jugements de Dieu	Gottesurteile
XV	De la Componction	Zerknirschung